U0755092

世界文学与文化论坛

郝岚　吕超　主编

东方文化与文学专题

甘丽娟　著

南闲大學出版社

天　津

图书在版编目(CIP)数据

东方文化与文学专题 / 甘丽娟著. 一天津:南开
大学出版社,2022.1(2025.6 重印)
(世界文学与文化论坛 / 郝岚,吕超主编)
ISBN 978-7-310-06270-6

Ⅰ.①东… Ⅱ.①甘… Ⅲ.①东方文化－研究 Ⅳ.
①K103

中国版本图书馆 CIP 数据核字(2021)第 276521 号

东方文化与文学专题
DONGFANG WENHUA YU WENXUE ZHUANTI

———————————————————————

南开大学出版社出版发行
出版人:王 康
地址:天津市南开区卫津路 94 号 邮政编码:300071
营销部电话:(022)23508339 营销部传真:(022)23508542
https://nkup.nankai.edu.cn

———————————————————————

河北文曲印刷有限公司印刷 全国各地新华书店经销
2022 年 1 月第 1 版 2025 年 6 月第 2 次印刷
230×170 毫米 16 开本 13.5 印张 2 插页 243 千字
定价:68.00 元

———————————————————————

如遇图书印装质量问题,请与本社营销部联系调换,电话:(022)23508339

总　序

比较文学作为一门国际性学科，在欧美已有一百多年的发展历史。自 20 世纪初传入中国后逐渐发展壮大，于 80 年代中后期逐渐成为显学。天津师范大学的比较文学教学和研究活动便是在这一背景下展开的。自 1982 年中文系组织编写《比较文学概论》讲义以来，已有三十多年的发展历程。

经过中文系相关教师的多年努力，在各级领导和前辈学者的支持下，天津师范大学比较文学学科发展迅速，在 1993 年国务院第五批学位点申报工作中，成功获批为全国最早招生的比较文学硕士点之一[①]。2003 年，在国务院第九批学位点申报时，该学科顺利获得博士学位授予权。2005 年，"外国文学史"精品课获批国家级精品课。2006 年，该学科成功获批天津市重点学科。2009 年，以该二级学科为基础，文学院中国语言文学一级学科申报设立博士后科研流动站的申请获得批准。2011 年，我校中国语言文学一级学科获得博士学位授予权。

"十二五"期间，该学科教学团队共有教师 10 人，其中博士生导师 6 人，高级职称教师占团队人数的 80%。多年来，该团队教师发挥自身在科研和教学等方面的优势，始终以教学为本，潜心科研。在教学、科研、学科建设等重要中心工作中敢挑重担，勇担责任，为学校、学院发展做出了突出贡献。学科团队老中青相结合，学缘结构合理，研究方向全面，学术实力充沛。

近年来，团队在科研方面取得了丰硕的成果，获批国家社科基金重大项目 2 项，重点项目 1 项，一般项目 6 项，省部级重点项目 2 项，省部级一般项目 7 项。在第十三届（2014）和第十四届（2016）天津市优秀社科成果省部级奖项中，团队成员共获得一、二、三等奖各 2 项。

在努力科研的同时，团队成员也倾心教学，着力提高教学质量，建设精品课程。作为"十二五"综投教学创新团队，本团队原有的国家级精品课"外国文学史"也已成功转型升级并入选"第三批国家级精品资源共享课立项名单"；"比较文学"课程获批天津市级精品课；"中外文学经典与文学精神"成为天津

---

① 部分院校原有外国文学硕士点，当时这两个学科尚未合并。1998 年，国家才将原"比较文学""世界文学"合并为"比较文学与世界文学"一个学科。

1

市普通高校"慕课"教学试点课程。在教材出版方面，出版教材 20 余部，其中"十二五"国家级规划教材 4 部。指导的学生毕业论文多次获得"天津市优秀博（硕）士学位论文"或"本科优秀毕业论文"，培养了数百名博士和硕士研究生，遍布大江南北，其中相当一部分在国内高等学府任教，成为该领域的学术骨干。

本团队经过多年的努力，获得同行与专家的认可。近年来，团队成员 1 人获得全国五一劳动奖章；1 人入选"教育部新世纪优秀人才支持计划"；3 人获得"天津市教学名师"称号；2 人获得"霍英东教育基金会高等院校青年教师奖"三等奖及天津市青年教师教学基本功大赛一、二等奖；4 人次被评为天津市学科领军人才和天津市高校中青年骨干教师，3 人次获天津市"131 创新型"第一、二、三层次人才称号；6 人次分别赴哈佛大学、牛津大学、斯坦福大学等国际著名大学交流进修。

呈现给读者的这套丛书命名"世界文学与文化论坛"，其出版获得了天津市"十二五"综投教学创新团队的经费支持，也感谢天津师范大学各级相关领导的大力支持。这是我校比较文学与世界文学教学团队多年沉浸于教学科研的特色成果总结。当然，这还只是万里长征的第一步，团队成员将再接再厉，进一步发挥传统优势，融汇创新思维，与时俱进，以科研带教学，用教学促科研，在多方面取得更大的成绩。

天津师范大学"世界文学
与文化论坛"编委会
2017 年 6 月

目　录

绪论　东方文化与文学

东方文化与文学主要是指亚洲和非洲的文化与文学，是在亚非各国人民生活的土壤上产生和发展起来的。

一、东方与东方文化

"东方"一词与亚非结成不解之缘始于久远的年代。据说生活在亚洲西部两河流域的古代亚述人将太阳升起的东方称为"亚细"，而最早命名"亚细"的古代两河流域则被作为亚洲的一个部分称作"小亚细亚"。其后的古希腊人沿用了"亚细"这一称谓，只是将之改称为"亚细亚"，后来出现的"近东""中东""远东"等地理名词，也是沿袭了这个意思针对亚洲而言的，只不过这种划分是从欧洲视域来看东方。非洲被划归到东方范畴的主要原因是，北非的埃及与同时期的西亚巴比伦、南亚印度、东亚中国一起并称为"东方四大文明古国"，因此，习惯上也把非洲并入东方的范畴之中。可见，东方首先是一个地理概念，它是以地中海为中心的一个方位名词，主要指位于地球东半部的亚洲和非洲。

位于东方的古代中国人也主要是从地理方位来区分东、西方的。他们习惯上认为，天是圆的，地是方的，在方方正正的地上面，中国处于中心位置，于是，中国人以"中国"为中心来区分东南西北，在东面的被称为"东方"，在西面的被称为"西方"。如在中国以东的日本，长期以来被称为"东瀛"。再如印度一千多年来总是被当作西方，唐代著名高僧玄奘从凉州出玉门关到天竺取经被称作"西天取经"；明代作家吴承恩将根据唐僧取经故事创作的小说称为《西游记》；明代探险家郑和的航海之行被称作"下西洋"，是因为他的航海旅行已经到达了印度、阿拉伯国家一带，随同郑和出使的人写下了不少游记，其中一部就叫《西洋番国志》；近代学者梁漱溟在《东西文化及其哲学》一书中所说的东方主要是指中国，西方主要是指印度，这实际上是一部论述中国与印度文化及其哲学的著作。可见，印度之所以在古代被当作西方国家，主要是因为其在中国的西南方向，而现在的印度则是东方的主要国家之一。

对于西方的古希腊人来说，明确的"东方"概念开始于公元前 5 世纪的希波战争（前 499—前 449 年）时期，古代的波斯是主要的东方国家。其后的亚历山大东征使地中海以东地区进入所谓"希腊化"时代，欧洲自此开始称自己为西方，亚洲则代表东方。尤其是罗马帝国大将庞培第一次率军东征，使亚非一些国家和民族沦为罗马的属国，由于这些被占领的国家是在罗马东部，因此被称为"东方"。这样，随着罗马帝国的世界性扩张和基督教文化的广泛传播，以罗马城为中心的地理方位的划分，奠定了欧洲人的地理观基础。这样，以欧洲视角来定位的东方，又在传统的地理因素中被融入了历史、政治和文化等多方面的含义，所以，东方又是一个历史文化学的概念。

作为历史文化学概念的东方，最早起源于罗马帝国时代，中世纪的十字军东征（1096—1291 年）使"东方"这一概念得到进一步发展，不仅阿拉伯国家和印度被看作东方国家，而且开始有了近东和远东的划分。所谓"近东"是指地中海的东部沿岸地区；所谓"远东"是指距离较远的中国、日本和印度；位于中间地带的则是中东，包括西亚和北非部分地区，以阿拉伯国家为主。近代西方殖民主义者用坚船利炮打开了印度、中国等东方古老封建帝国的大门，大多数东方国家沦为西方的殖民地或半殖民地。因外族入侵，中国和其他亚洲国家被迫采用"欧洲视角"来重新确定地理方位，于是，西方主要指欧洲和美洲等经济发达地区，东方则指中国、印度、埃及等经济落后国家。这样，原始意义上的仅仅代表空间方位的"East"一词变成了具有文化和意识形态含义的"Orient"。这样，东方变成了一个非自然化的与西方相对的、充满欧洲人权力意识的概念。而在此概念基础上产生的话语，就变成了对东方进行描述、传授、殖民、控制、重建和统治的一种机制。因此，从 19 世纪初由欧洲人建立起来的"东方学"（Orientalism）就成为西方人用来研究东方的一门学科，即研究亚洲和非洲地区的历史、哲学、宗教、经济、文学、艺术、语言及其他物质、精神文化的综合性学科，它是建立在"欧洲视角"基础上的。

美国学者爱德华·萨义德在其著作《东方学》中指出："东方学不是欧洲对东方的纯粹虚构或奇想，而是一套被人为创造出来的理论和实践体系，蕴含着几个世代沉积下来的物质层面的内含。这一物质层面的积淀使作为与东方有关的知识体系的东方学成为一种得到普遍接受的过滤框架，东方即通过此框架进入西方的意识之中，正如同样的物质积淀使源自东方学的观念不断扩散到一般的文化之中并且不断从中生成新的观念一样。"①即西方与东方之间存在着一种权力关系、支配关系和霸权关系，为此，西方马克思主义创始人之一的意大利理论家葛兰西将这种起支配作用的文化形式称为文化霸权。

---

① 爱德华·W. 萨义德. 东方学[M]. 王宇根，译. 北京：生活·读书·新知三联书店，2019：9.

东方研究的先驱者英国和法国在"东方学"领域占据显著地位，与其作为欧洲最发达的资本主义国家的地位紧密相关。

但需要指出的是，东方文化正如东方概念的历史发展变化一样，也是随时代的发展而不断发展的，它是"在东方民族的长期生存发展的过程中形成的价值观、人生观、思维方式和生活方式的复合变奏。其中不仅有传统积淀形成的文化心理结构和思维模式，而且更具有时代和个人对结构的变革和对模式的突破。……不应将东方文化等同于传统文化……那样只会使东方文化僵化为古董，失去了生机和活力"①。

二、东方文化与文学

东方文化产生于亚洲和非洲，这是世界上面积最大和人口最多的两个洲。它们既是古代世界文明的摇篮，也是世界人类文化的发源地。

东方文化的源头是上古四大文明。据大量考古数据和历史记载证明，西亚的两河流域是人类首先摆脱蒙昧状态进入文明社会的地区。美索不达米亚平原的最早居民苏美尔人早在公元前3500年前就开始产生城邦文明，人们已经掌握利用河水进行灌溉的技术并过着定居的农业生活。苏美尔人创造了人类最早的文明，成为古巴比伦文明的雏形。居住在尼罗河两岸的古代埃及人，利用从中非经撒哈拉的河水东移、取道尼罗河流入地中海的优越自然条件，早在公元前5000年前就已经开始了定居的农业生活，几乎与苏美人同时创造了世界上最古老的文明。

印度最古老的文明是产生于印度河流域的哈拉帕文明，大约在公元前2600年，土著居民达罗毗荼人采用美索不达米亚的灌溉农耕方式，既可在广阔土地上收获各种农作物，也可以驯养多种家禽和动物。他们不仅已经使用铜器，而且建成了相当规模的城市，这可能是印度最早的奴隶制城邦。后来从中亚迁徙而来的雅利安人又在恒河流域创建了吠陀文化。继后的西亚伊朗高原、东亚黄河流域以及西亚巴勒斯坦地区也接连进入文明社会。

"人类文化，由源头处看，大别不外三型。一、游牧文化，二、农耕文化，三、商业文化……"②东方古老文明的中心大都出现在大河流域，而且都以灌溉农业为主，所以多属于农耕文化，其特点是"农耕可以自给，无事外求，并继续一地，反复不舍，因此而为安定的、平稳的"。当然，后起的东方文明如古

---

① 侯传文. 东方文化通论[M]. 济南：山东教育出版社，2002：10.

② 钱穆. 中国文化史导论·弁言（修订本）[M]. 北京：商务印书馆，1994.

代亚述、古代波斯、古代希伯来以及中古阿拉伯则具有游牧和商业文化的典型特征："游牧、商业起于内不足，内不足则需向外寻求，因此而为流动的、进取的。"①可见，建立于多种多样东方文明基础上的东方文化呈现出的最突出特征就是多源性，即区域文明独立发展又多元共生，与西方文化的一脉相承完全不同。

东方各文明古国的人民在世界上最早发明了自己的文字，而文字的产生与形成这一事件本身就是民族文化发展的一个重要标志。西亚两河流域的苏美尔人早在公元前 3500 年前就创造了象形文字，后经改进发展为楔形文字，它是人类最古老的文字系统，其后的巴比伦人用小木棒把文字写在潮湿的泥版上，然后将它晒干，以此来保存古籍；尼罗河流域的古埃及人早在公元前 3300 多年前就发明了象形文字，并把它写在尼罗河两岸生长的一种像芦苇一样的莎纸草上，这种象形文字又被称为圣书体，之后逐渐演变为僧侣体和民俗体。古代印度河流域的土著居民发明的象形文字被称作印章文字。地中海东岸地区的腓尼基人在楔形文字的基础上，依据古埃及的象形文字于公元前 1500 年左右，创立出由 22 个辅音字母组成的文字系统。后来的希伯来字母、阿拉伯字母和希腊字母、拉丁字母等字母文字都受到腓尼基字母的直接影响。

文字是人类记录和传播文化成果的符号，其形成直接促进了文学的发展，所以，古代东方不仅是世界古老文明的发祥地，也是世界人类最早的文化和文学的发源地。如古埃及的《亡灵书》是世界上最古老的诗歌总集，与古代印度的《吠陀》和古代中国的《诗经》并称为世界古代文学史上三大著名的诗歌总集；古巴比伦的《吉尔伽美什》是世界文学史上最早的英雄史诗，比古希腊的《荷马史诗》早 1000 多年；古代印度的《摩诃婆罗多》和《罗摩衍那》是世界文学上最长的史诗，前者是古希腊荷马史诗《伊利亚特》和《奥德赛》两部篇幅总和的 8 倍。印度的《五卷书》是世界文学中流传区域最广的寓言故事集……。在东方这片辽阔土地上诞生的种类繁多、内容丰富且具有高度艺术水平的文学珍品，汇成了一个巨大的文学源头，不仅开创了世界文学的先河，而且对以古希腊为代表的西方文学产生了重大影响。可见，文化是文学发展的基础，文学则是文化的重要因子，是文化发展到一定阶段的产物。

同样，文明与文化的关系也是如此。一般来说，文明是人类一定历史发展阶段所形成的历史形态，包含了文化的基本构成，而文化是文明形态的实践方式。正如有学者所指出的："大体文明文化，皆指人类群体生活言。文明偏在外，属物质方面。文化偏在内，属精神方面。故文明可以向外传播与接受，文化则

---

① 钱穆. 中国文化史导论·弁言（修订本）[M]. 北京：商务印书馆，1994.

必有其群体内部精神累积而产生。"①

东方文化发展到中古时期，一些古老文明出现断层，如古埃及和古巴比伦文明已难再续，希伯来文化也随着民族分散而结束，但持续发展的古华夏文明和古印度文明以及后起的阿拉伯—伊斯兰文明却经过地区内各民族文化的交融互动，形成了三大文化圈：那就是以中国为中心的东亚文化圈、以印度为中心的南亚文化圈、以阿拉伯—伊斯兰为中心的西亚文化圈，东方文化由古代时期民族性、地方性的文化发展为中古时期具有国际性的地区文化。

处在文化圈中心的国家在向周边扩散自己文化的同时，也在吸收不同地区的文化以丰富自身，如中国文化向周边的朝鲜、日本、越南等国传播扩散，对其文化和文学产生了巨大影响，相邻三国很长时期都是以汉字作为生活记录和文学书写的工具，并创作汉诗汉文。在汉字影响的基础上，各国又创制出自己的民族文字，日本在9世纪初创制了假名文字，越南在13世纪初出现字喃文字，朝鲜到15世纪出现"训民正音"，其后，三个国家的文学也逐渐民族化。同时，以儒家文化为主流的中国也受到来自印度的佛教的巨大影响，佛教与中国传统文化交流与融合后形成了儒道释互补；阿拉伯文化作为后起之秀，在继承并融汇西亚、北非几个古老文明的基础上兴起并向周围扩张，它以伊斯兰文化为主流，形成了伊斯兰教与琐罗亚斯德教（拜火教）、犹太教、基督教和希腊文化的互补。三大文化圈的形成，决定了东方文化的发展路向，并成为东方文化多元性的基础。

同一时期取得巨大成就的东方文学，也呈现出文化接受与影响的鲜明印迹：阿拉伯的《一千零一夜》是世界文学史上影响最大的民间故事集，其故事来源于印度、波斯、埃及和阿拉伯的巴格达，其"框形结构"既受到印度民间故事集《五卷书》的影响，又影响到文艺复兴时期的短篇小说《十日谈》；波斯寓言故事集《卡里来与笛木乃》来自用巴列维语翻译的印度故事《五卷书》，而其中的纳斯列丁笑话则是西亚、中亚地区的民众几百年间的共同创作，显示出多民族文化的汇合过程。日本作家紫式部的《源氏物语》是世界文学史上最早的长篇写实小说，作为用假名文字书写并标志日本古典文学最高成就的"物语文学"，又显示出作者深厚的汉学修养和佛教信仰；印度作家迦梨陀娑的戏剧《沙恭达罗》曾受到德国诗人席勒的推崇；古代波斯诗坛上群星闪烁，菲尔多西、莫拉维、萨迪、哈菲兹等。东方文学的发展达到了当时世界文学的高峰。

宗教与文学关系之密切是东方文学的一个重要特征，其关系突出表现为：其一，某些宗教典籍本身就是文学作品，如《吠陀》是婆罗门教的经典，也是

---

① 钱穆. 中国文化史导论·弁言（修订本）[M]. 北京：商务印书馆，1994.

5

古代印度的第一部诗歌总集;《旧约》是犹太教的经典，也是希伯来民族的文献汇编和文学总集;《阿维斯塔》是琐罗亚斯德教的经典，也是波斯最古老的诗歌文集;《古兰经》是伊斯兰教的经典，也是中古阿拉伯的一部散文巨著。其二，某些民间文学作品带有深刻的宗教印记，表现了古代时期人们对现世命运的思考和对来世人生的想象，如《吉尔伽美什》通过主人公吉尔加美什对生命奥秘的探寻，通过生命之草的得而复失，表现古代两河流域人们的现世观念;《亡灵书》则体现了古代埃及人崇拜亡灵、向往永生的来世观念;《罗摩衍那》则"着重宣扬的是一套合乎印度教精神的封建道德……"，主人公罗摩被作为保护神毗湿奴的化身而受到崇拜，史诗自始至终都渗透着浓厚的宗教色彩，"浸透了印度教的精神"①;阿拉伯—伊斯兰文化的混融性和宗教色彩在民间故事集《一千零一夜》中得到鲜明生动的反映。其三，作家的人生思考与宗教信仰在其创作的作品中也有鲜明体现，波斯诗人菲尔多西的《列王纪》以琐罗亚斯德教为出发点，通过赞美明君和勇士，鞭挞暴君和入侵者，宣传善与恶之间、光明与黑暗的永恒斗争;日本作家紫式部在《源氏物语》的艺术世界中将个人的哀伤和时代的悲剧通过众多女性形象的塑造，揭示了一夫多妻制度下的女性悲剧命运，或抑郁而死或削发为尼的结局是深谙佛律的作家"平素出家遁世思想"的表达;阿拉伯"旅美派"诗人纪伯伦在散文诗集《先知》中探讨了爱情婚姻、衣食住行、教育法律、施舍等"关于生和死之间"的诸多现实问题，但诗集中的东方智者亚墨斯塔法则是作为阿拉伯人的基督教马龙派教徒对东西文化交融与冲突的哲理性思考;印度诗人泰戈尔在长篇小说《戈拉》中对印度近代宗教教派纷争的探讨，本身就是作家宗教哲学观的反映，其代表诗集《吉檀迦利》是诗人献给自己心目中的神，表达"梵我合一"最高境界的人生追求。还有许多作家如川端康成的《雪国》中驹子努力的"徒劳"和叶子的火中丧生，隐含了佛教的思想，普列姆昌德小说《戈丹》的标题本身就带有浓重的宗教意蕴，穷尽一生想买头母牛的主人公何利最终将积攒的钱交给婆罗门祭司作为自己进入冥界的礼金（施舍奶牛）。

中古时期形成的三大文化圈及其文化在东方文化发展史上起到了举足轻重的作用，它与东方经济发展的繁荣和文化交流的频繁密切相关。

但是，从近代开始，东方文化开始了缓慢的近代化历程，其间发生了广泛的东方宗教改革和早期局部的启蒙思潮。西方列强对东方各国的殖民掠夺自 16 世纪开始到 19 世纪中叶达到高峰，伴随着西方文化的冲击和影响，东方文化转型加速，传统文化模式解体，旨在近代化的启蒙运动普遍兴起，与此相对应的

---

① 季羡林. 罗摩衍那初探[M]. 北京：外国文学出版社，1979：35.

6

是，东方文学也在经历转型的阵痛中迎来了新生。

20世纪东方文化经历了由改良到革命、由革命到建设的时期，东方各国加快了社会文化转型的步伐，旨在文化现代化的革新运动持续发展。尤其是二战以后，随着民族独立和革命胜利，东方各国进入了新的文化建设时期，继承古老优秀文化传统，吸收借鉴各种西方文化思潮的有益成分，在东西方文化冲突与交融的背景下构建平等交流与对话的平台，是东方文化多元并举、蓬勃发展的新趋势。

从人类文化发展史的角度看，西亚北非、南亚和东亚是东方文化的三个中心。本书拟以此为依据，分三个部分进行论述。

上编　西亚北非文化与文学

第一章　西亚北非文化概述

西亚北非地处亚非欧三大洲的交通要冲，自古以来就由众多国家和地区组成。作为地理概念的西亚北非，在古代主要是指埃及、美索不达米亚和波斯等文明，也包括与这些主要文明相联系的赫梯、腓尼基、叙利亚和巴勒斯坦等文明诸国；近代西亚北非指在西方殖民者统治下的法属、英属等西亚北非等地区，现代西亚北非则指独立之后地跨亚非的阿拉伯诸国和某些西亚非洲国家，由于各地区历史、社会及地理位置不同，各地区的文化与文学发展呈现出不平衡现象。

作为文化概念的西亚北非，主要指中古时期地跨亚非欧的阿拉伯帝国在吸收融汇巴比伦、希伯来、古埃及、古希腊和印度等诸文明的基础上而形成的具有自己特色的阿拉伯—伊斯兰文化。阿拉伯帝国不仅成为东西方文化交流的重要桥梁，而且形成了以伊斯兰文化为中心的西亚北非文化交流中心，即西亚北非文化圈。

第一节　古代历史与文化

古代西亚北非历史与文化的发展分为早期和中期两个阶段。早期古代文明以西亚两河流域的巴比伦文明和尼罗河流域的埃及文明为代表，时间从公元前4000年左右到公元651年。中期主要是阿拉伯—伊斯兰文化在西亚北非的传播，其中以阿拉伯帝国（632—1258）的建立为开端，包括阿拉伯帝国的兴盛、十字军东征、拜占庭帝国的灭亡以及奥斯曼帝国（1299—1923）前期，时间大约从652年到1798年拿破仑入侵埃及为止。

一、早期历史与文化

西亚的两河流域和北非的尼罗河流域是最先跨入人类文明门槛的地区，苏美尔人与古埃及人几乎同时创造了人类最古老的文明，由此形成的古代巴比伦文明和古代埃及文明开创了人类文明的先河。所以，古代西亚北非是世界上最古老的两大文明的发源地，也是基督教和伊斯兰教两大世界性宗教的诞生地，因而是古代东方文化最丰富的地区。

地处亚非欧三大洲交叉点的西亚北非，是大西洋与印度洋之间海上航线的捷径，其重要的经商通道和丰富的自然资源，使这个地区自古以来就成为兵家必争之地。不同的王国与帝国交替出现，争斗与争霸轮番上演，更使西亚北非地区战乱不断、局势动荡。东方诸国之间以及东方与西方之间，伴随军事征服的文化交流与贸易往来同时展开。

相对于北非地区尼罗河流域单一的埃及帝国和文化，西亚地区的两河流域要复杂得多，在不同文明之间冲突与对抗的过程中，战争成为文化交流与融合的独特方式。苏美尔是两河流域最早的城邦文明，后来被争霸城邦阿卡德取代，随后出现的古巴比伦成为两河流域最早的统一帝国，并在汉谟拉比统治时期达到全盛。但又在公元前 1595 年被小亚细亚新兴的赫梯①国家灭亡。

此后的赫梯王国由于宫廷内争以及与埃及的长期外战国力消耗，在公元前8 世纪被亚述帝国灭亡。亚述依靠强大军事力量成为西亚的霸主，先后征服巴比伦、叙利亚和以色列王国，甚至一度征服过埃及。但在公元前612年被新巴比伦的迦勒底人和伊朗的米底人所灭。

新巴比伦王国由迦勒底人在战胜亚述后建立，国王尼布甲尼撒二世即位后曾打败埃及，消灭犹大国并洗劫了耶路撒冷，造成历史上著名的"巴比伦之囚"事件。但也正是从这个时候起，"希伯来人的文化首次直接和美索不达米亚的文化发生联系，巴比伦的知识和学问逐渐侵入希伯来人的思想和文化中"②。

希伯来是来自阿拉伯半岛的闪米特人，定居迦南（巴勒斯坦）后创立了犹太教，并于公元前11 世纪左右建立了希伯来联合王国，尽管王国在一个世纪后分裂，以色列亡于亚述，犹大亡于新巴比伦，但一神教信仰的传统却产生了深远的影响，犹太教因之被称为"基督教和伊斯兰教的母亲宗教"。

古代西亚文明与北非文明在形成期是各自独立的，甚至在发展的初期也没

---

① 兴起于公元前 2000 年，兴盛于公元前 14 世纪，在征服古巴比伦后曾成为中东的一个强国。

② 方汉文主编. 东方文化史[M]. 上海：上海外语教育出版社，2007：46.

有交往，其后的交往也是从战争开始的。

古埃及人从公元前 3500 年开始进入文明社会一直繁衍生息于尼罗河畔，直到公元前 16 世纪左右遭到来自西亚的希克索斯人的入侵。希克索斯人成为埃及历史上第 15—16 王朝的建立者，不久被第 18 王朝的创立者赶出埃及，其后，阿赫摩斯一世又通过对巴勒斯坦和叙利亚的不断征伐，确立了横跨亚非的第一个大帝国。后继者图特摩斯三世在 20 年的时间里先后 17 次发动对叙利亚和巴勒斯坦的远征，形成了古代近东史上的空前大帝国，确立了埃及在西亚和努比亚的霸权。对西亚征服的成功，使埃及财富明显增加，埃及艺术与文化进步明显，西亚文明与北非文明通过战争达到初次汇合。特别是波斯成为古代西亚第一个横跨亚欧非三洲的帝国后，曾两次入侵并征服埃及，建立了埃及的第 26 王朝和第 31 王朝（第一、第二波斯王朝），北非文明传统与西亚文明在冲突与抗争中进一步产生交往与交流。

西亚北非地区之间的交流随着战争范围的不断扩展而进行，但毕竟只限于东方诸国之间。其后东方与西方之间进行的第一次长达半个世纪之久的希波战争①使东西方文化得到某种程度的交流，腓尼基人利用古埃及象形文字的字符字母创造了世界上第一套拼音字母，成为人类字母文字的真正开端，为世界文字的拼音化开辟了道路，几乎成为世界上所有地区包括中亚和南亚以及欧洲的拉丁字母和斯拉夫字母等文字的先驱。

希波战争后的世界文明格局逐渐形成了东方与西方分庭抗礼之势，其后希腊世界迅速发展并日益强大繁荣。希腊文化虽然不是世界上最早的文化，但因受到埃及、巴比伦文化影响而成为整个西方文化的发源地，"以后希腊文明又传入罗马再扩及欧洲，形成西方文明；波斯则经安息、萨珊和伊斯兰文明等继而形成东方文明"。希波战争成为世界文化发展形势的分水岭。

公元前 332 年希腊马其顿国王亚历山大的东征，使两河流域的西亚和尼罗河流域的埃及成为希腊的殖民地，而希腊化政策的推行，则是西方文化在西亚北非地区产生广泛影响并与东方文化进行交融的时期。埃及的亚历山大城成为东西文化交流的最重要中心，许多希腊学者都到埃及游学并受到埃及学术的影响。希腊化时代的末期也是东西方格局进行重新分化的时期，亚历山大之后分裂的埃及托勒密王朝、塞琉古王朝和希腊本土之间形成既相互联系又相互对立的东方与西方。

希腊化世界的最大国家是以叙利亚为政治中心的塞琉古王朝，它与埃及托

---

① 又称米堤亚战争，持续了近半个世纪（公元前 499 年—前 449 年），共分三个阶段：第一阶段在小亚细亚进行；第二阶段是雅典东北 42 公里的马拉松战役；第三阶段是萨拉米湾战役。

勒密王朝争霸斗争，将创建犹太教的迦南作为争夺之地，连续 5 次的叙利亚战争使其两败俱伤，罗马帝国击败塞琉古王朝后又取代托勒密王朝，成为继希腊之后中东地区的西方统治者。在罗马帝国统治下的巴勒斯坦地区由犹太人在犹太教基础上创立的基督教则是罗马帝国时期最重要的文化事件。

基督教从东方传到西方，在罗马本土几经磨难后终于完成了从一个地方性的非法宗教到罗马帝国国教，进而到世界性宗教的转变，借助基督教被西方化了的希伯来文化与希腊文化一起成为西方近代文学的两大书面源头。

可见，所谓的希腊化，不仅是西亚北非文明的"希腊化"，也是以希腊文明为源头的西方文化的"东方化"。应该说，希腊化是东方人接受西方文化影响的第一次高潮，但同时也是东方文化影响西方文化的一个重要时期。

罗马帝国的分裂和西罗马帝国的灭亡虽然发生在欧洲内部，却与西亚北非的关系更为密切。此后的罗马政治和文化中心转移到君士坦丁堡，东罗马帝国的都城拜占庭地跨欧、亚、非三大洲的交界处，是东西方文化交流的桥梁。拜占庭包括埃及、美索不达米亚、巴勒斯坦和希腊这几个古代东西方的文化中心，所以它既保持了古希腊罗马的文化传统，也吸收了作为罗马国教的基督教文化，还汲取了古代东方文明，其文化更是东西方文化交流与融合的结晶。拜占庭帝国在 1000 多年的生存历史中，参与了西亚北非文化的交流与互动。

波斯与西方之间有着不可解的战争关系。在经历第一次希波战争约 1000 年后，趁塞琉古王朝衰败之际建立的波斯安息王朝曾与罗马兵戎相见，后起的萨珊波斯与东罗马帝国在 4—6 世纪为争夺两河流域进行了历时 400 年交战数百次的战争，是继希波战争后东西方世界的第二次重大对垒，双方力量受到严重损耗，使正在兴起的阿拉伯人成为直接的受益者。

阿拉伯人是生活在阿拉伯半岛上的闪米特族，在伊斯兰教创立之前，以游牧为主的贝都因人处在原始的拜物教时期，各部落之间因信仰不同和争夺水草、牲畜而互相仇杀如同一盘散沙。为改变这种状况，穆罕默德（570—632）提出许多改良社会的主张，反对多神教和偶像崇拜，创立了以一神安拉为最高权威的伊斯兰教。

伊斯兰教创立后，统一的意识形态产生了巨大的号召力和凝聚力，分散落后的各部落团结起来，在先知穆罕默德的带领下，仅用一个世纪的时间就建立起以伊斯兰教为核心的统一的阿拉伯穆斯林国家。崛起之后的阿拉伯国家，首先在四大哈里发时期（632—661）开始征服世界并迅速向外扩张，并在第二、三任哈里发欧麦尔和奥斯曼任内达到高潮。651 年，随着埃及、波斯等大帝国的消灭，古代西亚北非的历史以阿拉伯人的征服和封建化新帝国的出现而结束。

二、中期历史与文化

阿拉伯帝国（632—1258）的建立和伊斯兰教的传播使西亚北非地区进入了中古时期。伊斯兰教在公元 7 世纪的兴起和大规模传播，对阿拉伯帝国和阿拉伯文化的发展以及中古时期西亚北非文化圈的形成起到了主导作用。

伊斯兰教在创建过程中主要吸收了犹太教和基督教的神话和宗教思想，在改造阿拉伯民族传统宗教的过程中，经过长时间的冲突融合，逐渐成为阿拉伯民族的全民意识形态，并且随着阿拉伯帝国的兴起而不断得到传播。

尽管西亚北非地区很早就出现了不同文化的交流和融合，但形成一个具有文化一体化特点的文化圈和统一的意识形态，伊斯兰教的传播作用是不容忽视的。"伊斯兰教在统一了阿拉伯人、使他们转向新的生活、组成具有统一意志和语言、服从一个制度、倾向文明、抛弃原始生活的民族之后，又把他们带进了土地肥沃、资源丰富、工艺进步的富庶新国都。"①但由此盛行的奢靡之风和伊斯兰教内部的派别之争，以及在伊斯兰教支持者和反对者之间因矛盾而引起动乱和战争，导致伍麦叶王朝的灭亡和阿拔斯王朝的兴起。

阿拔斯王朝是阿拉伯帝国黄金时代的开始，也是阿拉伯文化达到顶峰的时期。伊斯兰教在发展过程中，与周围的犹太教、基督教、拜火教、印度教等宗教文化展开了激烈的冲突，经过长期的较量、对抗与对话，在不断得到充实和发展的过程中，确立了以伊斯兰教为主体、以一神崇拜为特点的宗教文化。在与外部势力较量时，内部形成逊尼派、什叶派和苏菲派等不同的派别和各种哲学流派，各教派、各哲学流派之间的互相斗争和激烈的思想交锋，表现了上升时期的伊斯兰教所具有的思想活力，以宗教哲学和教法学为主要内容的圣训学、经注学、教法学等学术活动的发展，体现了阿拉伯—伊斯兰思想文化的繁荣，奠定了伊斯兰教在西亚北非地区的主流意识形态地位。至此，以阿拉伯为中心的具有多元性与复合性特点的西亚北非文化圈已经形成。②

"阿拉伯文化兴起了，教法、语言学方面的广泛繁荣实现了，阿拉伯人对希腊文化和别的文化的引入完成了……在 10 世纪和 11 世纪，科学和文学的都市多了起来，……这时科学领域繁荣，对各类学科都有大量的充分的研究。哲学精神普及，并产生了新学派，进行着新尝试……无论在阿拉伯东方还是阿拉伯西方，都产生了许多文学家。"③使用阿拉伯语并以伊斯兰教为纽带的阿拉伯—

---

① 汉纳·法胡里. 阿拉伯文学史[M]. 郅溥浩，译. 银川：宁夏人民出版社，2008：101.

② 侯传文. 东方文化通论[M]. 济南：山东教育出版社，2002：130.

③ 汉纳·法胡里. 阿拉伯文学史[M]. 郅溥浩，译. 银川：宁夏人民出版社，2008：264.

伊斯兰文化在人类文化史上起到承前启后、贯通东西的作用，为世界文化发展做出了巨大贡献。

正如有学者所指出的"阿拉伯人所建立的，不仅是一个帝国，而且是一种文化。他们继承了在幼发拉底河、底格里斯河、尼罗河流域、地中海东岸上盛极一时的古代文明，又吸收而且同化了希腊—罗马文化的主要特征。后来，他们把其中许多文化影响传到中世纪的欧洲，遂唤醒了西方世界，而使欧洲走上了近代文艺复兴的道路。在中世纪时代，任何民族对于人类进步的贡献，都比不上阿拉比亚人和说阿拉伯话的各族人民"①。用阿拉伯文撰写编纂而成的《一千零一夜》就是一部反映中古阿拉伯帝国社会风貌的大型民间故事集，其故事来源于波斯、阿拉伯和埃及三个国家，就充分说明当时阿拉伯的地域之广和文化包容能力之强。

盛极必衰似乎是历史发展的必然趋势，阿拉伯帝国也不例外。数次内争与外斗使疆域辽阔的中央政权无力统一国家的各个部分，政治和社会动乱导致繁盛的阿拔斯王朝逐渐解体。

阿拉伯帝国的扩张与强盛是与拜占庭帝国地域的缩减和衰落相对照的。尽管两个帝国在很长的一段时间里能平安相处且具有一定程度的文化交流，但伊斯兰文化与基督教文化因对立而引起长达 200 年之久的多次十字军东征（1096—1291），其所造成的巨大破坏和经济衰落使阿拉伯东方长期处于闭关自守的状态。塞尔柱人在中亚、西亚建立的伊斯兰帝国塞尔柱王朝（1037—1194）崩溃于蒙古人对伊斯兰国土的三次征服，特别是旭烈兀攻陷巴格达后展开的屠城以及将各种典籍抛入底格里斯河的行为，使阿拉伯国土的文化成果遭到严重毁灭。其后继者帖木儿席卷整个小亚细亚的武力征服，更使"文化名人遭到蹂躏，文明之城变成废墟，图书馆被大火吞噬"②。只有此后建立的曼麦鲁克王朝统治下的埃及和叙利亚，成为当时文化最进步的阿拉伯国家。

奥斯曼人是随塞尔柱人的扩张从中亚来到小亚细亚半岛并逐渐同拜占庭帝国境内的部族融合的土耳其人。他们在塞尔柱帝国灭亡后于 1299 年建立了奥斯曼帝国，并于 1453 年攻占君士坦丁堡，改都城名为伊斯坦布尔，结束了拜占庭帝国在小亚细亚地区长达 1000 多年的统治。随后土耳其奥斯曼帝国先后征服两河流域地区，又在 1516 年打败曼麦鲁克人，征服了埃及与叙利亚，奥斯曼成为阿拉伯帝国后又一个地跨亚非欧三洲的大帝国，使伊斯兰教政权在西亚北非得以继续，尽管其建立者并非阿拉伯人。奥斯曼帝国继承了东罗马帝国文化

---

① 菲利浦·希提. 阿拉伯通史：第十版. 上[M]. 马坚，译. 北京：新世界出版社，2008：4.

② 汉纳·法胡里. 阿拉伯文学史[M]. 郅溥浩，译. 银川：宁夏人民出版社，2008：35.

和伊斯兰文化，使东西文明得以统合，但经历战争破坏的伊斯兰文化与文学传统却被迫中断和停滞。

1798 年的法国入侵改变了西亚北非的历史发展进程，具有悠久历史的古代西亚北非和曾经辉煌的文化与文学在西方国家的殖民入侵前面临新的境遇和挑战，西亚北非的近代在东西方文化的冲突与抗争、借鉴与交流中进入了转型与复兴。

中世纪阿拉伯文化在世界文化史上占有突出地位。阿拉伯是沟通东西方文化交流的桥梁，在世界文化交流方面曾发挥过重要作用。东西方文化不仅通过阿拉伯地区得以广泛交流，而且阿拉伯文化本身也同中国、印度、非洲、欧洲各地互相交流，它在吸收和消化古埃及、两河流域、波斯文化以及古希腊罗马文化基础上，形成了既有鲜明特点又有很强包容性的文化。

第二节　历史与文化的近代转型

阿拉伯国家近代史的序幕以 1798 年拿破仑入侵埃及为标志。其后，随着英国、法国、意大利等西方殖民国家的占领和统治，阿拉伯大多数国家相继沦为西方的殖民地与半殖民地。第一次世界大战后，西亚北非地区随着奥斯曼帝国的溃败和没落结束了近代的历史。

西方国家在实行武力征服阿拉伯世界的同时，也十分重视对政治、经济、宗教和文化等方面的渗透，因此，近代西亚北非各国既面临着反殖反封建斗争的任务，也担负着民族文化复兴的责任。

但是，由于西亚北非各国的地理与历史环境不同，在接受西方文化的广泛渗透和强烈影响方面，其文化和文学也表现出诸多不同，如有的国家表现出主动的学习态度如黎巴嫩；有的国家是在遭到侵略之后被迫采取借鉴的态度如埃及；更多的国家则是直接面对军事侵略与文化渗透。

一、创办教育

地理位置特殊的黎巴嫩是近代阿拉伯国家中第一个主动向西方敞开大门、积极接受西方文明和文化的国家，也是阿拉伯国家中唯一的基督教国家。

黎巴嫩濒临地中海，其祖先腓尼基人以航海和经商而闻名于世。但在公元

7 世纪摆脱拜占庭帝国的黎巴嫩，随叙利亚归属新兴的阿拉伯帝国，然后又归到奥斯曼帝国属下，使东西方文明较早在这里得以交融，西学也最早从这里开始东渐："很古以来，具有不同国籍、语言和文化的传教士就络绎来到这里。他们开办学校，使黎巴嫩人得以了解西方的不同文化，对比自己的状况和西方的进步，知道了黎巴嫩的症结所在及其治理办法，从而行动起来，服务祖国，悉心为其进步服务。"①

黎巴嫩首先充当了阿拉伯文化复兴运动的前卫。早在 16 世纪中期，奥斯曼属地之一的黎巴嫩统治者首先向西方文艺复兴源头的意大利敞开了大门，大批留学生被选送到欧洲学习，很多著名学者都是罗马教会学校的毕业生，他们学成回国后从事学术研究、古籍整理和翻译工作。他们精通多种语言，将阿拉伯文与西文书籍互译，为东方学的开展做出了贡献，成为黎巴嫩和阿拉伯近代复兴的中坚力量。这些学者和教士从自我成长的过程中意识到学校和教育的重要性，积极开办学校或在学校任教，甚至借用机器印刷的效益，传播自己的新方法和新思想，为黎巴嫩和阿拉伯复兴培养了许多栋梁。

黎巴嫩是阿拉伯国家中最先创办学校的国家，有着久远历史的学校分为外国学校和国民学校两类，前者中最有名的是 1866 年成立的美国大学和 1874 年迁入贝鲁特的耶稣大学，后者中著名的阿因·沃尔盖学校"是黎巴嫩与西方交流的产物，它的教学制度和科目都是仿效罗马学校的"②。还有 1874 年创办的以色列国民学校和 1908 年创办的奥斯曼伊斯兰专科学校。第一次世界大战后，学校进一步得到普及，除民办学校外，还有教育部开办的官办学校。

与黎巴嫩主动同西方交流不同，埃及是在被迫形势下做出的一种选择。拿破仑入侵把埃及人从沉睡中惊醒，使他们在西方文明面前感受到强烈的震动，于是，被动情况下的主动学习成为埃及统治者采取的态度。1805 年上台的穆罕默德·阿里受法国人在开罗创办学校的启发，就在埃及开办了许多学校，最有名的医科学校和军事学校都是从意大利、法国和英国聘请教师，还请法国教官为他组织军队。尽管阿里创办学校的目的是加强军事力量，致力于社会、经济的改良，但客观上起到了表率作用，"没过多久，学校遍布各地，全国到处都是求学上进之士"③。开办学校进行教育成为埃及复兴过程中的第一步。

埃及的爱资哈尔清真寺在 13 世纪起就成为伊斯兰教高级学府，在 20 世纪初经历了教育从传统向现代的转变，因而又被称为"爱资哈尔大学"，其学者不仅在翻译科学书籍方面为阿拉伯语的纯正做出了贡献，也培养了大批阿拉伯复

---

① 汉纳·法胡里. 阿拉伯文学史[M]. 郅溥浩，译. 银川：宁夏人民出版社，2008：370.
② 汉纳·法胡里. 阿拉伯文学史[M]. 郅溥浩，译. 银川：宁夏人民出版社，2008：373.
③ 汉纳·法胡里. 阿拉伯文学史[M]. 郅溥浩，译. 银川：宁夏人民出版社，2008：374.

兴所需要的人才。其后的伊斯玛尔时代开办了更多学校，尤其以法律、师范、工艺为主的各类管理学校和研究阿拉伯各种学科的高等学校提升了埃及的教育水平，1906年建立的埃及大学更是一所综合性大学。叙利亚在第一次世界大战后建立叙利亚大学，"随后，初级中学和高级中学遍及所有阿拉伯国家，各国政府都给予特别的重视，于是产生了成果，而且是最丰硕的成果"①。

阿里当政时代，先后派遣科学使团和留学生到法国和其他欧洲国家考察学习，把阿拉伯语作为官方语言，鼓励翻译介绍和出版印刷，力图促使非洲的埃及向先进的欧洲靠拢。大批深受奥斯曼帝国土耳其人压迫的黎巴嫩人和叙利亚人被吸引到埃及，移民中的诗人和文学家与追求进步的埃及同行一起创办报纸、杂志，参加文化和科学活动，成为埃及近代历史复兴的开路先锋。

二、文化启蒙

宗教改革是阿拉伯近代文化启蒙运动的先声。奥斯曼帝国虽然在15到19世纪是唯一能够挑战欧洲国家的伊斯兰力量，但到19世纪末20世纪初，随着奥斯曼帝国的衰落和分裂，西方殖民强国完成了对西亚北非广大伊斯兰地区的控制，给伊斯兰传统文化以巨大冲击。穆斯林中的一些有识之士痛感伊斯兰教的软弱与涣散，意识到要振兴阿拉伯，首先要振兴伊斯兰教，发扬创教初期的伊斯兰精神。他们纷纷提出各种主张，以维护和振兴伊斯兰文化，从而引发了一波又一波的"伊斯兰复兴运动"，出现了众多旨在改革伊斯兰教的新教派，如埃及的哲马伦丁·阿富汗尼在1871年号召宗教改革，主张通过吸收西方文化来保卫和发展伊斯兰教，穆斯塔法·卡米勒则宣扬阿拉伯民族主义思想等。无论是回归《古兰经》的文化复古主义，还是旨在革新伊斯兰文化的现代主义，都是阿拉伯世界民族意识觉醒的一种体现，为促进伊斯兰社会的团结和20世纪伊斯兰教的复兴运动做了准备。

黎巴嫩和埃及成为近代阿拉伯思想启蒙运动的先驱。启蒙思想家们力图改变阿拉伯世界的落后现状，认为愚昧是造成贫困落后的主要根源，因此，他们大力鼓吹欧洲资产阶级文明，致力于自我教育和社会教育，通过人的素养的提高来改良社会风尚。在推动近代阿拉伯国家进步和传播科学方面有着最大功绩的是学校，前面提到的各类学校以及高等学校的建立是近代阿拉伯文化史上的一个重要事件。

印刷术和报纸作为传播知识的最重要手段在阿拉伯社会近代化过程中也发

① 汉纳·法胡里. 阿拉伯文学史[M]. 郅溥浩，译. 银川：宁夏人民出版社，2008：378.

挥了重要作用。"阿拉伯国家的第一个印刷所是在 1610 年黎巴嫩古扎赫修道院建立的印刷所……叙利亚是最早用阿拉伯字母印刷的阿拉伯国家……"①拿破仑在入侵埃及时，"和入侵同时准备好的有一套阿拉伯文印刷机，它是埃及印刷书籍、报刊的第一台印刷机"。受此影响，穆罕默德·阿里在 1821 年建立了布拉克的国立印刷所。此后印刷所遍布阿拉伯世界。

印刷术的推广，扩大了科学文化思想交流的范围，使长期被埋没的中世纪阿拉伯优秀文学遗产重新问世，打破了中世纪少数阶层垄断文化的局面，为宣传新思想，提高民族自信力和文化水平提供了可能。"广泛发行的报纸杂志，及时介绍西方的新思想、新动向，评论阿拉伯的社会现象，唤起了读者爱国主义和民族主义热情；而通俗流畅的报刊语言又沟通了大众口语和书面语言的联系，报刊成为近代阿拉伯思想启蒙的媒介，在文化复兴运动中起到了不可替代的战斗作用。"②

各种科学学会和文学团体的建立成为推动科学普及和文化进步的动因，如在黎巴嫩建立的叙利亚学会、叙利亚科学学会、东方科学学会等，在埃及建立的阿拉伯科学学会、王室阿拉伯语言学会等。图书馆在阿拉伯文化复兴运动中也发挥了重要作用。图书馆是储存书籍、研究学术、传播文化的重要场所，阿拉伯国家很早就知道图书馆的作用，并有修建图书馆的传统。近代时期出现了各种私人图书馆和公共图书馆，如 1879 年建立的爱资哈尔图书馆和东方图书馆（1880）以及贝鲁特美国图书馆（1866）等。由欧洲学者开始对古老东方遗产进行研究的东方学，后因大量阿拉伯学者的加入而有了巨大进展，成为阿拉伯文化复兴的一个巨大推动因素。

近代埃及成为西方文化的接受者，基督教文化与伊斯兰文化的轮番上演，又使其成为东西方文化冲突与交流的战场。特别是 1869 年开通的苏伊士运河联通欧亚非三大洲，大大缩短了从欧洲到西亚北非以及世界其他地区的海上距离，它在以后的国际贸易和经济发展中的重要作用，使埃及自近代以来成为东西各大帝国的必争之地。尤其是 1882 年沦为英国统治后，埃及与西方的交流越来越密切，逐渐成为阿拉伯各国文化生活的中心，在近代阿拉伯文化启蒙和复兴运动中发挥着越来越重要的作用。

奥斯曼帝国曾是"现代最强大的穆斯林国家，而且是最持久的穆斯林国家"③，但是"在穆斯林和基督教徒之间——甚至在土耳其穆斯林和阿拉伯穆斯林之间，

---

① 汉纳·法胡里. 阿拉伯文学史[M]. 郅溥浩，译. 银川：宁夏人民出版社，2008：379.

② 郁龙余，孟昭毅. 东方文学史[M]. 北京：北京大学出版社，2001：401.

③ 菲利浦·希提. 阿拉伯通史：第十版. 下[M]. 马坚，译. 北京：新世界出版社，2008：652.

在基督教的这个教派和那个教派之间——存在着裂痕"①，当然，除宗教方面之外，其他方面的情况也是如此。当各种矛盾集于一身，早已埋置在帝国体内的衰退种子开始萌芽壮大，最终在第一次世界大战结束后的1923年10月，随着土耳其共和国的成立，被废除的哈里发制度连同奥斯曼帝国一起消亡了。

奥斯曼帝国解体之后的西亚北非地区尤其是阿拉伯世界在西方殖民统治下开始了民族独立运动。第二次世界大战期间，阿拉伯各国仍然作为保护国被英、法、意、西班牙等殖民国家占领。第二次世界大战结束后，争取国家独立、民族解放的斗争空前高涨，许多国家先后独立。但是独立后的西亚北非情况依然非常复杂，如埃及1922年被英国殖民当局宣布独立，但并没有真正摆脱英国的统治，直到1953年成立埃及共和国才真正获得了独立。再如1948年成立的以色列国与1988年宣布独立的巴勒斯坦国之间的矛盾以及由此引起的武装冲突，其原因既有传统宗教等因素，也有现实的经济利益等因素。

现在的西亚北非由众多国家组成，其中大多阿拉伯国家主要在西亚和北非地区，而由穆斯林掌权的伊朗和土耳其，其主体民族分别为波斯人和土耳其人，他们与主体民族是以色列人的以色列一样，都不是阿拉伯国家，而信仰基督教的黎巴嫩却是典型的阿拉伯国家。可以说，现当代西亚版图的划分，是两次世界大战重新洗牌的结果。北非地区在古代只有埃及一个国家，但现在却是包括埃及在内的6个阿拉伯国家，其中的阿尔及利亚是从奥斯曼帝国中被分割出去的第一个阿拉伯地区，自1830年先后被法国和美国占领，直到1962年才获得独立。突尼斯被法国于1881年占领，1956年获得独立。摩洛哥在历史上并不属于奥斯曼帝国，但先后被法国、西班牙、意大利等国占领，1956年获得独立。

宗教矛盾、部族冲突、领地范围、石油资源等问题，在当今世界不仅仅是西亚北非的内部问题，也是引发全球关注的焦点问题。

① 菲利浦·希提. 阿拉伯通史：第十版. 下[M]. 马坚，译. 北京：新世界出版社，2008：656.

第二章　古代巴比伦文化

文明古国巴比伦位于两河流域美索不达米亚平原的南部，苏美尔人是两河流域的最早居民，他们至少在公元前 5000 年至前 4000 年间已在此定居，并播撒了第一批文明的种子。又早在公元前 3500 年就建立了世界上最古老的城邦国家，发展起繁荣的城市文明。据考古发掘，越来越多的人相信，其久远与古老甚至超过人们熟知的古埃及文明。

巴比伦最初不过是幼发拉底河边的一个不知名的小城市。在公元前 2200 年左右，来自叙利亚草原的另一支闪族阿摩利亚人侵占了这座小城。他们骁勇善战、争强尚武，南征北讨，四处征战，以巴比伦城为中心，建立起新的奴隶制国家，历史上称之为"巴比伦王国"。汉谟拉比是巴比伦王国最杰出的国王，他基本上统一了除北部亚述帝国外的两河流域，建立起完备的中央集权制度，首都巴比伦城成为西亚文化的中心。他死后，国势开始衰落，被后起的亚述帝国取代。亚述帝国之后兴起的巴比伦帝国称为新巴比伦，著名国王为尼布甲尼撒二世，除著名的空中花园外，"巴比伦之囚"事件也与他有关。

本章内容主要介绍的是古代巴比伦文化与文学。

第一节　文学与艺术

一、文学

古代巴比伦的文学成就主要是神话和史诗，是在继承苏美尔、阿卡德文学传统的基础上发展起来的。苏美尔人发明的楔形文字[①]是人类最早的文字，故

---

① 楔形文字起初被苏美尔人刻在石头上，因两河流域缺少石块，他们就把河流的冲击土壤制成泥版，用削尖的芦苇棒（有时也用木材和其他材料）等将其刻写在湿润的泥版上，再用火或太阳烘干。由于泥版上的文字笔画外形像楔子或钉子，最初见到这种文字的阿拉伯人将其称为"钉头字"，而后英国人将它称为"楔形文字"。

苏美尔文学是世界上最早有文字记载的文学。

楔形文字的发明首先促成了学校的诞生。因为两河流域的人将文字刻在泥板上，因此他们所有的"书"实际上都是泥板文书。这些泥板文字主要在学校里供学习之用，或在图书馆里供存放阅读使用。在乌鲁克出土的属于这一时期的上千块泥板文书中，除了经济文书和管理文书之外，还有学生做作业时用的单词表，有的还挖掘出不少的学校"教科书"，这些泥板"教科书"表明当时确实存在着雏形的学校。正规学校教育制度的创立也是苏美尔人对人类文明的重大贡献。美国著名苏美尔学专家 S. N. 克莱默教授在评价苏美尔人的这一成就时指出："可以毫不夸张地说，如果没有生活在公元前第三千纪早期的苏美尔教师默默无闻的创造和努力，科学和知识要想取得今天这样的辉煌成就是难以想象的，文字和知识是从苏美尔传向世界的。"[①]

楔形文字的发明还促进了图书馆的产生。根据目前考古发掘看，收藏泥板文书的图书馆主要有神庙图书馆，王室或国家图书馆和个人图书馆三类。其中最著名的是亚述巴尼拔图书馆。博学多才的亚述帝国末代国王巴尼拔在古都尼尼微建造的巴尼拔国家图书馆遍藏各地的泥板文书，内容涉及科学和宗教的方方面面。

苏美尔人利用楔形文字创造了丰富的文学作品，并将其刻在泥板上保存。苏美尔文学堪称世界上最早有文字记录的文学，比古希腊的书面文学足足早了2000 多年，比中国商代的甲骨卜辞也早了大约 1700 年。正是借助于图书馆储藏的刻有楔形文字的泥版，古代苏美尔文学才得以保存下来："从译读出的泥版文献看，苏美尔文学中已经有了多种主要的文学体裁，如神话、传说、颂歌、祈祷文、史诗、寓言、谚语等，其中最重要的是神话和史诗。"[②]

苏美尔神话中记录了数以千计的神灵，众多的神出自大地、天空、动物和植物等被神圣化了的自然现象，如日月星辰及山林、大地等都是神，尤其是将五行星宿作为崇拜对象，所以古巴比伦人建造七星坛祭祀星神，每层有一个星神，从上到下依次为日、月、火、水、木、金、土 7 个神。如苏美尔神话中的天神安的象征是一颗星和数字 60。其后出现的风神恩利尔取代安在天空中居于主神地位，被称为"众神之父"和"天上地下的王"。他以风暴为武器，具有毁灭性的力量，人们既畏惧他又崇拜他，把他视作苏美尔的保护者。水神恩基是恩利尔之子，主管江河湖沼。他教会人类农耕技术和驯养动物的方法，是人类的朋友和所有城邦的赞助者，以其智慧受人尊崇。母神宁图是"一切生物之母"。

---

① 于殿利，郑殿华. 巴比伦古文化探研[M]. 南昌：江西人民出版社，1998：89.

② 郁龙余，孟昭毅主编. 东方文学史[M]. 北京：北京大学出版社，2001：18.

阿卡德神话从内容到形式基本上是因袭了苏美尔神话，只是将他们所信奉的神灵整合到原有的苏美尔神谱中，如月亮神辛、太阳神舍马什、晨晚之星兼生殖女神阿什塔尔等等。

马尔都克是巴比伦人的主神，接替了其他原有的主神地位，他确立其主神权威的过程在巴比伦的创世史诗《艾努玛·艾利什》中有详细记载，它是两河流域进入阶级社会之后由多神崇拜逐渐向一神崇拜过渡的反映。

伊什妲尔是巴比伦宗教中最重要的女神，是由苏美尔母神宁图演化而来的，她不仅被尊为"生命之母""种子的生产者"，还是爱神和战神。但她在巴比伦文学中却以不同的面目出现，如神话《伊什妲尔下冥府》把她描绘为忠于爱情并掌管生殖和繁育的好女神，而史诗《吉尔伽美什》却把她描写成水性杨花和残暴的恶神。

苏美尔人早就流传着的洪水故事就是记载在泥板文书上的，以后流传到巴比伦，又出现在其英雄史诗《吉尔伽美什》的第 11 块泥版上。尽管随着历史的发展，两河流域的洪水故事渐渐湮灭，其原创作者苏美尔人也被人遗忘了，但1872 年英国伦敦印刷厂排字工人乔治·史密斯在钻研楔形文字泥板文书时偶然译读出的大洪水故事，却通过对亚述古城尼尼微废墟中搜集到的几千块泥版文书残片的细心整理复原，将一部被人们遗忘了 3000 多年的作品重新展现在世人面前，它就是代表古代巴比伦文学最高成就的史诗《吉尔伽美什》，也是目前已知的世界文学史上最早的一部史诗。

吉尔伽美什是苏美尔人所建立的乌鲁克王国历史上的一位国王，关于他的故事早在苏美尔时代就已流传，并有 5 部以他为主人公的作品，其中有 4 部在巴比伦时期被改编成书。《吉尔伽美什》共有 3000 多行，用楔形文字记述在 12 块泥版上。

史诗主要描写乌鲁克王吉尔伽美什与蒙昧英雄恩启都结交，为民除害共同征讨杉妖芬巴巴，并在太阳神帮助下将其杀死。吉尔伽美什的英姿引起了女神伊什妲尔的爱慕，求爱遭拒的女神要挟天神造神牛残害人民以图报复。吉尔伽美什与恩启都杀死天牛，因得罪天神遭到诅咒，恩启都染病而亡，痛失好友的吉尔伽美什在哀悼中预感到自己也会面临同样的命运。为逃避死亡求得长生，他决心寻找人类始祖了解生命的奥秘。始祖向他讲述了大洪水的故事并指点他得到长生仙草，但在返回途中仙草被蛇叼走，他失望而归，史诗最后以他与恩启都亡灵的对话结束。史诗的前 6 块泥版通过描写吉尔伽美什与恩启都为民造福的故事，反映了两河流域人们的多神观和神对人命运的控制。史诗的后 6 块泥版通过吉尔伽美什对生命奥秘的探寻及其失败，反映了古代巴比伦人对生命法则的认识和对自然规律的探索。①

古代两河流域美索不达米亚的图书馆，尤其是亚述巴尼拔国家图书馆，为了保存和保护泥版文书这一人类最早的文化遗产而功劳无限。如果没有它们保存的泥板文书，人类的文化史会出现断裂，许多古代文化可能会失去根源。正如法国亚述学专家约希姆·麦南评论说："仅尼尼微图书馆泥版数量就逾万件，……如果与其他民族流传下来的材料相比，我们很容易相信，亚述—迦勒底文明史是迄今所知最早的古代民族史。"②巴比伦文学在全面继承的基础上，又在文学视野、题材和体裁等方面进行了开拓，保存下来的作品仍然是用楔形文字刻写在泥版上。考古学家通过在两河流域的大规模发掘，使大批被埋没已久的古代城市、神庙、墓葬、宫殿、艺术品和数以万计楔形文字泥版重见天日。③

二、艺术

古代巴比伦的主要艺术形式是建筑和雕刻。苏美尔人在公元前 4000 年中叶的建筑已形成独特的风格，多级寺塔是其典型建筑。寺塔用生砖（土坯）筑成，下面几级是一层层的台基，最上层是一个神庙。约建于乌尔第三王朝的乌尔寺塔代表了这种建筑的最高成就。多级寺塔对埃及早期层级金字塔产生了深刻的影响。

古巴比伦著名的建筑物是通天塔。通天塔又叫"巴比塔"，据《圣经·旧约》中的《创世记》记载，人类的祖先最初讲的是同一种语言，他们在向东迁移时，在底格里斯河与幼发拉底河之间发现了一片非常肥沃的平原地带，于是就在那里定居下来，并修建了城池。后来，他们的日子越过越好，决定修建一座可以通到天上的高塔。他们用砖和泥作为建筑材料。直到有一天，高高的塔顶已冲入云霄。上帝耶和华得知此事，认为这是人类虚荣心的象征。于是，上帝决定让人世间的语言发生混乱，使人们因语言不通而不能相互沟通，高塔无法继续建下去，所以最终也没有建成。"巴比"是巴比伦文，意思是"神的大门"。 据说巴比伦通天塔的修建是统治者想把它作为观察天象、思索宇宙奥秘的场所。远古的苏美尔人认为神会从天上利用星星的飞行降到寺塔里，并和敬神的人们会晤。巴比伦时代的人们也相信马尔都克神会常到寺塔里过夜。因此人们在寺塔顶为他准备好了金榻、金圈椅和金桌子，甚至还从全体妇女中挑选出最虔诚的信徒住在庙中，时刻准备伺候飞来的马尔都克神。正是这种信仰才导致后来

---

① 参见赵乐甡，译. 吉尔伽美什[M]. 南京：译林出版社，1999：355-357.

② 于殿利，郑殿华. 巴比伦古文化探研[M]. 南昌：江西人民出版社，1998：101.

③ 郁龙余，孟昭毅主编. 东方文学史[M]. 北京：北京大学出版社，2001：24.

出现了"坐庙礼"①这种奇异的宗教习俗。可见，在美索不达米亚，女性对神庙来说有着特殊的意义。除了祭司，女性是与神庙联系最为密切的人。在苏美尔时期，每一座神庙几乎都与女性有关联。如果是女神庙，女性就是神的管家，如果是男神庙，她们就是神的妻子。那时，苏美尔的漂亮女孩，若是宣布被神选中做神的妻子，就是莫大的荣幸，一家人都以此为荣。这时，女孩的父母就会选择一个良辰吉日，将女儿打扮得漂漂亮亮，带着陪嫁送到神庙里去。

第二节　科学与法律

两河文明涉及人文科学和自然科学的各个领域，其中数学和天文学的成就最大。

一、科学

两河流域的人们精于商贾之道，利用联结亚、非、欧三大洲之交通要冲的地理位置，进行商业贸易。商业要求精确的计算，土地也需要丈量，这些都离不开数学，数学也因此发展起来。苏美尔人运用十进制，同时兼用罕见的六十进制，为有关圆和时间的计算提供了便利。人们已知圆周为360度，把一天分为12时，每时分为30乌斯，一天360乌斯。苏美尔人还知道了分数，分母常常是60、36、600和3600。他们算出圆周率为3，掌握了四则运算和平方、平方根、立方、立方根的计算，会解多元一次和三次以内的一元方程。并能利用长方形、三角形和梯形面积的计算来测算不规则土地面积，勾股定理对他们来说也不再是个秘密。

天文学也已达到相当的水平。苏美尔人首先根据月亮盈亏规律编制成太阴历，一年分12个月，每月29或30天，每年354天，比太阳年（365天5时48分46秒）所少的十一天多就以闰月补足。古巴比伦时期，人们将恒星和五大行星区分开来，观测出黄道——太阳在恒星背景上的视运行轨道，按方位划分了肉眼可见的十二星座，绘成黄道十二宫图。

---

① "坐庙礼"是巴比伦女性一生中必须经过的仪式。坐庙者一律都是良家女子，她们用花头巾把头裹住，坐成一排，供游客观赏，若被看上的男子选中，就可以离开神庙，与选中她的男子交欢。巴比伦习俗认为，女子向某个游客献身，就是向神献身。经过这个仪式后，任何男子再想同她交欢，给多少钱都无法获得她的芳心。

现在各国通用一星期七天的制度最早是由君士坦丁大帝制定的。但一周七天的名称却是最早源于古巴比伦。公元前 7 世纪到公元前 6 世纪,巴比伦便有了星期制。他们把一个月分为四周,每周为 7 天,即一个星期。而每一天都是和巴比伦人祭祀星神的七星坛上每一层的星神相对应的,从上到下依次为日、月、火、水、木、金、土 7 个神,即每天以一个星神的名字来命名:太阳神主管星期日,月神主管星期一,火星神主管星期二,水星神主管星期三,木星神主管星期四,金星神主管星期五,土星神主管星期六。古巴比伦人创立的星期制,首先传到古希腊、古罗马等地,其后这些名称传到不列颠,盎格鲁-撒克逊人又用他们自己所信仰的神的名字改造了其中的 4 个名称,这样就形成了今天英语中的一周 7 天的名称。星期的划分至今几乎在全世界都在使用,早已是人们生活中不可缺少的时间计量方法。

天文、历法的产生,一方面显然是为了生产生活的实际需要,如太阴历的编定适于反映季节变化,便于农时安排,另一方面,人类早期的天文学又与宗教、占星术和巫术有着千丝万缕的联系。浩瀚宇宙,日月交相辉映;星汉灿烂,美丽而又神秘;大自然时而温柔可人,时而狂暴不羁,人类对伟大的自然力了解得如此有限,这片空白只能用宗教和神来填补。

二、法律

两河流域人们的一大突出贡献,是自公元前 3000 年左右开始编制法律。各奴隶制国家均以楔形文字编写法典,这是迄今已发现的人类历史上最早的一批成文法,有时亦称为"楔形文字法"。两河流域出土的大量楔形文字泥板、石柱等文物中,约有四分之三涉及法律,但大多数没有留存下来,只有古巴比伦王国的《汉谟拉比法典》因为刻在石柱上才基本上完整地保存下来了。

《汉谟拉比法典》是两河流域众多法典中的典型之作。由序言、正文和结语三部分组成,正文共有 282 条,涉及程序、盗窃、伤害、不动产的占有与转让、婚姻家庭、借贷、债权、奴隶等各方面,从中可以看出当时社会的大体概况。法典把人分为奴隶主、自由民和奴隶三个等级,他们在法律面前是不平等的。奴隶是主人的工具和财产,不属于人的范畴,因而不受法律保护,这是法典的基本思想。而对奴隶主则给以无条件的法律保护,这是法典的基本特征。法典的另一特征是"同态复仇法",即以眼还眼,以牙还牙,这种办法只能用来解决上层自由民之间的纠纷。

法典对奴隶主、自由民、奴隶有着不同的规定:如果奴隶主损毁自由民的眼睛,只要拿出一定数量的银子赔偿就可以了事;如果被损毁眼睛的是奴隶,就不用任何赔偿。奴隶如果不承认他的主人，只要主人拿出他是自己奴隶的证明，这个奴隶就要被割掉双耳。法典甚至规定奴隶打了自由民的嘴巴也要处以割耳的刑罚。属于自由民的医生给奴隶主治病也是胆战心惊的，因为如果奴隶主在治疗的时候死了，医生就要被割掉双手。为了巩固奴隶主的地位，法典还规定了一些更为严厉的条款：逃避兵役的人一律处死；破坏桥梁水利的人将受到严厉处罚直到处死；如果违法的人在酒店进行密谋，店主如果不把这些人抓起来，也要被处死。不同的惩罚表明了三种身份的人不同的地位。法典还有关于土地制度的条款。

《汉谟拉比法典》对婚姻也有规定：结婚双方必须缔结婚约，无婚约的婚姻在法律上是无效的。婚姻一般由父母安排，因此婚约的缔结不是由结婚者本人，而是由双方的父亲来完成的。男女双方都必须交换礼品，当然应该是男方先下聘，女方则往往以高于聘礼的物品作为嫁妆。法律规定，若男方违约另娶则失其聘金；若女方毁约另嫁，则要加倍退还聘金。结婚前要先行订婚。

美索不达米亚实行的婚姻制度名义上是一夫一妻制，但在家庭关系中，夫妻地位是不平等的，丈夫占有绝对的统治地位。丈夫如果对妻子不满意，只要把她的嫁妆还给她就算休妻。休妻的理由有很多，不育、通奸、性格乖戾、不会持家等都可以成为理由。丈夫不但可以休妻，还可以置妻子于死地。因为法律规定："为人妻者，如懒惰、放荡、不顾家或轻忽子女，均可溺毙之。"这反映出妇女地位的低下。当然，法律也适当保护妇女的权益。如法律规定：妻子虽然不能申请与其丈夫脱离关系，但如果她能证明丈夫毫无理由地虐待她或有外遇，均可携其嫁妆及应有财产回娘家住。此外，如果丈夫应征入伍或经商在外超过一定年限而妻子生活无着落时，妻子可以与别的男人姘居，而丈夫不得以此作为理由休妻。婚前性行为在古巴比伦时期较为普遍，男女之间同意就在一起，不同意随时可以分开。与有妇之夫同居的女性，身上要带一橄榄枝作为标志，以表示她的身份是妾。不过，一旦结婚，性关系就不能随便。所以《汉谟拉比法典》规定：有夫之妇与人通奸者，奸夫淫妇应行溺毙。

从整体上看，这部法典规定了严密的审判程序，涉及内容广泛，是世界上现存的一部最古老最完整的法典，是人类文化遗产中一笔巨大的财富。这部法典也是相当完备发达的奴隶主阶级的法典，正是依靠这部法典，汉谟拉比时代的巴比伦社会，成为古代东方奴隶制国家中统治最为严密的国家。《汉谟拉比法典》是人类最早的完整成文法典，也是古巴比伦人馈赠给人类的最宝贵的遗产。它吸收了此前两河流域各个国家未成文法或不完整成文法的精华，并为后世法律的制定提供了唯一的范本。不仅赫梯、亚述、新巴比伦、波斯等古代国家在编制自己的法律条文时不同程度地参照了《汉谟拉比法典》，而且它也成为其他国家制定法律的参考依据。

　　古代巴比伦文化是人类文化最早结出的硕果，美国学者克莱默将他关于巴比伦文明的史学著作命名为《历史从苏美尔开始》，他在书中列举了苏美尔文明在人类史上的 27 个第一：第一个农业村落，第一座城市，发明出最早的车、船和文字，人类最早学会制作面包和酿造酒等等。其实如果认真计算起来，也许 100 个也不止。在这片神奇的土地上，历史上的第一实在是太多了，如今这些历史难以置信地沉埋于沙丘之中，但一些史学家坚信，被湮没的古代巴比伦文明先于并带动了古埃及文明，现代西方文化的许多脉络虽然来自古希腊、古罗马，但后者的源头还是古代西亚两河流域。

　　小亚细亚、叙利亚、古波斯等地区的各族人民不仅吸收了古代两河流域的文化科学知识和一些典章制度，而且接受了楔形文字，并使之在长达千年的时间里为西亚许多国家所使用，并曾一度成为西亚、北非通用的国际文字。

　　希腊文学中的洪水故事、屠龙题材，甚至希腊史诗、《伊索寓言》都可以可在美索不达米亚文学中找到原型。古代希伯来民族的宗教经典与文学总集《圣经》中的传说多取材于两河流域的神话。

　　两河流域独特的地理位置和不断流变的王国统治，使古代巴比伦成为各种文明的交汇地带，同时也使其文明经由不同渠道不断向外辐射。埃及人曾借鉴其文字和建筑，希腊人曾学习其哲学和科学，犹太人也因之丰富了神学。总之，古代巴比伦文化是世界文化发展的重要渊源，对世界文化的发展产生了重大影响，对人类进步的贡献巨大。

第三章　古代埃及文化

文明古国埃及起源于非洲东北部的尼罗河流域，被认为是"尼罗河馈赠的厚礼"。①约公元前 3500 年，尼罗河流域已进入文明时期。

古代埃及历史共有 31 个王朝，分为前王国、古王国、中王国和新王国 4 个时期。第一个中央集权的专制统一王国出现于公元前 2686 年，历经第 1 到第 6 王朝。其后的第 18 王朝是埃及历史上最繁荣昌盛的时代。在波斯两度建立第 26 和第 27 王朝后，分裂、复兴和衰亡的埃及帝国在公元前 332 年被马其顿国王亚历山大征服，结束了延续近 3000 年的法老时代，进入希腊化时代。公元前 30 年，埃及成为罗马帝国的一个行省，基督教传入并传播开来，罗马帝国分裂后，埃及成为东罗马拜占庭帝国版图的一部分。

希腊化时代开辟了西方文明统治埃及的新时期，亚历山大城作为东西文化的交流中心，取代了法老时期作为政治与宗教中心的底比斯和孟菲斯，希腊文成为官方语言。亚历山大去世后建立的托勒密王朝统治埃及近 300 年，埃及民间的科普特语逐渐形成。

亚历山大城在公元 4 世纪左右成为古埃及乃至中东地区的学术中心。亚历山大博物院和图书馆对后世文化产生了巨大影响。博物馆不仅广泛招揽世界各国的学者名流，从事各种学术研究，而且培养了一大批著名学者，如科学家阿基米德和数学家欧几里得等。古埃及的几何学曾达到古代世界的高峰，古希腊第一位哲学家泰勒斯及其学生毕达哥拉斯曾同时在埃及学习过几何学的知识并有所发展。图书馆的丰富藏书使其成为古代第一个大型图书馆，几乎所有的希腊著作和部分东方典籍为学者研究和图书文献整理提供了方便。希伯来圣经最早的希腊文译著《七十子希腊文译本》就是在该图书馆完成的，它为其后基督教的传播和影响奠定了不可或缺的基础。

公元 651 年，埃及被新兴的阿拉伯帝国征服，文明古国走向衰亡，阿拉伯语成为埃及的统一语言。进入伊斯兰文化时期的埃及迈入了中世纪的封建化时代。

---

① 沐涛，倪华强. 失落的文明：埃及[M]. 上海：华东师范大学出版社，1999：3.

第一节　文学与艺术

古代埃及的文学和艺术都取得了非常高的成就，它们与古代埃及人的宗教信仰观念密切相关，或者说，古代埃及人的宗教信仰通过文学和艺术而得以表现。

一、文学

古代埃及文学包括口头文学和书面文学，在埃及文明发展的过程中，形成了内容丰富、形式多样的文学类型，主要有神话传说、宗教文学、劳动歌谣、传记文学、教谕文学、诗歌和故事等，其中以神话传说和诗歌成就最为突出。

神话传说是古代埃及最早的文学样式，其中关于太阳神拉和冥王神奥西里斯的传说最为流行。古埃及盛行太阳崇拜，太阳神拉被奉为全埃及最高的神，其传说在古埃及宗教神话中流传最广：天地一团混沌的时候，太阳神拉从莲花中冉冉升起，显形为一轮红日，光华万丈照耀着大地。拉神拥抱自己的影子孕育了孪生兄妹舒和泰芙努特，当从嘴里将他们吐出时流了许多眼泪，从眼泪中诞生出人类。拉神生出的孪生兄妹结为夫妻后，生下孪生兄妹地神盖勃和天神努特，他们又结为夫妻依次生下奥西里斯和伊西丝、塞特和娜芙提斯两对兄妹，也各互为夫妻，于是组成以拉为首的九位一体的众神族。

拉神成为诸神和众人的统治者，逐渐衰老的神骨头变成银子，肉变成金子，头发变成青金石，这时人类不再听从他的安排，于是拉神就派哈托尔女神毁灭人类。正当女神大肆屠杀时，拉神回心转意想制止女神但毫无效果。于是他设法用美酒灌醉女神使其沉睡，人类才因此得救。此后，拉神移居到天上。

这个神话最初反映了古埃及人对天地出现和人类产生以及金银来源等问题的理解，但随着阶级的出现和政治形势的演变，原始宗教的自然崇拜中逐渐融入一些人为的因素，尤其是进入法老时代之后，人们对太阳的崇拜开始加强，太阳神在不同时期不同地方会以不同的名称和形象出现，如阿图姆、拉、阿蒙、阿顿等，甚至在其发展过程中会互相影响和融合，形成混合神或复合神。

太阳神是天地万物的创造者和主宰，它给大地带来光明和温暖，使植物生长、动物繁殖，更使人类受益无穷，因此，古埃及人尊崇太阳，盛行太阳崇拜。

"拉的崇拜始于早王朝时代，发展于古王国时代，到第五王朝（约前 2494 年—前 2345 年）时达到顶峰，成为全国最高的神，以致国王都把自己称为'拉之子'"①。特别是第 18 王朝法老埃赫纳顿进行宗教改革后，太阳神阿顿被推崇为一切生物的创世神和保护神，成为至高无上的神。古埃及在孟菲斯和底比斯以外的第三个城市赫利奥坡里斯，其希腊文的意思是"太阳城"，是古埃及太阳神崇拜的中心，古埃及人因此称自己的国家为"太阳的国度"。

奥西里斯与太阳神拉一样，也是古代埃及人普遍信仰的一位神祇。在古埃及神话中，奥西里斯是水和植物之神，是尼罗河神、土地神和丰收之神。传说他是地神盖勃和天神努特的长子，是远古时代一位勤政爱民的国王，曾与妻子伊西丝一起教会人们耕作播种以及如何用大麦和葡萄酿酒的知识而深受人民爱戴，却招致其弟恶神赛特的嫉妒，在一次诸神集会上遭到赛特的暗害。忠贞不渝的妻子伊西丝历尽千辛万苦，找到丈夫的尸体妥善埋葬，但被恶神赛特毁墓掘坟，将其尸体分成 14 块散抛各地，伊西丝又四处寻找回丈夫尸体的 13 块，只有连着生殖器的那块被尼罗河里的鱼吞食，再也无法找回。因绝望而恸哭的伊西丝与丈夫的灵魂相交受孕，后来生下了战神贺鲁斯。长大成人后的赫鲁斯与恶神赛特决斗，在杀死对手为父报仇的同时也被挖掉一只眼珠，他让父亲吞食眼珠后终于复活了。但奥西里斯不愿留在人间，而是把王位留给儿子，自己愿意回到冥界，成为死者崇拜的中心人物。

奥西里斯神的死而复生体现了人们对自然现象周而复始的希冀：尼罗河水的泛滥与消退，日出日落以及四季更迭和植物枯荣等自然现象引发了古代埃及人对生与死等问题的思考。而奥西里斯具有死而复活的永恒能力，是人死后获得再生的重要保证，因此引起人们的敬畏。

古代埃及的太阳神崇拜与奥西里斯崇拜都与王权统治紧密相关。太阳神拉是天地万物的创造者，法老作为太阳神的儿子受命统治人类，其合理性不容置疑。"国王在世，被看成拉之子，死后，成为奥西里斯。国王的加冕仪式和丧葬仪式都离不开奥西里斯活动"②。

古王国时代是埃及宗教的形成期，拉神崇拜开始流行；中王国时代是埃及宗教的发展期，太阳神阿蒙与奥西里斯崇拜同时流行；新王国时代是埃及宗教的鼎盛期，太阳神阿顿被确立为唯一之神受到崇拜；但在后王国时期，亚述人的野蛮破坏削弱了太阳神信仰，波斯人的两度入主，使埃及开始受域外宗教的影响。亚历山大对埃及的征服和希腊化政策，使埃及宗教的独立性逐渐消失。

---

① 刘文鹏，吴宇虹，李铁匠. 古代西亚北非文明[M]. 福州：福建教育出版社，2008：107.
② 刘文鹏，吴宇虹，李铁匠. 古代西亚北非文明[M]. 福州：福建教育出版社，2008：108.

虽有伊西丝等埃及神祇进入地中海沿岸及欧洲一些地区，但罗马统治时期基督教的强势兴起，使古埃及宗教的重要性在国内外都已失去。阿拉伯帝国入主后，伊斯兰教成为埃及最主要的宗教。①古代埃及人的宗教观念在他们的文学创作尤其是诗歌总集《亡灵书》中得以充分体现。

《亡灵书》是古埃及文学的集大成之作，也是古埃及第一部宗教诗歌总集，又被译为《死者之书》，是指人死后，由其家属或亲属写成的放在死者的棺材或灵柩中供亡灵阅读的颂神诗、赞美诗、祈祷诗、悔罪诗、咒语诗等的汇集，是指导死者地下生活的旅行指南，体现了古代埃及人崇拜亡灵、向往永生的观念，也蕴含了他们对生与死的哲学思考和人生理想。全书汇编的大量种类繁多的诗歌，尽管内容庞杂，却是古埃及人的宗教观与生死观的集中体现。

古埃及人的生死观念来源于他们的宗教信仰，而宗教信仰的确立又与他们对自然现象的观察和思考密切相关。对于以农业文明为主的古埃及来说，太阳和水是其生命的源泉。太阳升起带来的是光明和温暖，太阳落山带来的则是黑暗与寒冷；同样，尼罗河水泛滥带来的是丰盛的河水与肥沃的土壤，尼罗河水的退潮带来的则是庄稼的丰收与土地的干涸。而太阳的升降沉落与尼罗河水的定期涨落，让人们看到了自然界中万物生与死的循环及其再生，从而联想到作为自然界之重要部分的人，其自身也要面对生与死问题。所以对古代埃及人来说，死亡并不可怕，可怕的是死后能否复活，因为战胜死亡得以复活是获得永生的前提。作为掌管冥界且能够让人死而复活的奥西里斯，其威力与太阳神相当，因此太阳神拉和冥界神奥西里斯被作为战胜死亡力量的象征，成为宗教诗集《亡灵书》赞颂的中心。

古代埃及人认为，人的生命由肉体和灵魂组成，肉体死亡而灵魂不灭。不灭的灵魂离开死亡的肉体，在经历地下王国的考验后要寻找肉体依附，人才能够复活，因此保护好尸体不使其腐烂是为死者准备的第一件事。第二件事就是死者到另一个世界要有新的住处，如金字塔就是法老化为新神的住所，所以建造陵墓是为死者做的第二件事。在古埃及人看来，死亡不是生命的终结，是生命从一个世界转移到另一个世界。而生命能够得以复活并获得永生最关键的就是能够经历地下王国的种种磨难和考验。所以给死者准备指导其地下生活的指南即《亡灵书》是为死者做的第三件事。

《亡灵书》是古代埃及的抄录者为亡灵准备的所有经文，最早的是古王国时期镂刻在法老古金字塔内壁上的金字塔文，其次是中王国时期铭刻在石棺或木棺上被称为棺文的咒语，再就是新王国时期以后写在纸草上放在死者墓穴或棺

---

① 孟昭毅，曾艳兵主编. 外国文化史[M]. 北京：北京大学出版社，2008：34.

材中的丧葬咒语，目的是亡灵在冥界能够延续现世的幸福，并促使其复活再生。

《亡灵书》的内容包罗万象，既有大量宗教诗和宗教礼仪的论述，也有对冥界生活的大胆想象与细致描绘。其中描述亡灵要乘坐太阳神的木筏经过湍急的河流才能到达地下王国，一旦木筏触及礁石翻身跌入河中，就会被潜伏在河中的鳄鱼和毒蛇吞食，永远不能复活，所以亡灵要一路口念颂神诗与咒语诗才能到达冥界，然后接受神灵的审判。奥西里斯主持公平殿的审判，还有众多陪同的审判官。亡灵要如实交代自己生前的所为并口念赞美诗，然后亡灵要被放在一个用羽毛做砝码的天平上，一旦出现倾斜，就会被蹲在一旁的怪兽吞食，永远不能复活。如果通过公平殿的审判，则会得以复活，并获得永生。

《亡灵书》中心内容是指导亡灵如何应对冥王在公平殿上的审判，另一个重要内容就是对太阳神拉和冥界神奥西里斯的礼赞，此外，还有大量的劝诫作品，集中反映了古埃及人的宗教信仰和价值观念，也体现了古埃及人热爱生命以及自我意识的觉醒。因此，它既有古埃及文学汇编的性质，也是了解古埃及文化的重要源泉。①

《亡灵书》作为死者地下生活的旅行指南，意义非同寻常，其中心思想就是让死者复活并获得永生，表现了古埃及人多神崇拜的宗教信仰和灵魂不灭、生命永恒的人生观。而对神的赞美与祈祷是《亡灵书》的重要内容，其中献给太阳神拉的赞美诗最多，献给奥西里斯的赞美诗则表达出亡灵深深的虔诚与敬意。

《亡灵书》不仅是一部内容驳杂的大型诗歌总集，反映了古埃及人的宗教信仰和价值观，也是一部体现古埃及人生命意识与自我意识觉醒的文学作品，蕴含着美好理想与审美关照，如其中《他好像莲花》一诗，是亡灵在复活永生的路途上希望自己成为一朵神圣的莲花。而莲花是古埃及人最神圣的植物之一，最早诞生于原初之水中，花瓣中孕育着伟大的太阳神拉。当花瓣张开，拉神光芒照遍大地即是白昼开始，而当莲花闭合正是太阳落山夜幕降临时。莲花的特性使其成为再生的象征，所以古埃及人希望自己的一生也能像莲花一样，不仅在每天的朝开夜闭后不断在来日复生，也能在每年的凋谢与萌芽后绽放，因此莲花作为亡灵再生的美好意象体现了古埃及人热爱生命的愿望。

二、艺术

艺术是古埃及文化中最引人注目的部分，主要包括建筑、雕刻和绘画。

古埃及建筑艺术中最有代表性的是金字塔和神庙。金字塔是埃及法老的陵

---

① 华理士·布奇. 埃及亡灵书[M]. 罗尘，译. 北京：京华出版社，2001：3-7.

墓，是生前荣华富贵的延续和死后化为新神的住所，都位于尼罗河西岸，因为古埃及人认为尼罗河东岸是太阳升起之地，象征生命之源，而西岸是太阳降落之地，是亡灵的世界。

金字塔源于古王国时期，从开始建造前后持续了约1000年之久（前27世纪—前18世纪），最具代表性的是由开罗西南部吉萨高地上的三大金字塔和一系列小金字塔组成的金字塔群，其中的胡夫金字塔是三大金字塔中最大的一座，不仅外观宏伟壮丽，内部结构也异常复杂精确。与其比邻的卡夫拉金字塔虽规模小于前者，但矗立在附近的狮身人面像却闻名遐迩。新王国时代的帝王陵墓为防止被盗，多是以隐蔽的岩窟墓建在底比斯附近僻静的荒山峡谷中，即所谓的"帝王谷"，其中的图坦哈蒙墓是帝王谷中被发现的最后一个王墓，也是陪葬品最丰富的一个墓。

神庙被称为"神之家"，建筑整体为长方形，正面设有庄严的塔门。通过塔门，沿着主轴线进入中庭、列柱厅。在神庙主轴线末端有一处阴暗的、长方形的小间圣殿，里面安置供人们祭拜的神像，并有僧侣主持仪式。它和陵墓同样都是"永久之家"，需要长久保存下来。

神庙建筑在新王国时代达到了很高水平，卢克索神庙和卡纳克神庙最有代表性，前者以典型的标准结构而闻名于世，后者则以宏大、雄伟和庄严而引人入胜。两旁由斯芬克斯雕像组成的所谓斯芬克斯大道将两座神庙连接起来，卡纳克神庙的阿蒙像每年被其僧侣抬出，沿着这条大道访问卢克索神庙，成为埃及人节庆的一项重要内容。

古埃及的雕刻主要有石雕、浮雕和木雕等，主要内容是表现永恒的来世。雕塑作品通常出自陵墓和神庙。早在前王国时代，埃及就已出现人物和动物的雕塑作品，到古王国时代达到一个新的水平，雕像多以岩石制成，具有形象古拙、逼真的特点，最著名的雕塑是第四王朝的《卡夫拉和王后像》，国王的雕像呈正面静止态，表情端正呆板，一副神圣凛然的样子。中王国时期的雕像摆脱了以往国王的神性，努力将其还原成普通人，如第十二王朝的《辛努塞尔特三世头像》的面部，沉思的目光里流露出忧虑的神情。

新王国时期的雕塑以巨像为主，雕塑最多的是拉美西斯二世的系列雕像，原来国王雕像中那种端庄、呆板、威严的基调变为优雅、柔和、精致的风格。第十八王朝的阿玛尔纳艺术遵循求真原则，体现个性特点，最杰出的雕像是王后尼斐尔泰悌的半身像，脖颈细长，颧骨略高，五官俊秀，特别是鲜红的嘴唇和浓黑的眉毛，刻画出高雅娇美、雍容华贵的王后形象，不仅反映了尼斐尔泰悌的精神面貌和性格特征，而且其强烈的艺术感染力成为世界艺术史上不可多得的珍品。

古埃及的浮雕和绘画关系密切，通常是陵墓装饰中不可缺少的表现形式，两者起源于前王朝或更早时代，特别是浮雕艺术达到很高水平的那尔迈调色板①，头戴白色王冠的伟大国王那尔迈，到古王国时代发展为高大的王公贵族形象，此外的内容更多反映的是人们的日常生活内容以及官僚贵族的豪华奢侈的生活，如第五王朝悌伊墓中的《猎取河马图》，描绘了大臣悌伊观看仆人协力猎取河马的紧张神情；绘画的代表作《群鹅图》中六只鹅左右对称各三只，朝着相反的方向漫步行进，两端低头觅食的两只小鹅尤为生动突出。整个画面色彩和谐，笔法熟练。

新王国时代的浮雕和绘画达到繁荣，形成丰富多彩的主题和富丽典雅的新风格，神庙墙壁上装饰着各种场面的浮雕，包括国王的军功业绩、商队贸易以及宗教礼仪、神话故事等。最有代表性的是反映第十八王朝哈特舍普苏特女王祭庙的着色浮雕，其中的"诞生图柱廊"浮雕和"蓬特远航图柱廊"浮雕，不仅表现了女王的神圣性与合法性，而且对其歌功颂德。此外这一时期的浮雕还不乏表现战争场面和狩猎活动以及生活劳动的内容，既有时代特色，又有具体的真实。

绘画开始发展为一门独立的艺术体现在底比斯墓群的壁画，并在第十八王朝达到顶峰，其杰作是宴乐图中的《三位女乐师》。三名女乐师分别弹竖琴、拨琵琶、吹双笛，神态举止优雅娇艳，除中间一人裸体外，其余两人穿着白色透明轻盈的衣衫，显露出其优美的线条和迷人的身姿。

到新王国时代，埃及的绘画艺术随着棺木画和纸草书卷画的流行而日益发展。人形棺木上不仅普遍描绘死者生前的形象，并装饰以树叶和花朵，而且出现奥西里斯、伊西丝等男女诸神形象。到后王朝时代，埃及的绘画盛行摹仿，手法陈旧，缺乏新意，绘画艺术从此暗淡了许多。在希腊、罗马时代，除保留传统的艺术创作外，也吸收和融合了西方的艺术成就而形成新的风格。

古埃及艺术的基本法则是追求美，在几千年的历史发展中，形成独具特色、无与伦比的艺术品，给世界和人类留下了无尽的艺术瑰宝，至今仍给人们无尽的享受。

---

① 那尔迈调色板是一块盾形石板，出土于埃及的赫拉康波里斯，高63厘米，两面雕刻着纪念国王纳尔迈统治的画面。调色板反面，纳尔迈头戴白冠，右手高举权标，左手抓起跪在地上的敌人的头发。在国王脚下，还有两名敌人在逃窜。调色板正面，纳尔迈头戴红冠，和随从一起巡视战场。透明的面前，横躺着十具被斩首的敌人的尸体。反面最下部分，象征着国王的公牛攻破了设防的城市，正在践踏着企图逃窜的敌人。白冠代表上埃及，红冠代表下埃及。红白两冠集于一身，是上下埃及统一的标志。所以调色板被认为是纳尔迈统一上下埃及的实证。

第二节　科学与技术

古埃及在科学与技术方面的知识来源于生产实践和社会活动，与人们生活最为密切的医学、数学和天文学成就突出，希腊化时期，随着东西文化的交流，学术上也取得很高的成就。

一、科学

在古代埃及的各种科学知识中，成就最大的是医学，它是人们在生存过程中为维持自身生命而不断与疾病进行斗争的经验总结，包括解剖学、生理学、病理学、外科学、制药学等等，这些都记录在后人发现的古埃及人的纸草卷上，其中最长、最有名的是"埃伯斯纸草卷"，是古埃及存留下的最宝贵的重要文献。

古埃及的外科手术非常有名，其中最为发达的是解剖学，主要与其丧葬习惯和制作木乃伊有关。解剖尸体，对人体内脏结构的了解，消除了人们的神秘感和恐惧感，也促进了古埃及外科手术的发展。刀具作为外科器械被使用，从最初的石刀发明为后来的铜刀和铁刀。医师们用刀切开病人的腹部，去除脓肿或摘除肿瘤。而刀具最常被使用的就是切除包皮，这也属于外科中的小手术。此外的手术器械还有剪刀、钩子等。

古埃及医学的分工与分科到新王国时代已专门化，并出现专门的医学文献，如《心脏书》《眼病书》以及关于血管方面的书，还有的涉及妇科与产科方面。曾经游学埃及的希腊历史学家希罗多德的记述也证实了这一点："在他们那里，每一个医生只治一种病，不治更多的病。国内的医生是非常多的，有治眼的，有治头的，有治牙的，还有治各种隐疾的。"古埃及第一位真正知名的医师是伊姆霍太普，他是前王国时期第三王朝的宰相，担任过建筑师、占星家、僧侣等，具有高尚的医术，被人们当作医神受到崇拜。①

古埃及人最早把疾病看成是恶魔在作祟，医术的作用主要是用咒语和仪式驱逐魔鬼，而僧侣是最早的医师，同时也是巫师，所以有些神庙在治愈疾病方面享有很高的权威。埃及神话中的某些神如伊西丝、塞特等都有治愈妇科、眼

---

① 刘文鹏，吴宇虹，李铁匠. 古代西亚北非文明[M]. 福州：福建教育出版社，2008：127.

科等病症，甚至能够使人"起死回生"的种种传说。①所以，古埃及的医学常常与巫术结合在一起，在对病人合理的药物治疗的同时，常常附以巫术而达到驱魔避邪之功效，因此被广泛应用。

二、技术

古埃及人在远古时代就已经发明了象形文字数字，并采用十进位制，且有了分数的概念。这些数的知识被运用在丈量与计算尼罗河泛滥后土地的变化。每年泛滥的尼罗河水常常使田地界限遭到破坏，耕地面积和地形发生变化会影响粮食收缴，土地测量人员为避免纠纷需要对土地进行清查和计算。这种工作性质到新王国时期已变为征收赋税和地租。据有关铭文记载，第十二王朝开国时，国王就曾巡行全国，分疆划界，丈量土地，整理赋税，这样国内可以局势稳定，发展生产，国外可以避免纷争，和平相处。

几何学和代数是在建筑活动尤其是金字塔建造中发展起来的。高大宏伟的金字塔表面具有规则完美的几何图形，堆砌巨石的数量以及每块巨石的计算要求准确，其内部的墓道、墓穴的方位、比例、尺寸也必须计算精确。在遗留至今的纸草中，保留有截顶金字塔体积的计算方法，关于圆周和直径的关系以及直角三角形三个边的比例等，能够解决一元一次和一元二次方程式。这说明他们已具备解决复杂几何学和简单代数的能力。

可见，实用性是古埃及数学的基本特点。天文学也同样如此。

天文学又称占星学。古埃及人认为，天象可以决定人类生活中的许多事情，尤其对农业的影响更大。由于占星术的需要，古埃及人掌握了一些主要星体和星座运行的知识，特别注重对太阳、月亮等星体运动规律的观察。他们发现每当天狼星与太阳同时出现在东方地平线上时，尼罗河水上涨的潮头总是到达孟菲斯城附近（大约在每年的 6 月 15 日），于是他们就将这一天定为一年的开始。而每一天的开始与结束则与太阳的升降有关，因而不同时辰的太阳有不同的名称，早晨的太阳称为凯普利，中午的太阳称为拉，晚间则被称为阿图姆。

他们还根据尼罗河水的涨落和作物生长的规律将一年分为泛滥、播种和收获三季。每季分为 4 个月，一年 12 个月，每月 30 天，岁末增加 5 天献给神的节日，一共 365 天，这是人类历史上第一部比较精确的太阳历法。这种方法同以地球绕太阳公转一周为一年计算的现行历法相比，每年约有四分之一天的误差，每四年落后一天，每过 120 年将有一个月的出入。然而"在古代世界，这

---

① 刘文鹏，吴宇虹，李铁匠. 古代西亚北非文明[M]. 福州：福建教育出版社，2008：127.

就是最佳的历法。罗马的儒略历就是儒略恺撒采用古埃及的太阳历加闰年而成的。中世纪罗马教皇格列高利对儒略历加以改革，成为今日公认的世界性公历"①。此外，古埃及人还创制了用于确立宗教节日的阴历。这些都为人类掌握更多的天文学知识奠定了基础。

古代埃及文化以其巨大的成就与深远影响载入人类文明的史册，其生命力与辐射力使之对其附近的广大区域，尤其是东欧、南欧和西亚、中东等地区都产生了经久不衰的影响，至今依然是人们探索人类文化与文明的重要依据。

① 刘文鹏，吴宇虹，李铁匠. 古代西亚北非文明[M]. 福州：福建教育出版社，2008：134.

第四章　古代希伯来文化

　　希伯来是犹太民族的古老称谓，主要指以希伯来语为民族语言，将以色列作为民族统称，把犹太教作为民族宗教的古老民族。

　　古希伯来文化，即古犹太民族文化或古以色列民族文化，它发祥于西亚的两河流域，兴盛于约旦河两岸的迦南地区，这里是古代世界最重要的商路，是连接两河流域文明与埃及文明的纽带，也是亚非欧三大洲的交汇之地，不仅各种古老的文明在这里留下烙印和影响，而且各个时代的列强都曾在这里厮杀过，东西方文化的碰撞、交流与融合比世界上任何一个地方都频繁和激烈。"凡此种种，使得迦南成为上古时期人类世界的大舞台。也正是在这个大舞台上，犹太人在随后近两千年时间里演绎了本民族历史上最为辉煌的部分，同时还演绎出了具有犹太文化，乃至世界文化原典意义的部分"①。

　　古代希伯来文化主要指自希伯来民族产生到公元135年犹太人最后一次起义被镇压期间的文化。

第一节　希伯来历史与文化

　　希伯来人最早居住在阿拉伯半岛南部，与建立古巴比伦王国的阿摩利人同属闪米特族，但他们进入两河流域的时间要晚得多，大约在公元前3000年才定居美索不达米亚，受到高度发达的两河文明的浸染。古代希伯来民族的历史分为王国前期、王国时期和王国后期。

---

① 徐新. 犹太文化史[M]. 北京：北京大学出版社，2006：8.

一、王国前期

大约在公元前 2000 年,希伯来人在始祖亚伯拉罕的带领下离开苏美尔城邦吾珥,越过幼发拉底河进入迦南(今巴勒斯坦),被当地人称为"希伯来",意思是"从河那边过来的人"。此后希伯来历史开始进入王国前时期,这个时期又分为族长时代、摩西时代和士师时代。

亚伯拉罕受到上帝的启示带领犹太人来到迦南,开始进入族长时期。从亚伯拉罕到以撒再到雅各,祖孙三代在迦南安居并繁衍后代,雅各因与上帝摔跤而被赐名为"以色列",其 12 个儿子被称以色列的后代。不久迦南发生饥荒,雅各举家迁移埃及,在约瑟做宰相期间受到优待。但新的法老上台后,以色列人地位急剧下降,不仅沦为埃及人的奴隶,而且遭受不公平的民族排斥和迫害政策。寄居埃及 400 年后,犹太人在摩西的带领下逃离埃及,开始了重返迦南的行动。

摩西是希伯来民族的精神领袖,他受上帝之命带领受奴役的犹太人越过红海,摆脱法老卫队的追捕,在重返迦南的途中,摩西在神圣的西奈山接受神谕,他所传授的"摩西十诫"成为犹太教律法的基本内容。摩西带领希伯来人在沙漠中辗转流浪 40 年后去世,其继任者约书亚带领犹太人在公元前 13 世纪重返迦南,进入士师①时代。

重返迦南的犹太人一方面要同不断反抗的土著民族进行战争,另一方面要抗击来自地中海岛屿的非利士人的入侵,尤其是后者已使用比较先进的铁武器。为了团结起来共同对敌,在德高望重的士师撒母耳的主张下,组成希伯来联合王国,推举便雅悯支族的扫罗出任第一位国王。统一王国的建立标志着犹太民族统一的开端,即真正意义上的统一犹太民族开始出现。

二、王国时期

王国时期约始于公元前 1028 年,终于公元前 930 年,历经扫罗、大卫和所罗门三任国王。扫罗及其儿子在与非利士人的战斗中战死疆场,继承王位的大卫终于将非利士人驱逐出境,建立了以耶路撒冷为首都的统一王国。他励精图治、拓展疆土,开通商道,为希伯来联合王国的强盛奠定了基础,大卫被看作

---

① 意思为"审判官"或"拯救者",指以色列建立国家之前的临时性军事首领,平时负责调解法律纠纷和部落生活,类似于部落首领或酋长。

犹太历史上最伟大的君王。公元前 970 年，大卫之子所罗门继承王位后，在耶路撒冷兴建了犹太教的圣殿，希伯来联合王国在政治、经济、文化、外交等方面都取得了前所未有的成就，达到了鼎盛时期。

但所罗门实行的高税赋政策引起了北方以色列部族的不满，南北支派出现的矛盾在所罗门去世后很快就显现出来。公元前 930 年，希伯来联合王国一分为二，南部犹大王国以耶路撒冷为都城；北部以色列王国以撒玛利亚为都城。分裂后的王国使希伯来人的总体实力大为减弱，尤其是不断的内讧削弱了彼此的力量，成为虎视眈眈的周边大国的囊中之物。公元前 722 年，内部严重不和的以色列王国被亚述帝国击败，组成以色列王国的 10 个支派分散流落到亚述各地，并逐渐被当地人同化，从此不知去向，成为历史上著名的"丢失十支派"之谜。

三、王国后期

分裂后的希伯来历史进入王国后时期，该时期又分为被掳时期、波斯统治时期、希腊统治时期和罗马统治时期。

南部犹大王国人少地偏，王室基本一脉相传，虽然侥幸躲过了亚述帝国的洗劫，但也成为该帝国的附庸。新巴比伦帝国的兴起使犹大王国的灭亡难以避免。首先在公元前 597 年遭到新巴比伦王尼布甲尼撒二世的掳掠，犹大国王被掳走，新立国王成为傀儡。尤其是 10 年后，犹大王国试图借助埃及力量反叛新巴比伦，招致更大灾难。公元前 586 年，尼布甲尼撒二世率兵征伐，火烧耶路撒冷和圣殿，将两万七千多犹太人掳掠到巴比伦，这就是著名的"巴比伦之囚"事件。犹太人的独立历史就此了结，随后进入被掳时期。

公元前 538 年，波斯帝国灭亡新巴比伦，居鲁士大帝让囚禁在巴比伦的犹太人重返家园，并同意他们重建都城和圣殿。犹太人虽然在波斯帝国统治下生活近 200 年，但其日常事务并没有受到过多干涉，这是希伯来民族的短暂中兴时期。

公元前 332 年，亚历山大东征使巴勒斯坦和近东地区成为希腊帝国的一部分，希腊统治时期是希伯来民族思想、文化得以大发展的时期。希腊化时期的政策尤其是安条克四世对犹太教的敌视和打击，引发了公元前 168 年著名的"马卡比起义"，迫使塞琉古王朝做出一定程度的让步，以犹太教为核心的犹太文化得以保存，不仅对周围其他土著民族的信仰产生了影响，还为其后基督教和伊斯兰教的创立奠定了基础，所以，这也是犹太民族史上的一个辉煌时期。

公元前 63 年，罗马将军庞培率军占领了耶路撒冷，犹太人开始沦为罗马人统治，希律王的暴政和异族统治造成了犹太社会的急剧动荡和不安，迫使犹太人多次举行反对罗马的起义。公元 66 年，罗马巡抚掠夺圣殿财物导致最大规模的"第一次犹太战争"爆发，但遭到罗马军队的残酷镇压。公元 70 年耶路撒冷被罗马军队攻破，战死者数以万计。公元 132—135 年，大卫家族后裔巴尔·科赫巴再度率众起义，失败后导致耶路撒冷彻底被毁，犹太人逃离巴勒斯坦散到世界各地。罗马统治时期是希伯来人作为一个整体民族生存的终结，希伯来民族古代史宣告结束，此后犹太历史就进入长达近 2000 年的大流散时期。

希伯来民族是一个弱小的民族，生活所居的巴勒斯坦地区位于亚非欧三洲交界处，地理位置重要，历来为兵家必争之地，这一方面决定了希伯来民族历经外族欺压并流散世界各地的多舛命运，另一方面它也是东西方各大文化的交汇点，使古希伯来民族得到了丰富的文化滋养，养成了其文化模式中强有力的包容性，为其影响世界文明提供了前提。

第二节 《希伯来圣经》

《希伯来圣经》是希伯来民族的文献和文学总集，也是犹太教的经典。而犹太教是希伯来的民族宗教，它以耶和华作为宇宙间信奉的唯一真神，是人类历史上最早的独一神教，"'一神'思想是犹太民族文化的独特创造，代表了早期犹太文化最主要的成就，是犹太文化的精华之所在"①。

一、犹太教

希伯来人的一神信仰并非与生俱来，而是在经历自然崇拜和多神崇拜之后逐渐发展和形成的。与世界上其他古老民族一样，把天上的星宿和地上的动植物作为膜拜对象表明希伯来人最初有自然崇拜的习俗，其祖居地两河流域就是多神教的故乡。但在迁居迦南和寄居埃及期间，经历自然崇拜和多神崇拜的古希伯来人出于团结对敌的需要，逐渐将耶和华确立为以色列民族信奉的唯一真神，这期间亚伯拉罕和摩西起到了决定性作用。

希伯来人的先驱亚伯拉罕在 75 岁时听从耶和华的召唤，举家迁徙到迦南

---

① 徐新. 犹太文化史[M]. 北京：北京大学出版社，2006：82.

寻找新的家园。进入迦南之后，为了防止被当地土著居民的征服和影响，增强本族人的凝聚力，亚伯拉罕宣称耶和华是万能之神，希伯来人是耶和华的选民，迦南是耶和华应许给他们的永久居住地，这样，亚伯拉罕创立了信奉耶和华为唯一神主的犹太教。他不仅以杀子献祭的方式经受了耶和华的考验，而且在迁徙过程中，无论是家族矛盾还是外族威胁都在耶和华的庇护下得以化解，直至他们为躲避荒灾西迁埃及。

希伯来人在埃及居住约400多年，埃及法老的迫害使他们再次遭遇新的灾难。面对民族灭顶之灾，在远离埃及遍地黄沙的孤寂荒原中，摩西听到耶和华从燃烧的灌木丛中发出的呼唤，领悟到自己一生的真正使命，于是他返回埃及，决心带领在埃及受尽奴役的希伯来人重返迦南。摩西在与埃及法老斗智斗勇的过程中，一再受到耶和华神的显灵助力，终于越过红海逃离埃及进入西奈旷野。当外患消失内乱群起时，出于民族凝聚的需要，摩西真正认识到确立绝对一神信仰的必要，于是他在西奈山领受十诫，并订制律例及各种祭神仪式，确立耶和华（YHWH，雅赫维）为天地间唯一的神。"摩西十诫"的颁布，标志着希伯来人一神教的创立，形成了犹太教的雏形。

犹太教的许多重要节日几乎都与摩西带领以色列人逃离埃及和西奈山受诫有关，因为这一切都归于万能的上帝耶和华。如逾越节来自《出埃及记》，是为了感恩上帝对以色列人的拯救；住棚节则与上帝引导以色列人逃出埃及并为他们建棚居住相联系；七七节（也称五旬节）是为纪念上帝在西奈山上显灵，与以色列人集体立约，从而创立犹太教的日子。"对于犹太人来说，逾越节象征犹太民族的诞生，七七节则象征着犹太教的诞生"①。圣安息日是犹太教节日中最为特殊也最为重要的节日，是所有节日中唯一在"摩西十诫"中被提及并在第四诫规定的节日："要谨守安息日为圣日。你有六天可以工作；第七日是单独归我的安息日。这一日，无论你、你的儿女、奴婢、牲畜、或侨居的外族人，都不可工作，因为上帝在六日内造天、地、海和其中万物，第七日便安息了。所以上帝赐福安息日，定位圣日。"可见，"摩西十诫"是犹太教律法的核心。

犹太教的最早创立者是作为希伯来民族精神领袖的摩西，其一神教独尊地位的确立则是希伯来民族在历史发展过程中长期与偶像崇拜和异神崇拜斗争的结果。

希伯来联合王国分裂后的200年，北方以色列国亡于亚述，南部犹大国虽然侥幸躲过亚述帝国的洗劫，但在生活方式尤其是宗教信仰方面受其较大影响，异神与偶像崇拜进入圣殿使信仰混乱、民心不一。因此在约西亚王时代趁亚述

---

① 徐新. 犹太文化史[M]. 北京：北京大学出版社，2006：218.

衰微之际，犹大王国进行了一场清除异教影响史称"申命改革"①的运动。改革确立了一神教的独尊地位，其成功尽管没能挽救犹大王国的命运，但对犹太民族信仰的加强和民族的留存却起到了积极作用。

"巴比伦之囚"事件之后，犹太人国破家亡，身处异乡，寄人篱下的生活处境培育了他们对故土和都城以及圣殿的思念，也使犹太民族的宗教意识开始增强。他们在著名先知如耶利米、以西结的指导下，开始反思自己民族遭受大难的原因，之所以遭到惩罚是因为背离了对耶和华的信仰。于是他们以聚会的会堂代替圣殿，以会堂的聚会代替去圣殿的崇拜，以无形言辞的祈祷代替有形物质的献祭等等，从而增强了精神信仰的力量。

先知作为希伯来文化的一个特殊群体和犹太思想的代表人物，他们在国家危亡和民族劫难时期的奔走与呼号确立了犹太教的追求目标，成为引导犹太教前进的精神导师。重返耶路撒冷使他们相信这是耶和华神对他们的拯救，在犹太人重建家园的过程中，出任犹太省长的尼希米和祭司以斯拉在保持犹太民族纯洁性方面发挥了重要作用。特别是以斯拉大力推行一系列严格的宗教整肃措施，如恢复律法的权威，劝诫百姓遵守律法和守安息日，严禁与异族通婚等等，通过重建都城和圣殿，编订宗教经典，制定教规和礼仪，使犹太教在犹太人生活中的地位得到了完全确立。正式创立的犹太教不仅加强和提升了犹太人的民族性，而且使犹太人与传统的联系变得异常紧密。此后，犹太教成为犹太民族的生活与精神指南，以斯拉也因此成为犹太民族历史上的一位极其重要的人物，其地位可与摩西相提并论。

二、《希伯来圣经》

《希伯来圣经》既是犹太教的经典，也是希伯来民族历代积累起来的各种文献的汇编，其"原文以古希伯来文书写，按照希伯来—犹太民族传统，称之为《塔纳赫》。'塔纳赫'这个名称，来源于构成这部经典的三个组成部分的名称首字母的相加……意思就是'律法、先知和文集'"②。《希伯来圣经》于公元前 2世纪编辑成书，内容包括律法书、历史书和文集三个部分，共有 24 卷。"其后，又有按照马所拉犹太学者传统加注元音符号的《标准犹太圣经》39 卷分法"③，

---

① 改革的起因是在修复圣殿的过程中，大祭司发现一部藏匿多年的《律法书》手稿，以此为契机，以《律法书》的基本内容为准绳，下令在圣殿和民众生活中清除外来文化的影响，净化民族信仰，确立一神教思想的独尊地位。

② 王立新. 古犹太历史文化语境下的希伯来圣经文学研究[M]. 北京：商务印书馆，2014：12.

③ 王立新. 古犹太历史文化语境下的希伯来圣经文学研究[M]. 北京：商务印书馆，2014：12.

"但内容并未增加，只是将原为一卷的《撒母耳记》《列王纪》和《历代志》分为两卷，将《以斯拉—尼希米记》分为两卷，将《十二小先知书》分为12卷，而且保留了'律法''先知'和'作品集'（圣录）的三个构成部分"①。

《希伯来圣经》又被称为《旧约》，是基督教兴起后才有的称谓。基督教认为，《希伯来圣经》是上帝耶和华与希伯来人之间所签立的约定，在耶稣降临后，神与人之间又签立了新的约定，于是就把自己的经典称为《新约》，而把继承下来的《希伯来圣经》也视为其经典的一部分，称之为《旧约》，并与《新约》共同构成了其所信仰的经典《圣经》，即《新旧约全书》。《旧约》②在内容上与《希伯来圣经》是一致的，但基督教学者倾向把历史书中的一部分单列出来，将内容分为律法书、历史书、先知书和文集共4个部分，也因此有39卷之说。

然而犹太人并不承认《旧约》这一称谓，也不认为他们与耶和华的契约已经"陈旧"，而是坚持称自己的宗教经典为《希伯来圣经》。但在基督教文化的长期影响下，几乎所有地方的学者都以《旧约》指称《希伯来圣经》，只有犹太人坚持自己的观念。由于希伯来人的犹太人的古代称谓，本书又以希伯来文化为探讨对象，采用24卷3分法，即《希伯来圣经》分为律法书、先知书和文集三部分。

第一部分律法书，相传是希伯来民族的精神领袖摩西在西奈山直接授命于耶和华而写成，又称"摩西五经"，包括《创世记》《出埃及记》《利未记》《民数记》和《申命记》等5卷，主要记述希伯来人从远古到进入迦南之前的历史，包括希伯来人的远古神话，族长亚伯拉罕、以撒和雅各的传说，民族英雄摩西的非凡功绩，以及犹太教的教义、教规，希伯来人的民事法律、伦理规范等，是《希伯来圣经》中成书最早也最重要的部分。

第二部分先知书包括《约书亚记》《士师记》《撒母耳记》《列王纪》《以赛亚书》《耶利米书》《以西结书》和《十二小先知书》共8卷，成书于公元前6世纪—前3世纪。其主要内容从希伯来人在约书亚带领下重返迦南，经士师时代、统一王国时代、王国分裂时代直到犹大国灭亡期间发生的历史事件，在述说历史并记述先知们所传的圣言和演说等言辞外，刻画出希伯来历史上一批杰出英雄人物及其业绩。先知书是《希伯来圣经》中最有民族特色的文类之一。

第三部分圣文集包括《诗篇》《箴言》《约伯记》《雅歌》《路得记》《耶利米哀歌》《传道书》《以斯帖记》《但以理书》《以斯拉—尼希米记》《历代志》等11卷。其中除《以斯拉—尼希米记》和《历代志》是历史著作外，其他皆为希

---

① 王立新. 古犹太历史文化语境下的希伯来圣经文学研究[M]. 北京：商务印书馆，2014：14.

② 这里指的是基督教新教的《旧约》，它与天主教和东正教的《旧约》不同，后者在内容上多出7卷本的"次经"。

伯来民族的文学作品，涉及诗歌、小说、戏剧、智慧文学、启示文学等多种体裁，这些内容丰富、风格多样的作品，代表《希伯来圣经》文化在文学方面取得的最高成就，尤其是有"五卷书"之称的《雅歌》《路得记》《耶利米哀歌》《传道书》《以斯帖记》，分别成为在犹太教五个重要节日集体诵读用以激发民族感情的佳作。

"从民族文化传统来说，《希伯来圣经》分为上述三个大的部分隐含着这样的含义：律法部分是耶和华神通过摩西传达给以色列人的，是以色列百姓与神所立圣约的基本内容，其基本原则永远不得改变；先知的话语是耶和华根据以色列民族在各个历史时期的具体境遇，借先知之口给予的新的启示，是对以色列人的督劝和警示。圣录（作品集）则是以色列民族信靠耶和华的历史和精神写照。三者之间，从不同的侧面表现了这个民族与神的特殊关系。各个部分、各部书卷产生的年代虽然不一，但内在的精神则是一脉相承。"①

第三节　希伯来文献与文学

希伯来文学作为希伯来文化的重要组成部分，是希伯来人在历史发展的每个时期所创作的各类文学作品，大多用希伯来文写成，也有少量是用亚兰文、希腊文或拉丁文进行书写，其之所以能够流传至今，多是借助于《希伯来圣经》《次经》《伪经》和"死海古卷"等文献的编纂整理，正如《希伯来圣经》既是犹太教的经典，也是希伯来文化的代表，更是希伯来民族的文学总集一样，宗教与文学密不可分是希伯来文化的一个突出现象。

一、文献

在希伯来文化中，《次经》是地位仅次于《希伯来圣经》的重要文献，主要是指公元前 2 世纪在巴勒斯坦和埃及亚历山大出现的一些用希伯来文、亚兰文和希腊文写成的宗教经卷，被收入《七十子希腊文译本》和拉丁文通俗译本中，却被《希伯来圣经》排斥在外。这些由犹太人创作的类似于《希伯来圣经》语言的书卷被流散各地的犹太人诵读流传，并将它们与《希伯来圣经》"圣文集"

---

① 王立新. 古犹太历史文化语境下的希伯来圣经文学研究[M]. 北京：商务印书馆，2014：16.

部分的书卷同等看待。后来,《七十子希腊文译本》被译为拉丁文后,这些经卷也都包括在内,被天主教和东正教奉为正典,称之为"第二正典书卷"。

《伪经》书名本义是"伪仿之作",指未被收入《希伯来圣经》正典但却流传于民间的经卷,其地位在《次经》之下。"伪经"是指作者借用古代圣贤之名以抬高该书卷的地位,属"托名之作",成书于公元前200年至公元200年之间。学界一般将其分为两类:一类是用希伯来文或亚兰文写成的11篇《巴勒斯坦伪经》,内容分为野史、诗歌和启示文三类;一类是用希腊文写成的《亚历山大里亚伪经》,包括《亚里斯提亚书信》《神巫的预言》《马卡比传三书》《马卡比传四书》《以诺二书》《巴录三叔》等。

《伪经》中的著作具有很高的文学价值,其丰富的故事性迎合了普通信众的知识需要,为传达教义、准确理解《希伯来圣经》做了铺垫。

《死海古卷》是20世纪中期在死海北岸库姆兰山地的一个山洞中发现的一批犹太古代经卷的统称,与《希伯来圣经》《次经》和《伪经》一样,都是古希伯来文化的宝贵遗产。

《死海古卷》包括约600份手抄经卷和数以万计的残篇,分别用希伯来文、亚兰文、希腊文和拉丁文写成,抄写者是为躲避罗马军队镇压的犹太教艾赛尼派的一支,他们在公元前130年到公元68年间活动于此,并将这批古卷藏匿于山洞之中。此外,领导犹太起义的领袖巴尔·科赫巴也在公元132—135年间退守该地,将一批文件隐藏于此。这批被发现的古代经卷经认真整理和现代技术检测得知,是产生于公元前167年—233年间的古《希伯来圣经》《次经》《伪经》的抄本、注疏和外传,还有库姆兰社团的文件和有关巴尔·科赫巴起义的命令、信件等。《死海古卷》的发现,从史料角度证实了《希伯来圣经》《次经》《伪经》等希伯来文献的可信性,是研究古希伯来文化及其文学的重要资料。

二、文学

希伯来民族在发展过程中创作了大量文学作品,其内容丰富、体裁多样,包括神话、传说、史诗、历史文学、先知文学、智慧文学、抒情诗、小说和启示文学等,而《希伯来圣经》既是希伯来民族的文学总集,也当然是希伯来文学的代表作。

神话的主要汇集是《创世记》,其中的创世神话、伊甸乐园神话、洪水神话等已成为流传世界的故事。上帝用六天的时间创造了天地万物和人类,第七天休息,并将其定为"安息日"。这一神话表现了希伯来人对万物形成和人类起源的理解。人类始祖亚当和夏娃居住在上帝为其创造的美丽伊甸园中衣食无忧,然而却在蛇的引诱下偷吃禁果，因违背上帝旨意被逐出园子，女人被诅咒"生产儿女必多受苦楚"，男人则"必汗流满面才得糊口"。该神话反映了希伯来人对至乐永生的向往和思考，也反映了人类生存方式和生活环境的变化。洪水神话通过上帝决定用洪水惩罚人类，托梦给义人挪亚造方舟躲避洪水浩劫，其家人与动物得以生存繁衍的故事，一方面强调上帝在人类生活中的绝对权威，另一方面也表现出人类为生存与洪水等自然灾害所进行的斗争。

传说与史诗包括早期族长传说、出埃及史诗和伟人传记，其中的主人公多有真实的历史原型，创作者以此为基础，使用各种艺术手法赋予其不同程度的传奇色彩，塑造出富有感染力的艺术形象。《创世记》中的族长传说，生动记述了亚伯拉罕、雅各和约瑟的传奇故事。出埃及史诗生动地记载了希伯来民族史上的伟大事件，与此壮举紧密联系在一起的是摩西，其一生充满紧张曲折的戏剧性经历，尤其是他率众出埃及成为希伯来民族的伟大史诗。伟人传记是指希伯来民族在重返并征服迦南、建立联合王国、反抗异族入侵、维护民族信仰的漫长年代中涌现出的众多著名人物，其事迹被载入史册，受到后世赞颂和景仰，如秉承摩西遗志率领希伯来人重返迦南的约书亚，被誉为"以色列的母亲"的女士师底波拉，与3000多非利士人同归于尽的力士参孙，用弹弓战胜非利士巨人歌利亚的牧羊少年大卫并为希伯来联合王国达到鼎盛奠定基础的大卫王，还有以智慧断案的所罗门等。

诗歌在希伯来文学中成就最为突出，其中既有以《诗篇》《雅歌》和《耶利米哀歌》为代表的抒情诗，也有以《箴言》《约伯记》和《传道书》为代表的智慧文学。抒情诗《诗篇》以饱满的热情和优美的语词表达对上帝的赞美和呼求，又名为《歌中之歌》的《雅歌》则没有丝毫的宗教气味，表达的是青年男女相遇、相从的热恋之情。与此相对的《耶利米哀歌》则是古希伯来诗歌中最为悲凄的一部，其充满哀怨的独特歌体（气纳体），表达出耶路撒冷沦陷时希伯来人的哀国之情与复国之志。

智慧文学是希伯来民族长期对人生和社会经验的总结，涉及生活的方方面面，可谓人生及处世百科全书。最有代表性的《约伯记》完全不同于内容多为短小谚语警句的《箴言》和《传道书》，它"是世界上最早的戏剧，结构的雄伟，辞藻的富丽，早为世人所称羡……它的主题就是希伯来人一贯精神的极端表现"①。故《约伯记》被称为哲理诗剧，主要通过义人约伯人生际遇的突变，探讨好人为什么受难的问题。虽然没有答案，但受苦受难是上帝对人意志的考验却是希伯来人思考民族命运的体现。

_____

① 朱维之. 基督教与文学[M]. 上海：上海书店，1992：54.

小说作为在远古传说、历史故事和传记基础上形成和发展起来的叙事作品，在希伯来文学中占有较大比重，《路得记》《约拿书》《以斯帖记》等作品虽以女性和次要人物为主角，但弘扬的主题却是重大的，既反对狭隘的民族主义观念，也赞颂以美貌和智慧拯救民族于灾难的以斯帖。这些结构完整、情节紧凑、思想鲜明的小说，体现出希伯来人较高的文学水平。

先知文学是希伯来民族史上先知们所创作的作品，"是《旧约文学》中最有兴味的特色"[1]。按照犹太教传统，先知本意为"说预言者"，指最先领受耶和华旨意并将其准确传达给世人的人，即上帝在世间的代言人，实际上他们是一批生活在"巴比伦之囚"事件前后的希伯来爱国志士，"他们不但是宗教的木铎，也是民众的教师，社会的诗人……然而诗人未必个个都是先知，而先知却是当然的诗人，先知和诗人的区别就在程度之差，大诗人才有先知先觉"。在公元前8世纪到公元前3世纪希伯来民族内忧外患、国破家亡的时代，他们以忧国忧民的心态直言无忌，抨击时弊，警醒国民，虽遭迫害决不苟且，有的甚至牺牲生命，如《耶利米书》的作者耶利米，再如以疾恶如仇精神被誉为"以色列的良心"的先知阿摩司，其著作《阿摩司书》是最早产生的先知文学。《希伯来圣经》中的"先知文学最为特别，或用抒情诗体，或用戏剧体，或用小说体，或用演说体，或用小品文体，或用象征法，或用比喻法，或用启示，或用远象，真可说是变化无穷了"[2]。可以说，《约伯记》无论从体裁、思想还是艺术上都体现出了希伯来文学的独特性。

启示文学是希伯来文学中出现最晚的文类，盛于公元前2世纪到公元1世纪。"启示"一词的希腊文原意是"以神谕方式揭开隐蔽的真理"，所以启示文学的基本特征就是大量描写各种怪异之象，并以神的名义隐蔽地宣传和表达自己的政治见解与社会主张。《但以理书》是《希伯来圣经》中最重要的启示文学作品，也是希伯来文学中启示文学的代表作。

第四节　希伯来文化的世界意义

犹太教诞生于巴勒斯坦，《希伯来圣经》是犹太教的主要经典，是希伯来主

---

① 朱维之. 基督教与文学[M]. 上海：上海书店，1992：57.

② 朱维之. 基督教与文学[M]. 上海：上海书店，1992：57.

体文化构成的核心。公元 1 世纪出现的基督教也是诞生于巴勒斯坦地区，并且是作为犹太教的一个分支，由艾赛尼派的犹太人创立，只不过这一地区当时已处在罗马帝国统治时期。但是在这个时期之前的公元前 3 世纪，埃及出现了第一个《希伯来圣经》的希腊文译本，其翻译者是亚历山大底城犹太社区的 72 位犹太学者，他们用 72 天的时间将《希伯来圣经》由希伯来文翻译成希腊文并被称作《七十子希腊文译本》。这是有史以来一种东方语言第一次被自觉地翻译成西方语言的开端，在人类文化交流史上具有重要意义。这不仅是最早的有记载的大型翻译活动，也跨越了语言和文化的障碍。更值得一提的是，这一希腊文的《希伯来圣经》提供给当时远离家乡已经不熟悉希伯来文的犹太人使用，当基督教在罗马帝国统治下的巴勒斯坦兴起后，《七十子希腊文译本》被早期说希腊语的基督徒选中，并将其作为宗教经典的一个重要组成部分，因此希腊文的《希伯来圣经》被基督教称为《旧约》，并与其经书《新约》一起构成了《新旧约全书》。其后，随着基督教西传到罗马并在公元 392 年被罗马皇帝宣布为国教后，以《希伯来圣经》为主要内容的希伯来文化与希腊文化被并称为西方文化的两大书面源头。

一、希伯来文化与东方文化

希伯来文化作为东方文化的一支，它对同属东方的波斯文化、阿拉伯文化、印度文化、日本文化及中国文化产生了相当大的影响。其中，希伯来文化对波斯的影响是通过波斯和罗马战争中对叙利亚的争夺这一特殊时机来实现的，叙利亚人基督徒聂斯托里创立的景教不仅成为波斯文化的一部分，而且开始向印度和中国派遣传教士。当然，作为弱小民族的希伯来文化对印度、日本和中国文化的影响，其传播主要是通过基督教这一载体来实现的。

希伯来文化对东方文化的影响最明显的就是阿拉伯的伊斯兰教。希伯来人和阿拉伯人都是闪族的后裔，同祖同宗的他们既有共同的生活地域，也有着共同的习俗和远古传说。伊斯兰教承认他们的远祖是亚伯拉罕和摩西，其经典《古兰经》中的许多神话和传说故事都取自《希伯来圣经》。穆罕默德是一位伟大的先知，他是比照犹太教和基督教并结合阿拉伯人习性创立了伊斯兰教，此后希伯来文化随着伊斯兰势力的扩张得到了另一种形式的传播。《古兰经》中的许多传说故事及生活规约与《希伯来圣经》只是存在关键词称谓上的区别，在教义和仪式上伊斯兰教与犹太教有许多相似之处，尤其是伊斯兰教的一神信仰体现出早期阿拉伯文化对希伯来文化的认同。

二、希伯来文化与西方文化

希伯来文化和希腊文化一起构成的"二希"传统，成为以文艺复兴为代表的西方近代文化的两大源头。希腊文化代表的是古代传统，希伯来文化代表的则是中古传统，而这个中古传统是希伯来文化与希腊文化既相互斗争又相互吸引最终融合后所派生出的一种新文化，即基督教文化。

以希伯来文化为重要组成部分的基督教文化成为在欧洲中世纪占主导地位的文化，并对文学产生了重要影响。除教会文学外，民间文学如日耳曼民族的《尼伯龙根之歌》、英国的《贝奥武甫》和法国的《罗兰之歌》，还有随着城市的兴起而出现的各种宗教剧、奇迹剧、道德剧，甚至骑士文学等都在演绎基督教故事的过程中表露出对希伯来文化的继承。

马丁·路德等倡导的宗教改革强调以古代希伯来人的习俗和生活环境来理解圣经，剔除一切后来的附会意义，为希伯来文化在欧洲的进一步传播提供了动力。自意大利诗人但丁之后，莎士比亚、托尔斯泰一直到现代派作家如乔伊斯、卡夫卡、奥尼尔等都在创作中显露出受希伯来—基督教文化影响的痕迹。如 17 世纪英国诗人弥尔顿的史诗《失乐园》和《力士参孙》的题材都来自《希伯来圣经》中《创世记》和《士师记》；法国诗人拉辛改写《希伯来圣经故事》创作了《以斯帖记》和《雅他利亚记》；18 世纪德国诗人歌德的《浮士德》则借鉴了《希伯来圣经》中《约伯记》中的情节与写法；19 世纪英国诗人拜伦的诗歌《我们在巴比伦的河边坐下》直接取材于《希伯来圣经》；夏洛蒂·勃朗特在《简·爱》中多处引用《希伯来圣经》中的《箴言》和《诗篇》中的名句以表现作品中人物的心情。总之，西方作家在作品中广泛使用希伯来—基督教题材已成为传统。

以《希伯来圣经》为重要组成部分的《圣经》"之所以在世界文学中占有特殊的地位，是因为它有特殊的素质。最大的特殊点，就是：博大精深。因为《圣经》含有广泛的人生经验、真理和复杂多样的情绪，所以能够震动古今东西各民族人的心弦，给以崇高的美感，给以无限的慰安……"①

同样，以《希伯来圣经》为经典的犹太教被称为基督教和伊斯兰教的母亲宗教，后起的两大宗教在成为世界性宗教后，其影响力一直在东西方世界和文

---

① 朱维之. 基督教与文学[M]. 上海：上海书店，1992：50.

化中占据重要的甚至是主导的地位。随着这些影响的传递，世界许多国家和地区都或多或少、有意或无意地感受到此种或彼种文化的存在，但也由此说明希伯来文化源远流长，影响深远。

第五章　古代与中古波斯文化

古代波斯即现在的伊朗①，伊朗是雅利安的音译。雅利安的本意为"高尚的人"或"贵族"，是在大约公元前 2000 年从中亚地区迁徙进入伊朗高原的游牧民族，其中一些部落经伊朗进入印度，另外一些部落继续留在伊朗。其中逐渐强大的米底部落在反抗亚述帝国的统治中独立，并于公元前 672 年建立米底王国，这是伊朗历史上第一个由雅利安人建立的统一王国，此后在公元前 550年建立的波斯帝国成为世界历史上横跨欧亚非三洲的帝国。

但是波斯文明最早起源于伊朗高原之外的埃兰地区，它介于两河流域和伊朗高原之间，受两河流域楔形文化影响较大，大约于公元前 2700 年在底格里斯河东岸建国，几乎与苏美尔文明同期形成，为其后波斯文明的发展奠定了基础。

古代波斯是西亚历史上一个重要文明古国，在接受外来文化影响的同时，也对周边其他国家和地区的文化产生过影响。即使 651 年被阿拉伯帝国征服之后，波斯人也对伊斯兰文化的发展做出了重大贡献，同时也在不同时期随着不同王朝的崛起，努力发展自己的民族文化和文学。但特殊的历史原因使其文化与文学发展未能同步，文化主要指归属伊斯兰教之前的波斯古代时期，文学主要是指公元 10—15 世纪的中古伊斯兰文化时期。

第一节　历史与文化

波斯历史以 651 年为界分为古代和中古两个时期。从公元前 672 年到公元651 年为古代时期，从公元 7 世纪中期到 17 世纪为中古时期。

---

① 1935 年，巴列维王朝礼萨·汗将国名波斯改为伊朗。

一、古代时期

古代波斯历史上出现的主要王朝有米底王朝、阿契美尼德王朝、安息王朝和萨珊王朝，其中最著名的是阿契美尼德王朝和萨珊王朝，分别称为波斯第一帝国和第二帝国，前者在近半个世纪的希波战争中耗尽国力，于公元前330年被希腊马其顿王国所灭，成为亚历山大帝国的一部分；后者在与拜占庭帝国长达百年的战争中耗尽实力，于651年亡于阿拉伯帝国，进入伊斯兰时期。

埃兰是古代波斯文明的最早源头，曾在公元前8世纪与西亚强国亚述发生战争，并被后者在公元前639年灭亡；其后，伊朗高原的米底部落在反抗亚述的侵略斗争中得到壮大和统一，与新巴比伦结盟后在公元前612年消灭亚述，征服伊朗各地，在公元前672年建立米底王国，成为西亚强国之一，对伊朗民族的形成做出重要贡献。但立国时间短暂的米底因内部矛盾在公元前550年被其属国波斯击败，成为新兴的阿契美尼德王朝的行省，该王朝的创立者居鲁士二世所推翻的米底和波斯同属雅利安人，所以阿契美尼德王朝又被称为波斯帝国。

居鲁士二世在位初期统一波斯，然后出兵小亚细亚、巴比伦和中亚。他尊重各地风俗，将囚禁在巴比伦的犹太人遣送回国，帮助他们重建家园。其后波斯帝国的疆域经冈比西斯二世和大流士一世后得到空前发展，到公元前6世纪末进入鼎盛期，成为第一个地跨亚非欧三洲的世界性帝国。尤其是大流士进行的一系列重要改革，如建立驿道制度、推行行省制度、统一度量衡和货币、进行军事改革、统一文字等措施，奠定了中央集权制度的基础，使进入鼎盛期的波斯帝国成为当时最强大的国家，为波斯和整个西亚地区提供了一个较为长期的安定环境。远洋航线的开通，联通了欧亚非三大洲的海上路线，大大拓宽了商业区域，加速了三大洲的经济文化交流，"形成了世界上第一次文明大汇合，使所有的文明国家（或地区）都沟通了。东方和西方的文明都获得了同步发展，尤其是希腊世界和波斯帝国有了空前发展"[①]。

大流士所确立的各项制度基本上为后来的亚历山大国、塞琉古王朝、安息王朝和萨珊王朝所继承，对波斯历史发展起了重要作用。他被认为是波斯帝国的真正奠基者。

古代埃兰对古代波斯文明的重要贡献是帮助波斯人创制了古波斯楔形文

---

① 李忠存. 试析波斯帝国时代的文明大汇合[J]. //广西师范学院学报，1995（3）102.

字、司法和历法，①阿契美尼德王朝就是使用古波斯楔形文字来发布诏令、铭刻王室碑铭的，如大流士一世的《贝希斯敦铭文》不仅是现存最早的古波斯楔形文字碑铭，而且是以《汉谟拉比法典》为蓝本制定的法典，由于它是用具有节奏性的诗歌语言写成的文书，又被认为是古波斯文学作品的典范。②

古波斯楔形文字作为纯粹的人造文字，其使用范围有限，认识者也极少，而起源于腓尼基字母文字的阿拉米文是当时最通用的语言，也是亚洲现存许多字母文字的始祖。因而波斯帝国在用楔形文字发布诏令时，必须以当时通行的阿拉米文和埃兰文译出。形成于米底王国时期的琐罗亚斯德教，到阿契美尼德时期被作为官方宗教，其经典《阿维斯陀》也是使用阿拉米文第一次被编辑成书。

阿契美尼德王朝时期，语言和宗教都获得较为宽松的发展环境，除琐罗亚斯德教外，犹太教也得以发展。两度被征服的埃及，在大流士实行的稳定政策下，保留了其地方传统的崇拜和宗教信仰。

在大流士一世晚年发生的著名希波战争以波斯失败结束，波斯帝国由盛转衰，此后经历长期内乱的阿契美尼德王朝在公元前334年被马其顿国王亚历山大三世所灭。波斯波利斯王宫被焚，标志着古波斯帝国灭亡和亚历山大帝国的建立，开创了西方统治东方的殖民时代。进入希腊化时代的波斯历史也使东西文化在某种程度上得到交流与融合。

亚历山大帝国是历史上最短命的帝国，公元前323年随着亚历山大的去世很快就被一分为三，在原波斯帝国亚洲领土上建立的塞琉古王朝，成为希腊化世界最大的国家，但不久就卷入与埃及托勒密王朝争夺霸权的斗争中，后来又卷入与罗马的战争中。趁塞琉古王朝卷入战乱被后来罗马击败而兴起的安息部落开始起兵，于公元前129年大败安条克七世，结束了塞琉古王朝的统治，安息王朝成为波斯历史上的又一个新兴王朝，此时正值中国西汉时期，随着张骞出使西域和安息使节的回访，丝绸之路使两国经济和文化有了进一步交流。

希腊化时期的官方语言是希腊语，政府的诏令和公文都用希腊文字写成。安息时期，除希腊语外，更广泛使用的官方语言是帕提亚语，即巴列维语。

巴列维语作为官方语言，经过长期发展已成为完善的文学语言，中古波斯以诗歌为主要体裁的文学形式就根源于这个时期。《阿维斯陀》第二次被编辑成书，印度寓言故事集《五卷书》和《一千个故事》都被翻译成巴列维语，前者题名为《卡里来和笛木乃》广泛流传，后者则成为阿拉伯民间故事集《一千零一夜》的来源之一。

---

① 刘文鹏，吴宇虹，李铁匠. 古代西亚北非文明[M]. 福州：福建教育出版社，2008：325.

② 刘文鹏，吴宇虹，李铁匠. 古代西亚北非文明[M]. 福州：福建教育出版社，2008：348.

公元 1 世纪，安息王朝在与罗马的几次兵戎相见后开始衰落，又受到东部崛起的贵霜王朝的威胁，长期外战和内讧耗尽安息王朝的实力，西南部的波斯王公阿达希尔一世于公元 224 年起兵进攻安息，建立萨珊王朝，进入古代波斯最辉煌的时期。萨珊王朝被称为新波斯帝国。

萨珊王朝时期是波斯封建制度最终确立时期，也是古代波斯文化的鼎盛时期。琐罗亚斯德教作为国教，不仅形成完整的宗教理论，而且还形成繁琐的宗教仪式和等级森严的教会组织。本土的摩尼教和外来的聂斯托利教派成为与琐罗亚斯德教并存的宗教，犹太教和基督教则受到压制和迫害。

萨珊王朝与罗马帝国之间多次爆发战争并大败罗马，其声威得以提高，但由此也引起多次内讧和内乱。公元 4—6 世纪，萨珊王朝又在与拜占庭帝国之间的战争中耗尽国力，651 年被新兴的阿拉伯征服，波斯历史进入伊斯兰时期。

二、中古时期

中古波斯历史一般是指从 7 世纪中叶到 18 世纪初，其开端以阿拉伯人的征服为标志。随着伊斯兰教兴盛而崛起的阿拉伯帝国击败了因与拜占庭帝国争战耗尽元气的萨珊王朝，结束了持续 1000 多年的波斯古代历史，波斯成为阿拉伯帝国的一个行省，其历史进程被打断，文化也发生了深刻的变化。琐罗亚斯德教受到压制，《阿维斯塔》作为异端邪说被焚毁，阿拉伯语取代巴列维语成为官方语言，伊斯兰教成为正统意识形态。但是"这个被征服的民族，后来又重新奋起，并恢复了自己的语言。盖尔麦兑运动，曾在很多年内震撼了哈里发帝国的根基，波斯人对于这个运动曾出过大力。对于伊斯兰教什叶派的发展，对于统治埃及两百多年的法帖梅王朝的建立，波斯人都出过大力。波斯的艺术、文学、哲学、医学成了阿拉伯世界公共的财富，而且征服了征服者……伊斯兰统治最初的三世纪中，伊斯兰文化天空中最灿烂的明星，有几颗就是伊斯兰化了的伊朗明星"[①]。也就是说征服者被被征服者的文化所征服，雅利安人波斯文化对闪族的阿拉伯人产生了强大的影响力和渗透力。"因此，我们所谓'阿拉伯文化'，无论其渊源和基本结构，或主要的种族面貌，都不是阿拉比亚的。……在整个哈里发时代，叙利亚人、波斯人、埃及人等，作为新入教的穆斯林，或作为基督教徒和犹太教徒，他们自始至终举着教学和科研的火炬，走在最前列。他们同阿拉比亚人的关系，正如被征服的希腊人同战胜的罗马人的关系一样。阿拉伯的伊斯兰文化，基本上是希腊化的阿拉马文化和伊朗文化，在哈里发政

---

① 菲利浦·希提. 阿拉伯通史：第十版. 上[M]. 马坚，译. 北京：新世界出版社，2008：145.

府的保护下发展起来，而且是借阿拉伯语表达出来的。'"①

　　使阿拉伯帝国进入全盛期的阿拔斯王朝，其崛起首先就是借助了波斯人的力量，因为"波斯人占据了政府中最重要的职位，从哈里发各民族人民中选拔出来的官员，代替了原来的阿拉比亚贵族"②。第一任哈里发曼苏尔在公元762年将都城从大马士革迁到巴格达，而巴格达原本是萨珊王朝的一个村落，曼苏尔将其改名为和平城，使"国家从原来面向地中海改为面向波斯"，"波斯人逐渐渗透入国家中心"，并在伊斯兰世界和阿拉伯文化发展中居于特殊而重要的地位。据说曼苏尔的御医就是来自波斯萨珊的基督教徒。

　　阿拔斯王朝期间波斯文化得到巨大发展，在艺术和文学方面对阿拉伯文化产生影响，如最早的阿拉伯文学作品《卡里来与笛木乃》，先是波斯人把梵语的印度寓言故事集《五卷书》翻译成巴列维语，后来又由波斯籍的阿拉伯人伊本·穆格法从巴列维语翻译成阿拉伯语。另外，通晓阿拉伯文的波斯人也是把印度文化包括数学、哲学和天文学在内引入阿拉伯的一条渠道。

　　阿拔斯王朝后期在地方首府中取得支配地位的波斯人，先后在中亚地区建立了萨法尔王朝（867—908）和萨曼王朝（874—999），前者虽然仅存41年，但其大部分领土被后者所继承。萨曼王朝在10世纪达到鼎盛，其"首府布哈拉和他们的主要城市撒马尔罕，作为学问和艺术的中心，几乎使巴格达相形失色。不仅阿拉伯语的学术，而且波斯语的学术，同样受到保护和奖励"③。"自穆斯林征服以来，波斯人就用阿拉伯语作为文学表达媒介，但是由于这些作家的创作，波斯的灿烂的穆斯林文学也就开始发展起来了。"④而受到阿拉伯语冲击的巴列维语，在8世纪末逐渐形成了一种新语言，即达里波斯语。波斯诗人正是使用这种语言创作了辉煌的诗歌作品，迎来了达里波斯语文学的繁荣时期，"从这个新时代起，现代的波斯文学才兴盛起来"⑤。

　　萨曼王朝首先在突厥人建立的加兹尼王朝的进攻下衰亡，其后经历了塞尔柱帝国、花剌子模帝国、蒙古帝国和奥斯曼帝国的统治，直到16世纪初期，伊斯玛仪一世统一波斯，为稳定政局，他自称是穆罕默德的继承人阿里的后代，为进一步巩固王权，他自称是萨珊王朝的后裔，以伊斯兰教的什叶派为国教。他所建立的萨非王朝又称萨法维王朝（1501—1736），是自萨珊王朝之后首次完全统一伊朗的帝国，因此被称为波斯第三帝国。萨非帝国与奥斯曼帝国之间的

　　① 菲利浦·希提. 阿拉伯通史：第十版. 上[M]. 马坚，译. 北京：新世界出版社，2008：159.
　　② 菲利浦·希提. 阿拉伯通史：第十版. 上[M]. 马坚，译. 北京：新世界出版社，2008：286.
　　③ 菲利浦·希提. 阿拉伯通史：第十版. 上[M]. 马坚，译. 北京：新世界出版社，2008：421.
　　④ 菲利浦·希提. 阿拉伯通史：第十版. 上[M]. 马坚，译. 北京：新世界出版社，2008：422.
　　⑤ 菲利浦·希提. 阿拉伯通史：第十版. 上[M]. 马坚，译. 北京：新世界出版社，2008：421.

不断战争，促使 1588 年继位的阿巴斯大帝迁都伊斯法罕，与土耳其人讲和，并进行军队改革，他赶走乌兹别克人，从葡萄牙手中夺得波斯湾中的小岛巴林，在其统治时期，萨非帝国达到极盛时期，成为伊斯兰世界最重要的文化中心，被重新激起的古代波斯帝国遗产促进了波斯艺术尤其是绘画的勃兴。但是阿巴斯二世之后，内政混乱和外敌攻击使萨非帝国在经历百年的动荡中走向灭亡。萨非王朝是伊朗从中世纪向现代时期过渡的中间时期。

第二节 《阿维斯塔》

《阿维斯塔》是古代波斯最重要的神话和诗歌总汇，也是琐罗亚斯德教的经典。琐罗亚斯德教是古代波斯帝国的国教，是基督教诞生之前在中东最有影响的宗教，是伊斯兰教诞生之前西亚最具影响力的宗教。

一、琐罗亚斯德教

琐罗亚斯德教起源于古代波斯部落的原始宗教祭祀，因其主名为阿胡拉·马兹达（意为"智慧之神"），所以又称为马兹达教。公元前 8 世纪传入波斯西部。公元前 7 世纪后期，出身于贵族骑士家庭的琐罗亚斯德（公元前 628—前 551 年）对该教进行了某些革新，赋予阿胡拉·马兹达包罗万象的能力，增添了新的内容，创立了一神教信仰的琐罗亚斯德教。

据说琐罗亚斯德 20 岁时开始弃家过隐居生活，30 岁接受神的启示，为了传教游走于波斯很多地区但收获不大，甚至受到官方祭司的迫害。后来他被引荐给波斯国王后，琐罗亚斯德教才得到迅速传播，并在米底王朝后期成为官方宗教和巩固王权的工具。

琐罗亚斯德教后来成为波斯各王朝的官方宗教甚至帝国的国教后，在中东地区迅速传播，但在阿拉伯帝国征服波斯后，琐罗亚斯德教受到伊斯兰教的排斥，被迫向东迁徙，部分进入印度，部分通过西域进入中国。19 世纪德国哲学家尼采的名著《查拉图斯特拉如是说》作为人类哲学史上最重要的著作之一，其中"查拉图斯特拉"实际上就是"琐罗亚斯德"的另一种音译。

琐罗亚斯德教的教义是善恶二元论，宣扬宇宙中历来就有善与恶的斗争，火、光明、清净、创造、美德、生命是善，黑暗、恶浊、不净、破坏、丑行、死亡是恶，善的最高神是阿胡拉·马兹达，其随从是天使，恶的最高神是安格拉·曼纽，其随从是魔鬼，他们都具有创造的力量，双方进行长期反复的斗争，最终，善将战胜恶，光明一定代替黑暗。

在善与恶的斗争中，人们有权自由选择善恶，但并不意味着可以任意妄为而不受惩罚或报应。因为人由灵魂和肉体组成，且灵魂重于肉体。当肉体死亡后，灵魂要在死后第 4 天离开地球奔向彼世，其旅途是否顺利取决于其生前行为。死者的灵魂据说将要通过一座审判桥，由三位小天使负责审判其生前功过是非。义人的灵魂可以平安通过此桥，享受天堂的幸福生活，罪人的灵魂则将坠入无间地狱。因此教义劝诫信徒必须弃恶从善，弃暗投明，以促进世界的发展，使自己的灵魂得到超度。

琐罗亚斯德教宣扬的善恶二元论，不仅具有伦理意义，也具有重要的政治意义。它所宣扬的善，首先就代表着王权，从善就意味着忠于王权。恶则代表反对王权的势力，反对恶就是支持王权。正是因为善与恶的斗争具有现实的政治意义，因而得到王权的支持并最终成为波斯的国教。

琐罗亚斯德教在萨珊王朝时期取得国教地位后，其历法成为波斯的官方历法，每年有 12 个月，每月 30 日，岁末再加 5 天，全年共 365 天，其月名和日名均采用琐罗亚斯德教神祇命名，如阿胡拉·马兹达、密特拉、阿娜希塔等。每逢日名与月名相同，就是宗教节日，从而取代了之前一直使用的古波斯历法，即巴比伦历法。

在琐罗亚斯德祭祀中，太阳神密特拉和女神阿娜希塔崇拜占有重要地位。前者起源于古代印欧语系部落。代表光明的太阳神，后者代表丰产与生命女神和水神。此外，火的崇拜在琐罗亚斯德教的宗教仪式中占有重要地位，因为火是阿胡拉·马兹达最早创造出来的儿子，是象征神的绝对和至善，是"正义之眼"，所以庙中都有祭台点燃神火。

二、《阿维斯塔》①

《阿维斯塔》是琐罗亚斯德教的圣典，其意为知识、谕令或经典，通称《波斯古经》，共有 21 卷，用古波斯语写成，主要记述琐罗亚斯德的生平以及教义。其中最古老的部分产生于公元前 11 世纪，第一次编辑成书是在阿契美尼德王朝末期，但在亚历山大东征时被焚于战火。存于神庙的经典被搬运到希腊译成希腊文后，原版也被销毁。

---

① 该部分参考王立新，黎跃进主编. 外国文学史（东方卷）[M]. 北京：高等教育出版社，2013：66-73.

安息王朝国王巴拉什一世曾下令收集散失于民间的经典残篇并进行修订，但直到萨珊王朝时期，《阿维斯塔》才第二次被编辑成书。7 世纪中叶阿拉伯征服波斯后，经典又一次遭到焚毁。今天所能见到的《阿维斯塔》是当时为逃避伊斯兰教迫害移居印度的波斯教徒所保存的经典，仅存 14 万字，共分 6 个部分。

第一部分《伽萨》，其意为"颂歌"，相传为教主琐罗亚斯德所吟诗歌，故又称"琐罗亚斯德之歌"，是《阿维斯塔》最古老的部分，内容主要是解释善恶二元的宇宙观。

第二部分《亚斯纳》，是祭祀书，即祭祀向神供献祭品时所唱的赞歌，主要内容是对神主马兹达和诸神以及世上一切美好事物的赞美和颂扬。

第三部分《亚什特》包含大量的原始神话、英雄帝王传说和民间故事，是《阿维斯塔》中篇幅最长也最生动有趣的部分。

第四部分《万迪达德》意为"驱鬼法"，所谓"鬼"是指琐罗亚斯德降生之前雅利安人所信奉的多神，主要内容讲教徒在日常生活中应该遵循的仪规和戒律，以及对违反教规者实行的各种惩罚。

第五部分《维斯佩拉德》意为"出类拔萃者"，主要是对神主马兹达所创造的各类美好事物的赞颂。

第六部分《胡尔达·阿维斯塔》意为"小阿维斯塔"，是公元 4 世纪萨珊王朝的大祭司为方便教徒日常使用而选编的《阿维斯塔》简明本。

《阿维斯塔》也是古代波斯文学的汇集，其中的神话故事、帝王英雄传说、赞美诗和智慧文学等是比较突出的文学类型。赞美诗赞美神主马兹达及其诸神，赞美先知琐罗亚斯德，赞美善、火与光的诗作遍布全书，对后世波斯文学产生深刻的影响。中古波斯诗歌巨匠哈菲兹和莫拉维等人在作品中表述的某些思想以及菲尔多西的史诗《列王纪》的题材都是来源于《阿维斯塔》。

第三节　艺术与教育

一提到波斯艺术，马上就会令人想到波斯猫、波斯菊、波斯地毯等与波斯相关的东西。其实，真正代表波斯艺术的工艺品是安息时期的角杯和萨珊时期的银盘以及金壶、银壶、铜壶等酒器和礼器，还有以建筑和雕刻为代表的艺术。另外细密画也开始出现，但真正的发展是在中古时期。

一、艺术

角杯是波斯传统的盛酒器皿，此外还有金壶、银壶与铜壶等，这些与酒相关的艺术品体现了波斯人喜欢饮酒酬唱的风俗。波斯人喜欢饮酒，波斯诗人更喜欢把美酒与美女联系在一起，作为消解和宣泄人生痛苦的一种方式，因而留下了大量的颂酒诗，如在《缅怀托里尔》以及历代《王书》中都有关于颂扬酒的神奇功能的诗篇，再如鲁达基、哈菲兹等都留下颂酒的著名诗篇，所以波斯诗歌中历来有颂酒的传统。而这种传统的形成，又与古希腊和印度外来文化的传入有联系，如在《阿维斯塔》的《亚斯纳》中就有琐罗亚斯德和苏摩酒的著名对话，所以角杯在宗教中具有祭祀的功能和作用，最著名的是尼萨象牙角杯，杯体上刻有奥林匹克 12 神祇和欧里庇德斯《酒神的伴侣》中的某些场面。可见，尼萨角杯具有宗教意义，可能是王家的礼器或琐罗亚斯德教的法器。

但古代波斯的建筑与宗教关系并不密切，其都城尤其是宫廷建筑以庞大而豪华著称。

帕萨加迪是阿契美尼德最初的都城，也是古代波斯帝国早期最重要的文化遗址，其本意为"波斯营房"，原来是波斯人聚居之地，后成为波斯帝国的都城、圣地和国王加冕之地。这是一组四周有墙，内部有要塞、宫殿和神庙建筑以及花园的综合建筑，其中两座庄严的大殿都坐落在有流水、凉亭的美丽花园中。该建筑自居鲁士二世征服米底后开始兴建直至薛西斯时期停止，参加建设的工匠来自波斯、巴比伦、亚述、吕底亚和希腊，可以说是波斯帝国时期各民族建筑艺术的结晶。

帕萨加迪遗址地表上唯一遗存完整的是一块大型浮雕。浮雕上的人物身着长袍，侧身而立，右手臂向前弯曲，指向通往居鲁士大帝宫殿的牌楼方向。尤其是人物的帽顶上方有弯曲的公羊角和竖立的眼镜蛇，身后有两上两下 4 个翅膀，既有埃及浮雕风格，又有巴比伦雕刻的痕迹。

波斯波利斯王宫是阿契美尼德王朝宫廷建筑中最重要的一座，在建筑和雕刻艺术上代表了该时期的最高成就。整座王宫建在山坡上一个面积广阔用岩石砌成的高台上，众多风格不同的单体建筑组成一个和谐的整体，包括不同时期国王建筑的王宫、会议大厅、觐见大厅、百柱大厅，以及完成和尚未完成的牌楼和各种防御工事等。觐见大厅的石柱高达近 20 米，顶部托着雕刻精美的牛头石柱。宫廷建筑明显分为两种类型：一种称为塔恰拉，是国王的寝宫或冬宫，另一种称为阿巴丹，是国王的接见大厅。这座木结构建筑面积约一万平方米。这些建筑物台基的立面、台阶的侧面和宫廷的墙面都用浮雕装饰，其雕刻艺术具有庄重肃穆、庞大恢宏的审美特征，明显具有两河流域尤其是亚述浅浮雕的清晰度，有的还有希腊圆雕的立体感。

塞琉古和安息时期的建筑主要表现在大量增加的新兴城市。前者有代表性的是中亚城市木鹿，后来易名为安条克。城市分为要塞（卫城）、城市和市郊三部分，每部分都有带塔楼的城墙加以防护。卫城和城市之间的防御设施连在一起，内有统治者的宫室、神庙、军火库和兵营。后者有代表性的城市是尼萨，其建筑分为两组，北面的建筑群主要是"方宫"，可能是国王的宝库，著名的尼萨角杯等工艺品就是在这里发现的。南面的建筑群主要是"方厅"，内部有两层，可能是国王的接见厅或琐罗亚斯德神庙。"圆庙"是另一个重要建筑物，可能是国王的陵墓或纪念堂，和圆庙一起的是"塔楼式神庙"。

萨珊王朝最宏伟的宫廷建筑是塔基基斯宫，宫廷的拱形大门抛物线跨度达26.5米，高度达29米，是萨珊宫廷建筑的杰出代表。据说7世纪初阿拉伯人在攻占波斯萨珊首都泰西封这个亚洲中部最大的城市时，不仅获得价值约90亿第尔汗的战利品和宝藏，而且"荒凉的阿拉比亚的居民就直接与当时高度现代化生活中的奢侈品和舒适设备相接触。波斯皇宫里宽大的接见厅、优美的拱门、豪华的陈设和装饰，在后来的阿拉伯诗歌里都受到赞美"[①]。

二、教育

古代波斯的教育与宗教文化密不可分。琐罗亚斯德教将"善"与"真"的概念结合起来，将真诚、正直、善良谦逊作为人格美的体现。在《琐罗亚斯德的忠告》一书中，明确指出教育的目的是服务于社会与国家、帮助家庭、减轻父母负担、完善自身和超越他人。特别是男孩，从7岁到15岁要接受老师授课教育，15岁成年要履行宗教仪式，到学堂接受宗教祭司的教育，其中道德教育的内容主要是诵读《阿维斯陀》经文、达到三善的要求，其他的则是文理各种学科的教育、体育教育和劳动与艺术教育。通过数年教育，培养真诚正直、善良勇敢、洁身自好、尊敬天神、拥戴国王的有用之才。

萨珊时期是古代波斯文化的鼎盛期，也是教育和科学文化发展的一个高峰期。胡司洛一世重视教育与科学文化的发展，他在坎迪沙普尔的科学城建立了一个以希腊医学为基础的医科学校，不仅有波斯医生和学者授课，还邀请印度和希腊的医生及教师授课，后来发展成为波斯医学的中心。国王经常在宫廷组织并参加学术研讨。529年，基督教占统治地位的拜占庭关闭了异教文化的中

---

① 菲利浦·希提. 阿拉伯通史：第十版. 上[M]. 马坚，译. 北京：新世界出版社，2008：143.

心雅典学院，许多新柏拉图学派的哲学家逃往波斯，受到他的热情款待。大量希腊、印度各种学术著作的翻译以及许多著名文学作品，都是在这个时期产生的，如印度的寓言《五卷书》就是由国王的御医巴尔祖耶翻译成巴列维语的《卡里来与笛木乃》，然后在西亚地区流行。

古代波斯重视教育和知识的传统被后世继承，公元11世纪出现的《卡布斯教诲录》就是一部关于古代教育方面的集大成之作，这是古代波斯国王之后代写给儿子的家庭教育课本，内容极其丰富，其对知识重要性的强调在13世纪波斯著名诗人萨迪的诗集《蔷薇园》中得到进一步阐发。

第四节　文学与绘画

中古波斯的历史与文学发展不同步，且严重失衡。其历史一般是指从7世纪中叶到18世纪初，文学则是指10世纪到15世纪。而波斯古典文学的繁盛期，正是波斯历史灾难深重的时期。

一、文学

诗歌是波斯文学中最有价值的部分，诗人们在借鉴波斯诗歌传统和阿拉伯诗体格律的基础上创造出"鲁拜""嘎扎勒""卡斯台""玛斯纳维"等多种诗体，借以表达他们对人生和民族命运的思考，并以脍炙人口的诗篇为"诗国"之称的波斯增色。

波斯许多著名诗人在阿拔斯王朝时期都被延揽到宫廷成为宫廷诗人，曼苏尔当政时期"波斯头衔、波斯酒、波斯老婆、波斯情妇、波斯歌曲和波斯思想，逐渐占了上风"[1]。但随后的继任者采取的则是完全相反的极端做法，那就是极力摆脱波斯人的影响。宠与辱的两极遭遇对波斯诗人来说非常普遍："几乎所有的波斯诗人在青年时代就已崭露头角，凭着天赋与才华，以优美的诗歌征服了世人，获得王公贵族的青睐。可是到了晚年，他们却又大多遭受冷遇，或穷困潦倒，沿街持钵乞讨"[2]。如波斯"民族诗歌之父"鲁达基年轻时就被萨曼

---

① 菲利浦·希提. 阿拉伯通史：第十版. 上[M]. 马坚，译. 北京：新世界出版社，2008：267.
② 郁龙余，孟昭毅. 东方文学史：第二版. [M]. 北京：北京大学出版社，2015：163.

王朝的第三代统治者纳赛尔招进宫内，成为首屈一指的宫廷大诗人，但晚年却因为失宠于权贵，被逐出宫廷，穷困潦倒，双目失明，过着行乞的日子。这种前后反差极其悬殊的生存境遇，在其代表作《咏暮年》中得以体现。再如 14世纪波斯著名的抒情诗大师哈菲兹勤通晓阿拉伯文，能背诵全部《古兰经》，还善于赋诗作画，阿拉伯巴格达和印度德里的伊斯兰君主都曾千方百计邀请他去做宫廷诗人，但是诗人晚景凄凉，成为靠乞讨度日的托钵僧，最后在贫病交加中死去。因此，波斯诗歌关注和表达的基本主题是个人遭遇和家国情怀以及民族命运。

鲁达基（约 858—941）是中古波斯诗歌的奠基人，他不仅写下很多关于酒的颂歌，延续了波斯诗歌中的颂酒场传统，而且借助对酒的赞颂表达对现实人生的怨愤与不平，这些创新引导了中古波斯诗人的创作方向，为中古波斯诗歌定下了基调。他的四行诗、箴言、警句等都给予后继者很多艺术创作上的启迪。鲁达基因此被伊朗文学史家公认为"伊朗诗歌之父"。

菲尔多西（934—1020）是波斯著名的叙事诗诗人，他推进了由鲁达基改造定型的叙事诗创作，其代表作长诗《列王纪》成书于波斯爱国主义高涨的年代，充满反对异族侵略与统治的思想，民族英雄鲁斯坦姆是古代波斯勇士的典范。菲尔多西是中古波斯文学史上首次尝试用标准的达里波斯语（巴列维语）进行叙事诗创作并取得成功的诗人，《列王纪》的创作对波斯语免遭阿拉伯语同化起了关键性作用。

欧玛尔·哈亚姆（1040—1123）既是著名诗人，也以哲学家、数学家、医学家和天文学家闻名于世，其诗歌创作标志着中古波斯新的文学时代的开始。他擅长写四行诗，代表作《鲁拜集》拓宽了鲁达基四行诗的表现内容，使其在艺术上更臻完美，为波斯文学走向世界做出了卓越贡献。

内扎米（1140—1202）是继菲尔多西之后中古波斯最著名的叙事诗诗人。他才华横溢、聪慧过人，精通波斯文、阿拉伯文和巴列维文，但一生却始终过着隐居生活，杜绝富贵，闭门谢客，不依附权贵。其代表作《五卷书》是用波斯文写作、采用"玛斯纳维"诗体的长篇叙事诗集，其中的《蕾丽和马哲农》取材于古老的阿拉伯民间传说。但他的与众不同之处是在普通的爱情故事中寄寓了不平凡的思想意义，揭示出蕾丽与马哲农爱情悲剧的多方面原因，鞭挞了封建社会道德观念的伪善与罪恶，指出其违背人性、扼杀幸福与生命的本质。除叙事诗创作外，他还写有大量的抒情诗、四行诗，因此人们常把他和萨迪并举，称之为"波斯最伟大的诗人""运用波斯语言的大师"。

萨迪（1184—1292）是 13 世纪波斯著名诗人，曾到巴格达最高学府和伊斯兰教世界中心的著名尼扎米亚学院学习，但因不堪忍受严格的宗教制度，中途辍学，离开巴格达。后因蒙古人入侵波斯，被迫背井离乡，开始了长达30多年的流浪漂泊生活，其足迹遍及亚非许多国家和城市，其间还14次到过圣地麦加，朝拜天房。《果园》和《蔷薇园》是萨迪的成名作和代表作。这两部哲理诗集采用诗文相间、散韵结合的形式，在故事中穿插诗歌，点出意义，指出教训，在幽默的话语中蕴含深刻的哲理。《蔷薇园》是萨迪一生经历、思考和智慧的结晶。他以无畏的勇气，抨击暴政、诅咒暴君，鞭挞社会丑恶，谴责法官之贪婪与不公，批判教会人士的虚伪无耻，同情受苦受难之民众，表现出鲜明的政治理想和忧国忧民的情怀。他赞颂理想君主的仁政，赞美自食其力的劳动者，强调教育和知识的重要。"亚当子孙皆兄弟"是《蔷薇园》人道主义思想的集中表述，后被联合国采用作为阐述其宗旨的箴言。1958年，萨迪被联合国尊为"世界四大文化名人"，受到各国人民的纪念和赞扬。萨迪被誉为"波斯古典文坛最伟大的人物"，在波斯文学史上占有崇高地位，在伊朗人民心目中享有崇高的地位，被誉为"诗圣"和诗人之"先知"。

哈菲兹（1320—1391）是波斯诗坛上的抒情诗王。他进行诗歌创作时，正是蒙古人统治波斯的时期，自身的经历与国家的不幸成为其诗歌创作的宣泄渠道。诗人将美酒与美女作为其诗歌抒情达意的对象，对当权者的专制和暴虐、社会道德的沉沦，尤其对社会虚伪、教会偏见的揭露和嘲讽，都在他成功运用的"嘎扎勒"诗体中得以体现。这一诗体最常见的主题是通过对美女、美酒、春天、鲜花等的歌颂和咏叹，表达自己追求人格独立、个性自由、蔑视权贵、否定既成伦理道德的离经叛道精神，宣泄对社会的不满与愤懑，但也时常流露出人生苦短"今朝有酒今朝醉"的享乐思想。

哈菲兹的诗受到许多东西方著名诗人的高度评价和赞赏。德国诗人歌德盛赞："你是一艘鼓满风帆劈波斩浪的大船，而我则不过是海浪中上下颠簸的小舟。"后世的伊斯兰学者赞他为"诗人中的神舌""设拉子的夜莺"。

贾米（1414—1492）是波斯古典诗歌的最后一位大师，他学识渊博，在文学、科学研究方面建树颇多。他全面继承了波斯古典诗歌的优秀传统，兼善各种诗体。其叙事诗《七卷诗》（又名《七星座》）主要是仿效内扎米的《五卷诗》，散文著作《春园》则是模仿萨迪的《蔷薇园》。诗人在当时名气很大，被称为"诗人之王"和"智慧大师"。贾米之后一直到18世纪，波斯诗歌处于停滞状态。

波斯古典诗歌繁荣于波斯宗教文化与阿拉伯伊斯兰文化冲突与融合的时代，它既根植于波斯文化的传统，又接受阿拉伯诗歌的影响，形成具有鲜明民族特色的文学，成就了波斯文坛五百年的诗歌辉煌。

二、绘画[①]

细密画是波斯艺术的重要门类，是一种用来装饰书籍的精致小型绘画，主要用作书籍的插图、封面或扉页，多以图案或风景为题材。波斯细密画起源于公元 3 世纪至 7 世纪的萨珊王朝时期，但真正发展起来并成为一种画派则是 16 世纪至 17 世纪间的萨菲王朝时期。在波斯文化影响下发展起来的波斯细密画，是伊斯兰细密画的主要代表，也是中古波斯绘画艺术最高成就的体现。

萨珊王朝时期，波斯细密画的传统是描绘动物形象和抽象图案，而作为书籍装饰则始于《古兰经》的边饰图案。但真正的波斯细密画开始于 12 世纪，因受到统治阶层的喜爱和大力支持，巴格达成为最早的细密画中心，还形成巴格达画派。当时的细密画主要用于为故事和寓言书籍如《解毒药典》《卡里来与笛木乃》和《麦卡麦》等做插图。

13 世纪蒙古人占领巴格达后，曾出现一批波斯风格与中国画画风相混合的细密画作品。15 世纪帖木儿王朝时期，波斯细密画又以赫拉特、撒马尔罕为中心进一步得以发展，为萨菲王朝时期细密画的大繁荣做了铺垫。

萨菲王朝时期细密画的繁荣同历代统治者的爱好与赞助密切相关，如萨菲王朝的缔造者伊斯迈尔将都城建在大不里士，并将它进一步发展成为当时的文化艺术中心。他广罗艺术人才并聘请他们作为宫廷画师留在宫中作画，使细密画得到蓬勃发展，出现了一批杰出的画家和有影响力的画派，其中以毕扎德为奠基人的大不里士派最有代表性。毕扎德不仅亲自为萨迪的诗集《果园》作插图，他的最大贡献是主持描绘了菲尔多西的大型民族史诗《列王纪》，使之成为当时宫廷藏书中装帧最豪华的图书。毕扎德还培养出一批有成就的画家，如他在 1539 年到 1543 年间主持为尼扎米的《五卷诗》绘制豪华插图本时，大不里士派很多画家成为其中的主力。

萨菲王朝细密画的黄金时期是沙·塔赫马斯普在位的 52 年间，细密画成为波斯文化圈的流行画种，宫廷画师苏旦·穆汉默德是当时画坛的魁首，作品《情人》呈现出一种唯美情调，其艺术风格影响到整个宫廷的趣味。在他的倡导下，一批著名的波斯诗集都配上了精美插图，一批优秀的画家集合在他的周围而形成加兹温画派。但随着苏旦·穆汉默德和塔赫玛斯普的去世，加兹温画派很快衰落，萨菲细密画艺术甚至曾一度停滞。

这种局面很快随着易卜拉欣·米扎尔即位得到扭转，他治理下的马什哈德

---

① 此部分参考了百度·艺术百科·细密画词条。

成为新艺术家的聚集地。1556 年由他赞助绘制波斯著名苏菲派诗人贾米的代表作《七宝座》成为萨菲艺术史上的一件盛事。

伊斯法罕在阿巴斯大帝在位 43 年间成为细密画的中心，该画派最有代表性的人物雷扎·阿拔斯的作品如《贾汗吉尔的相逢》《年轻的司酒官》等给人清雅的视觉效果。该画家主要活动于宫廷，其画风整整影响了一代人。

其后的萨菲王朝在与土耳其人的征战中接触到西方文明，受到意大利文艺复兴时期艺术的吸引，在细密画发展中加入了西方的一些改良意识。这虽然在一段时间内使萨菲细密画呈现出新鲜的感觉，却不可挽回细密画衰颓之大势，辉煌一度的波斯细密画逐渐退出历史的舞台。但是作为艺术灵魂之延续，波斯细密画的风格被印度莫卧儿王朝继承下来，发展为又一个细密画的盛世。但是18 世纪后因欧洲殖民者入侵细密画几乎消亡。

第六章　中古阿拉伯文化

中古时期的阿拉伯文化，广义上是指伊斯兰教产生之前阿拉伯半岛时期和伊斯兰教产生之后的阿拉伯帝国时期，以及蒙古人和土耳其人统治该地区时期的文化。但狭义的中古阿拉伯文化，主要是指伊斯兰教产生之后阿拉伯帝国时期尤其是阿拔斯时期的文化，时间从公元 7 世纪中期到 13 世纪中期。

第一节　历史与文化

位于亚洲西南部的阿拉伯半岛是阿拉伯文化和伊斯兰教的发祥地，这座世界最大的半岛上的土地分为沙漠和草原，半岛北部的居民以游牧方式逐水草而散居，分属于不同的部落；南部的居民大多以定居方式集中于沿海一带的城市，中间还有一些半游牧和半定居的人们，他们统称为阿拉比亚人。

一、蒙昧时期

阿拉伯半岛以沙漠居多，绿洲是主要水源和聚居地，这里"可能是闪族的摇篮，闪族在这个地方成长之后，迁移到肥沃的新月地区，后来就成为历史上的巴比伦人、亚述人、腓尼基人和希伯来人"①，而"在肥沃的新月地区，有许多帝国灭亡了，又有许多帝国兴起来，荒凉沙漠里的贝都因人，却依然如故"②。贝都因人是阿拉伯半岛上的主要居民，他们与上述的巴比伦人以及希伯来人等属于同族同宗。

伊斯兰教产生之前的蒙昧时期，半岛上各部落有的信奉犹太教，有的信奉

---

① 菲利浦·希提. 阿拉伯通史：第十版. 上 [M]. 马坚，译. 北京：新世界出版社，2008：3
② 菲利浦·希提. 阿拉伯通史：第十版. 上 [M]. 马坚，译. 北京：新世界出版社，2008：21.

基督教，但绝大多数都信奉拜物教，盛行偶像崇拜，北部的贝都因各部落之间常因争夺水草、牲畜而互相仇杀；南部沿海发达的农业、手工业和商业地区，因拜占庭和波斯等大帝国的频繁入侵和掠夺，经济受到严重破坏，对外贸易受到很大影响。经济萧条和贫富悬殊导致社会动荡不安。改变内外交困的状况成为半岛居民的强烈要求。在这种条件下，伊斯兰教的创建者穆罕默德（570—632）顺应历史的客观规律，提出许多改良社会的主张。他树立一神安拉的最高权威，反对多神教和偶像崇拜，打破以血缘关系为基础的部落界限，号召以共同的宗教信仰为基础团结起来。伊斯兰教产生的巨大号召力和凝聚力，使分散落后的阿拉伯半岛各部落团结起来，建立起以伊斯兰教为核心的统一的阿拉伯穆斯林国家，成为阿拉伯历史上一个伟大的转折点，统一的阿拉伯成为政教合一的国家。

二、哈里发时期

穆罕默德之后，阿拉伯国家进入四大哈里发时期（632—661），作为先知继承者的哈里发为巩固统治，满足阿拉伯人对土地和商路的要求，在近30年的时间里迅速向外扩张，"在欧麦尔和奥斯曼在位的时代，征服了叙利亚、伊拉克、波斯和埃及，这就结束了穆斯林征服史的第一时期"[1]。但对外扩张的同时，因哈里发继承人问题而产生的矛盾，呈现为伊斯兰教内部逊尼派与什叶派的对立，这种对立导致了其后伊斯兰教的分裂。

伍麦叶王朝（661—750）被称为第二个哈里发帝国，其奠基者是叙利亚伍麦叶族的穆阿威叶。他不仅使哈里发成为世袭，而且使东线印度和西线西班牙的部分地区都归属其统治之下。特别是随着富庶地区安达卢西亚的占领，伊斯兰文化在西班牙得到传播和发展，又通过安达卢西亚被传播到欧洲。新帝国的首都大马士革有漂亮的宫殿和壮丽的清真寺，成为融各种文化于一体的阿拉伯中心，与此同时，"麦加和麦地、巴士拉和库法也在这个时期发展成伊斯兰世界文化活动最大的两个中心"[2]。但由此盛行的腐败、享乐与奢靡的风气也为该王朝埋下了灭亡的种子。

---

① 菲利浦·希提. 阿拉伯通史：第十版. 上[M]. 马坚，译. 北京：新世界出版社，2008：187.
② 菲利浦·希提. 阿拉伯通史：第十版. 上[M]. 马坚，译. 北京：新世界出版社，2008：220.

三、阿拔斯时期

8 世纪中叶，阿拔斯王朝的崛起造成伍麦叶王朝的覆灭，也使阿拉伯成为地跨欧亚非三洲的庞大封建军事帝国，随之传播各地的伊斯兰教也成为世界三大宗教之一。随着"伊斯兰帝国第一个纯粹阿拉伯人的统治"①的迅速结束，新迁都城巴比伦不仅给东方思想的传入大开方便之门，也因商业贸易的繁荣发展成为东方世界的中心和一座世界性的大都市。巴格达最辉煌的时代，几乎变成一个"举世无双的城市"，据说唯有东罗马帝国的拜占庭可与之抗衡。但在生活的奢侈与淫靡方面也达到了登峰造极的程度。

阿拔斯帝国在随后与拜占庭帝国的四次战争和持续六年的内战后，进入第七任哈里发麦蒙（786—833）执政的时代。这时在巴格达社会中起到重要作用的是商人，对阿拉伯文化影响最大的主要是来自希腊的文化遗产，"在阿拉伯人的生活里，希腊文化终于成为一切外国影响中最重要的一种影响……麦蒙曾派遣密使，不远千里到君士坦丁堡见利奥皇帝（亚美尼亚人）本人，向他索取希腊语著作……甚至曼苏尔本人，据说也接到拜占庭皇帝应他的请求而赠送给他的一批书籍，包括欧几里得的《几何学原理》"②。希腊的影响在麦蒙时代达到顶点，著名智慧宫的创办，促成了阿拉伯历史上著名的百年翻译运动。希腊语著作被译成叙利亚语，再从叙利亚语译成阿拉伯语。而阿拉伯文化在翻译、教育、医学、天文、建筑、数学和文学等多个领域取得的成就，大多都与波斯人有关。经过一个多世纪的学习、模仿、融会和整合，阿拉伯文化通过对境内和周边地区先进文化的吸收和融合，创造出光彩夺目的"纯粹的世界性文化"③。阿拉伯文学也取得了较为突出的成就，在诗歌、散文等方面都出现了众多名家。

四、衰落与灭亡时期

阿拔斯王朝从 8 世纪中叶到 9 世纪中叶的一百年间，达到了政治和文化上最兴盛的时期。但从 10 世纪开始，在阿拉伯帝国的辽阔疆域内开始出现一些独立的小国，标志着庞大帝国开始走向解体。如伍麦叶王朝的后裔在摩洛哥建立的以什叶派为主体的易德里斯王朝（788—974）以及后来在西班牙建立的后伍麦叶王朝（757—1031），埃及和叙利亚建立的突伦王朝（868—905）以及其后

---

① 菲利浦·希提. 阿拉伯通史：第十版. 上[M]. 马坚，译. 北京：新世界出版社，2008：286.

② 菲利浦·希提. 阿拉伯通史：第十版. 上[M]. 马坚，译. 北京：新世界出版社，2008：281.

③ 汉纳·法胡里. 阿拉伯文学史[M]. 郅溥浩，译. 银川：宁夏人民出版社，2008：171.

在埃及建立的法贴梅王朝（909—1171），呼罗珊地区波斯人建立的萨法尔王朝和其后的萨曼王朝与萨非王朝，突厥人建立的加兹尼帝国（962—1186）等，其中以埃及法贴梅王朝和西班牙的后伍麦叶王朝最为强大，其都城开罗和科尔多瓦与巴格达一起成为中世纪阿拉伯的三大文化中心。到 11 世纪塞尔柱突厥人从东方出现的时候，哈里发帝国几乎被瓜分完毕。随后建立的塞尔柱王朝的征服与内讧，再加上十字军 200 年左右九次大规模的东征（1096—1291），特别是蒙古帝国对伊斯兰领土的横扫，结束了哈里发帝国的历史。其后由土耳其人建立的奥斯曼帝国成为统治西亚北非地区的大帝国。

频繁的战争与外敌入侵是促成阿拔斯王朝崩溃的外部因素，内部因素正如希提所指出的："阿拔斯王朝的分裂，有种种内部因素，这些内部因素比外部因素还要重要……最初的征服……早已种下地方分权和群雄割据的祸根。治理的方法，又不能促进长治久安。压迫剥削和横征暴敛是被认可的政策。……阿拉伯人和非阿拉伯人之间……都存在着不可逾越的鸿沟。""在阿拉比亚自己人当中，南方人和北方人之间旧有的隔阂，继续存在。""伊斯兰教内部的离心力，作用之大，并不亚于政治和军事力量，这种强大的离心力，十分活跃，积极地创建了什叶派、盖尔麦兑派、易司马仪派、阿萨辛派等教派。这些集团中有几个不仅是宗教派别，盖尔麦兑人还曾用他们的几次狂风，震撼了帝国的东部，后来不久，法帖梅人就夺走了帝国的西部。伊斯兰教再也不能把自己的皈依者团结成一个有组织的整体，哈里发帝国再也不能把地中海地区的领土和中亚细亚的领土，组合成一个坚固的单元的"①。

此外，还有"许多社会的和道德的瓦解力量"和"各种经济的因素"，前者主要指"阿拉伯民族生活的腐败"，包括有钱人大量续妾，皇室内漫无限制的偏房，再加上豪华的奢侈生活，既耗尽了家庭生活的元气，也因争夺继承权造成内耗。后者主要指"连年的流血战争，耗尽了人力，以致许多耕地变成了荒地。美索不达米亚的泛滥，定期地造成巨大破坏，帝国各地区的饥荒，又加重了灾难的危害性。鼠疫、天花、恶性疟疾和其他热病……这些传染病时常流行，使许多广大地区的人口大量减少。……国民经济的衰退，自然造成文化的衰退和创造性思想的窒息"②。由此引起多次大规模的农民起义和黑奴暴动。天灾人祸、内忧外患使风雨飘摇的阿拔斯王朝最终随着蒙古大军对巴格达的屠城于1258 年结束了统治。

中古时期阿拉伯帝国的形成与发展，伊斯兰教的创立与传播，对外贸易的

---

① 菲利浦·希提. 阿拉伯通史：第十版. 上[M]. 马坚，译. 北京：新世界出版社，2008：441-442.

② 菲利浦·希提. 阿拉伯通史：第十版. 上[M]. 马坚，译. 北京：新世界出版社，2008：442.

兴旺与繁荣，促进了文化的交流与融合，在此基础上形成的阿拉伯新文化不仅是东西方文化交流的重要桥梁，也是联结欧洲古代文化和近代文化的一大枢纽，它以各种方式传到欧洲，在促进欧洲文化的发展和文艺复兴运动的兴起方面产生重大作用。

第二节 《古兰经》

《古兰经》是中古阿拉伯文学史上第一部散文巨著，是伊斯兰教的经典。伊斯兰教是阿拉伯民族的宗教，与佛教、基督教并称世界三大宗教。"伊斯兰"的原意为"顺服"，由此派生的"穆斯林"意为"顺服者"。在穆斯林看来，伊斯兰教就是服从真主意志的宗教。

一、伊斯兰教

伊斯兰教的创立者穆罕默德于 571 年诞生于麦加的古莱氏族，父亲在他出生前去世，母亲在他 6 岁时去世。成为孤儿的他先由祖父抚养，后由伯父抚养。12 岁时跟随伯父参加一个商队去叙利亚经商。相传，他在旅途中曾会见过一个基督教的僧侣。

穆罕默德年轻时曾被一位富有而高洁的孀妇雇佣，并在 25 岁时与比他大15 岁的雇主结婚。婚后的富裕生活使他有闲暇研究思考自己感兴趣的问题，据说他经常到麦加郊外的一个山洞里沉思冥想。有一次在精神恍惚之际受到真主给他的首次启示，后来又受到真主派遣的天使传达给他的启示。于是他以先知的身份开始传道，但遭到古莱氏贵族的反对和迫害，于是他在 622 年 9 月带领信徒离开麦加到他母亲的故乡麦地那传教，信徒迅速增加，力量也不断壮大，伊斯兰教发展成为一个战斗的政体，并在 627 年与麦加及其盟军的初次战斗中获胜，实现了伊斯兰教的阿拉伯化。阿拉伯半岛上的各部落在伊斯兰教的旗帜下实现了基本的统一，麦加和麦地那成为伊斯兰教的宗教圣地。

穆罕默德于 632 年 3 月赴麦加城朝觐，返回麦地那三个月后身染重病而与世长辞。他"在短暂的一生中，把向来散漫的阿拉比亚人团结起来，使他们成为一个坚强的民族；把一个仅仅是地理上的名称——阿拉比亚——改变成一个有组织的国家；建立了一个伟大的宗教，在广大的地区，取代了犹太教和基督教……奠定了一个大国的基础，这个大国辽阔的版图，包括了中世纪时期文明世界上物产最丰富的地区"①。

穆罕默德的继承者称为"哈里发"。在其后的四大哈里发时期，阿拉伯半岛结束内乱，实现真正统一后，不断发起征服文明世界的一次又一次战争。

公元622年为伊斯兰教的历法纪元，其标志是穆罕默德率穆斯林由麦加迁徙到麦地那，这一重要历史事件又称希吉来（阿拉伯语"迁徙"之意）。希吉来历的元年元旦即公元622年7月16日，以阿拉伯太阳年岁首为标志。

与伊斯兰历相关的阿拉伯有三大节日：一是伊斯兰教历10月1日的开斋节；二是伊斯兰教历12月10日的古尔邦节，又称宰牲节；三是伊斯兰教历3月12日的圣纪，即穆罕默德诞辰。伊斯兰教的三大圣地是麦加、麦地那和耶路撒冷。

"在闪族所发展的三大一神教中，伊斯兰是最有特色的，跟伊斯兰教更接近的，是《旧约》的犹太教"②。伊斯兰教在创建过程中深受犹太教的影响，如"朝觐圣地，是闪族古老的制度，在《旧约》里可以找到这种制度的反响。这种制度，可能源于太阳崇拜，这种仪式恰在秋分时节举行，是向暴虐的太阳告别，欢迎使土地肥沃的雷神古宰哈……回历7年，穆罕默德采取了古代朝觐的仪式，而加以伊斯兰化，使仪式集中在克而白和阿赖法"③。这种朝觐仪式在《旧约》的《出埃及记》和《撒母耳记》中都有记载。

伊斯兰教是一神教，安拉被奉为至高无上的唯一的神，是创世主、宇宙主宰，万物的养育者和保护者；伊斯兰教的《古兰经》是真主降示给人们的"天启经典"。伊斯兰教植根于阿拉伯本民族土壤之中与"哈尼夫"④一神论思想有着密切的联系，因而伊斯兰教与犹太教既有不少相同之处，又有一些不同点。

二、《古兰经》

《古兰经》是伊斯兰教的经典。穆斯林认为，《古兰经》是真主安拉的言论，是安拉通过天使迦伯利降给先知穆罕默德的一部天启经典，但实际上是穆罕默德在创立伊斯兰教和传教的23年（610—632）期间的言论汇集。穆罕默德去世后，第一任哈里发伯克尔（632—634在位）下令将散存多处的言论搜集整理，

---

① 菲利浦·希提. 阿拉伯通史：第十版. 上[M]. 马坚，译. 北京：新世界出版社，2008：109.
② 菲利浦·希提. 阿拉伯通史：第十版. 上[M]. 马坚，译. 北京：新世界出版社，2008：115.
③ 菲利浦·希提. 阿拉伯通史：第十版. 上[M]. 马坚，译. 北京：新世界出版社，2008：120.
④ 哈尼夫在阿拉伯语中的原意是"正统的"、"正确的"。指伊斯兰教创立之前在阿拉伯人中出现的一种反对偶像崇拜、寻求正统一神教的思想观念。也称哈尼夫派、哈尼夫运动

汇编成册；到第三任哈里发奥斯曼（644—656在位）时又对已汇集的本子统一加工，约于651年修订成为定本，称为"标准汇编本"，也称为"奥斯曼定本"，共30卷，114章，6236节。至今全世界穆斯林仍通用这个定本。

穆斯林的教义学家，把伊斯兰教的基本原理分为宗教信仰、宗教义务和善行三类。

伊斯兰教的信仰在《古兰经》中明确阐述为："信真主、信他的天神、信他的经典、信他的使者、信末日。"[①]其中，信仰安拉是五大信仰中首要的和最重要的信条，是信仰的核心和基础，即相信安拉是最高的实在，是唯一的主宰，是全知的，是全能的，是自我存在的。他有九十九个美名和九十九种德性。伊斯兰教是服从真主的意志的宗教，相信穆罕默德是真主的使者，是他的先知，是人民的警告者，相信安拉曾派遣过许多先知或使者，向人们传布"安拉之道"，穆罕默德则是众先知中的最后一位，是他们的"封印"，也是最伟大的一位先知，因而又被称作"封印"先知。

《古兰经》是阿拉伯—伊斯兰思想文化体系的基础和核心，是阿拉伯人文学科和宗教学科的基础，是"阿拉伯文化和学术的源泉"。[②]《古兰经》对阿拉伯文学的影响是难以估量的。《古兰经》还对阿拉伯语言的统一和规范化做出重大贡献。随着伊斯兰教和《古兰经》的广泛传播，阿拉伯语逐渐成为一种世界性的语言。直到今天，阿拉伯各国还在使用这种由《古兰经》规范化的标准的阿拉伯语。

《古兰经》也是阿拉伯文学史上的第一部散文巨著，不仅对阿拉伯乃至整个伊斯兰世界的政治思想、宗教信仰、社会生活产生了深远影响，而且对文学艺术和语言文字等也影响深刻。

第三节　教育和学术

阿拉伯的教育与伊斯兰教的提倡有密切关系。伊斯兰教是世界三大宗教中最年轻的宗教，其经典《古兰经》的"古兰"一词在阿拉伯语中的原意为诵读、朗读、讲道。也就是说，作为经典的《古兰经》是"一个强烈的、有生命的声

① 菲利浦·希提. 阿拉伯通史：第十版. 上[M]. 马坚，译. 北京：新世界出版社，2008：115.

② 艾哈迈德·爱敏. 阿拉伯—伊斯兰文化史：第2册[M]. 朱凯，史希同，译. 北京：商务印书馆，1990：288.

音，是要高声朗诵，使听到原本的人感佩的"①。一个刚刚降生的穆斯林的婴儿，首先听到的是这句话：除真主外，别无神灵；穆罕默德是真主的使者。刚会说话的儿童从父亲那里学到的也是读这句话，6 岁的时候他就要学习礼拜并接受正式教育。可见，一个穆斯林源自《古兰经》的教育，始自家庭并贯穿于学校的教育之中。

一、教育

伊斯兰教的创始人穆罕默德虽然没有受过学校教育，但在《圣训》中多次强调学习的重要："你们应当自摇篮起而学习到墓穴。"他对学问和学者也非常看重，"学者的品级居于第三；学者以上，唯有上帝与天使"。所以，伊斯兰教的历代宗教领袖都是大学问家，教师在国家也受到尊重。

可见，重视教育是阿拉伯人的优良传统，也是阿拉伯教育得以发展和繁荣的重要原因。

清真寺作为伊斯兰教重要的活动场所，既是宣教聚礼中心，也是宗教教育中心和文化中心。穆斯林城市所有的清真寺，几乎都被用作重要的教育中心。阿拉伯的小学大多设在清真寺或清真寺的附属建筑物里。儿童一般到六七岁就进入小学，以学习和背诵《古兰经》为主，还学习算术、书法、语法、诗歌等。清真寺还通过讲学和论辩成为实施高等教育的机构，除以圣训学课程为主的宣教聚礼，还有讲授语言学、诗学课程的各种学术讲座和学术集会。教师站在或坐在清真寺的廊下或院中，学生环绕教师坐成半圆形，叫作教学圈。为鼓励学术交流，还特地为来访的学者设立专座。

阿拉伯世俗教育也很发达。一类是宫廷学校与府邸教育，以王孙贵族子弟为教育对象，旨在培养统治者与贵族子弟，上课地点多设在宫廷或贵族之家，教学方式为文化沙龙和学术辩论，课程以《古兰经》为主体，也传授诗歌、论辩术和历史等知识，注重庄严举止和优良仪表的培养。另一类是学者自主在家招生讲学的学馆教育。这种民办学馆低于宫廷学校，相当于中等教育程度，国家不拨给经费，教学要求和课程设置均由学校或教师自行决定。但教育对象不分贫富贵贱，学校大门向每个愿意学习的人敞开，很多家境贫寒的青年因刻苦学习而成为著名学者、文人或者商人，如著名大法官艾布·优素福曾当过漂布工人，知名作家贾希兹曾卖过大饼。

阿拉伯第一所真正的高等学校是 1065—1067 年由塞尔柱王朝的波斯籍大

---

① 菲利浦·希提. 阿拉伯通史：第十版. 上[M]. 马坚，译. 北京：新世界出版社，2008：114.

臣尼采木·木勒克在巴格达创建的尼采米亚大学。这是一所宗教大学，主要任务是培养政府官吏和军事人才。课程以讲授《古兰经》《圣训》为主，兼学文学、语法、法律、算术和伦理学，经费由政府提供并派人管理，聘任教师需经哈里发批准，每位讲师手下要配备两到三名助教，学生享受奖学金并可在学校食宿。著名哲学家安萨里、杰出教授也是《萨拉丁传》的作者白哈艾丁等都曾在这所大学授课。尼采米亚大学的某些规章制度被早期欧洲大学仿效。

二、学术

阿拉伯学术的发展首先是由于学习和注释《古兰经》需要而出现的圣训学，这是与语言学和辞典编辑学同时出现的一个重要学科，以专门研究先知及其弟子之言语和行为为中心内容，是对《古兰经》明文规定的权威性阐释、补充和强调；是立法时仅次于《古兰经》的经典性理论根据，是创制教法律例时的典范；是确定伦理思想与道德修养及立论立说时的重要依归；是排难解纷、进行判决时的有力佐证；是穆斯林效法的行为准则。其重要性使圣训学先于同时出现的另外两个学科，很快就变成了一门优越的学科。

逊尼派与什叶派有不同的圣训学体系，尽管在具体规则和运用方法上有所不同，但总的目的和基本原则是，必须以历代伊玛目传述的圣训为教义、教法的主要源泉和依归。按照这一原则，他们辑录有自己的圣训经籍。穆斯林大多为逊尼派，该派在发展过程中出现了哈乃斐派、马立克派、沙斐仪派和罕百里派等四大教法学派。这四个学派的创始人都为圣训学做出了很大成就，因此被称为"伊玛目"①。在阿拔斯时代，伊拉克的圣训学和教律学派达到了最高水平。

阿拉伯对学术的重视，还表现在图书馆的兴盛和书店的发达上。伊斯兰世界具有多种功能的清真寺，也是收藏图书的场所，藏书多是捐赠或遗赠，宗教文献方面的藏书特别丰富，带有公益图书馆的性质。此外，还有高官显宦或富商巨贾捐资兴建的半公开式的私立图书馆和各类私人建立的图书馆，收藏书籍多是关于逻辑、哲学、天文学和其他学科的。这些图书馆无论是在图书分类还是在管理或服务方面都初步具有现代图书馆的模式。可惜的是，这些图书馆被成吉思汗付之一炬。

与图书馆相关的作为商业和文化机构的书店出现于阿拔斯王朝时期。大约到 10 世纪，巴格达已有百家书店，有些书店就设在清真寺旁边，"有些书店规

---

① 阿拉伯语音译，意思为先行者和领导者。通常是指集体礼拜时站在群众面前做司仪的人。最早由先知做伊玛目，后由哈里发或他的代表担任这个工作。

模之大，足以成为鉴定家和藏书家的中心。书商本人往往是书法家、抄写家和文学家，他们不仅把自己的书店当作藏书室和工作室，而且当作文学讨论的中心"①。这种民间的带有沙龙性质的文学集会或者辩论会在阿拔斯早期的哈里发时代就已出现，如诗歌竞争会、宗教辩论会和文学讨论会等。

智慧宫是伊斯兰教第一所著名的高等教育机构，集中体现了清真寺在教育和收藏图书方面的特点。它是在原来巴格达图书馆的基础上建成的巨型建筑，由政府直接领导和控制的全国性学术机构，集翻译馆、科学院和公共图书馆的功能于一身，集中各地学者、翻译家，从事翻译、注释、校勘以及著述等工作。

主持翻译工作的大臣侯奈因·伊本·易司哈格（809—873）是当时最著名的翻译家，被阿拉伯人称为"翻译家长老"。他担任图书馆馆长兼科学院院长，负责全部科学的翻译工作，他先把著作从希腊语译成叙利亚语，然后由其同事们再从叙利亚语译成阿拉伯语，亚里士多德的某些著作还有盖伦的全部科学著作，都从希腊语译成叙利亚语和阿拉伯语。另一位著名的翻译家领袖是撒比特·伊本·古赖（约 836—901），主要翻译希腊语的天文历算著作，其中包括阿基米德等人的著作。其家族四代人都是杰出的翻译家和科学家。

"百年翻译运动"取得了辉煌成就。在这期间，希腊的哲学、自然科学著作，罗马的政治、法律著作，波斯的历史、文学著作，印度的数学、天文学著作等被大量地翻译成阿拉伯文。这既为阿拉伯文化的进一步繁荣和发展打下了坚实基础，也为阿拉伯人的思想从一神信仰阶段向理性阶段过渡创造了良好条件。阿拉伯文化也逐渐从学习、融化外来文化阶段进入独立研究、创造的阶段，并取得了举世瞩目的成就。

智慧宫除主要用作翻译馆外，还具有科学院和图书馆的功能，因附设并出现许多天文台，也成为教授天文学的学校，曾请东西方著名学者任教，讲授数学、天文学、医学和哲学等课程，培养出一批精通数学、天文学以及辩论术的学者。9 世纪初，在巴格达建立的第一所医院，就附设有医学院，曾培养出大批职业医生。

重视教育和学术是阿拉伯的一条重要国策，也是阿拉伯文化迅速崛起的重要原因。由于阿拉伯人既善于学习和继承，又善于创新和发展，一大批学者、科学家脱颖而出，其中有一些是百科全书式的学者。他们创造了光彩夺目的阿拉伯文化，在颇多领域为丰富世界文化宝库做出了卓越贡献。

---

① 菲利浦·希提. 阿拉伯通史：第十版. 上[M]. 马坚，译. 北京：新世界出版社，2008：375.

第四节　自然与社会科学

阿拉伯的科学包括自然科学与社会科学两个方面。这两个方面的进步是指在"百年翻译运动"之后而出现的一个创造性活动的时期。因为翻译本身是一种创造性的活动，所以翻译与创造并不是泾渭分明，两者常常是水乳交融。但不可否认的是，翻译是创造的前提，翻译为创造提供了基础，如侯奈因对希腊医学家盖伦著作的翻译，成为阿维森那等阿拉伯著名医学家的主要学术来源。同样，自然科学与社会科学也不是壁垒森严，两者之间常常出现跨界现象，如同学术与学问也时常会彼此连通一样，"医生同时是玄学家、哲学家和贤人"①，这种现象，不仅体现在作为翻译家又身兼医生之职的侯奈因身上，尤其体现在拉丁文译名为阿维森纳的伊本·西那身上：他是一位知识渊博的医学理论家和临床医生，同时身兼哲学家、语言学家和诗人，因此被阿拉伯人尊称为科学家的"领导长老"。

作为伊斯兰教徒的阿拉伯人在教义学、圣训学、语言学等方面有自己的偏爱，多进行过自己独创的思考和研究，而"医生、天文学家、数学家和化学家，都是叙利亚人、犹太人或波斯人的苗裔"②。这种文化上的亲缘与偏爱使阿拉伯帝国境内由各民族组成的阿拉伯人，在接触到来自波斯、印度和希腊的科学与哲学并加以消化和吸收后，其创造性才能便很快表现了出来。

一、自然科学

阿拉伯人的自然科学是在翻译希腊罗马和印度典籍的基础上创造和发展起来的，在医学、天文学、数学、物理学和化学等方面都取得了丰硕成果。

阿拉伯人非常重视医学，因为先知曾强调过医学是与教义学相并列的两类学问之一。阿拉伯科学的医学主要发源于希腊的医学，有一部分发源于波斯的医学。阿拉伯第一个受过科学训练的医生哈里斯·伊本·凯莱达就是在波斯学习医学的。尤其在阿拔斯王朝时代，当政者十分关心医疗事业，对药剂师和医

---

① 菲利浦·希提. 阿拉伯通史：第十版. 上[M]. 马坚，译. 北京：新世界出版社，2008：328.
② 菲利浦·希提. 阿拉伯通史：第十版. 上[M]. 马坚，译. 北京：新世界出版社，2008：329.

生要进行严格考试，而且为杜绝庸医杀人，规定不及格者不准营业。据记载，到 10 世纪中叶，阿拉伯帝国各地建立了 34 座医院。各医院都有药房，并为妇女特设病房。统治者的重视，使医学得以普及和发展，也使医学观念和临床医疗技术达到了很高的水平。

阿拉伯人对眼科病症有独到的研究，产生了许多名医。最著名的眼科医生是 11 世纪前半期在巴格达享有盛名的阿里·伊本·伊萨，他在《眼科医生手册》中认真叙述了 130 种眼科症状，是完整地流传至今的最古老、最有价值的眼科学文献。另一位著名的眼科医生是活跃于 1256 年前后的哈里发·伊本·艾比·麦克西尼，著有《眼药水全书》，其眼科手术技术十分高明，曾果断地给一个独眼人割除了白内障。西班牙的阿拉伯人宰海拉威（约卒于 1013 年）是著名的外科医生，在《医学宝鉴》一书中介绍了伤口烧灼术和膀胱结石术等新观念。该书为欧洲一些早期医科学校沿用了几百年，帮助欧洲外科医学奠定了基础。

阿拉伯人对于伤寒、霍乱、天花、麻疹等疾病，也有比较有效的治疗方法。当欧洲人还认为瘟疫是天灾，对此束手无策的时候，阿拉伯人已经认识到瘟疫是通过与病人接触等媒介传染的。阿拉伯医生还曾采取措施，帮助威尼斯人制止瘟疫的蔓延。

拉齐（865—925）被公认为阿拉伯中世纪最伟大的临床医生，做过巴格达医院的院长，是"伊斯兰医学家中最伟大、最富于独创性，而且著作最多的人物"[1]，一生著作多达 150 多种，他最重要的医学著作《医学集成》是一部医学百科全书，其内容既总结了阿拉伯人从希腊、波斯和印度三国吸收的医学知识，又增加了许多他临床治病的宝贵经验。该书自 1279 年被译成拉丁文后，多次再版，在 400 年内，成为欧洲医学界的必读参考书。

拉齐还是一位著名的化学家，他有一本关于炼金术的著作《秘典》在 12 世纪被译成拉丁语，一度成为欧洲化学知识的一个主要来源，一直用到 14 世纪。我们今天使用的一些化学用品的名称及化学术语，如苏打、酒精等都出自阿拉伯语。

伊本·西那（980—1037）是拉齐之后最著名的医学家，第一个发现脑膜炎，指出胸膜炎与肋骨间神经痛的区别，确认肺结核病的传染性以及水流、土壤对传染疾病的作用。他一生写有 99 部书，其中《治疗论》是一部哲学百科全书，集希腊和阿拉伯医学成果之大成，自 12 世纪被译成拉丁文后取代了古罗马名医盖伦及拉齐等人的著作，被欧洲各大学采用为医学教科书，而且一直到 17 世纪都是西方医学的指南。

---

① 菲利浦·希提. 阿拉伯通史：第十版. 上[M]. 马坚，译. 北京：新世界出版社，2008：320.

阿拉伯的天文学研究是在古罗马科学家托勒密的《天文学大成》和印度天文学著作《西德罕塔》（771年传到巴格达）的影响下开始的。在哈里发麦蒙的时代，阿拉伯人在巴格达、大马士革等地建立了天文台，制作了象限仪、星盘、日晷仪、天球仪和地球仪等天文仪器，并通过系统的、精确的观测，校正了托勒密《天文学大成》里有关二分点①的岁差和岁实等错误。塞尔柱王朝的苏丹哲拉勒丁·麦里克沙约于1074至1075年在赖伊建立了一所天文台，并聘请波斯著名学者、诗人欧麦尔·海亚姆（1048—1122）到这里工作。海亚姆等人精密地测定了回归年的长度，并根据这种测定，对历法进行重要改革，创立了哲拉里历，这种历法要积5000年才相差一天，比现在通用的公历还要精确。

阿拉伯著名天文学家白塔尼（约858—929）通过富有独创性的研究，纠正了托勒密的许多错误，修正了太阳轨道和某些行星轨道计算的方法，证明了太阳环食的可能性，他编制的"萨比天文历表"传到欧洲，被译成拉丁文和西班牙文。另一位著名的天文学家比鲁尼（973—1050）在《麦斯欧迪天文学和占星学原理》和《古代遗迹》等著作中探讨了地球自转的理论，提出地球绕太阳运转的学说，还精密地测定了地球的经度和纬度。

阿拉伯人在数学方面的最大贡献是将印度数字和十进位法传到了欧洲，极大地推动了数学的发展。相传有一位印度学者在771年将一篇数学论文带到了阿拉伯，从此印度数字传入了阿拉伯世界。阿拉伯最著名的数学家穆罕默德·伊本·穆萨（约780—850）首先推广这一套数字和零号，其代数学著作《积分和方程计算法》在12世纪被译成拉丁语，该译本一直到16世纪都是欧洲各主要大学的数学教科书。阿拉伯数字也是凭借他的著作传到西方的。

在物理和化学等方面，阿拉伯人也有许多新贡献。著名哲学家肯迪（约801—873）在《光学书》中将几何光学和生理光学结合起来。该书被译成拉丁语后在东西方都产生过一定影响。成就更为突出的是《论光学》作者伊本·海赛木（965—1038），他提出各种实验方法，来试验光的反射和折射问题，首先提出视觉是由物体发生的光辐射线引起的，反对欧几里得和托勒密认为光线是从眼中射出的看法。《论光学》被译成拉丁语后，对中世纪欧洲光学的发展产生了重大影响，罗杰·培根、达·芬奇、约翰那·开普勒等人都从中获益。

二、社会科学

社会科学主要包括哲学、历史学、地理学等学科。阿拉伯以求实的态度和

---

① 即春分和秋分的分日点。

理性分析的方法将其向前推进，并做出了卓越的贡献。

阿拉伯哲学家大多是自然科学家或医生，他们都强调理性，重视经验知识，推崇亚里士多德并注释其哲学或科学著作。尽管他们没有完全摆脱伊斯兰教神学的束缚，但在一些具体问题上，努力排除神学，向伊斯兰教正统派经院哲学挑战，得出了某些泛神论或唯物论的结论，具有强烈的世俗倾向。其主要贡献是把希腊哲学与伊斯兰教的观念融合在一起，"由阿拉伯人肯迪开端，由突厥人法拉比继续，由波斯人伊本·西那完成"①。

肯迪（约801—873）深受亚里士多德、新柏拉图主义和新毕达哥拉斯主义哲学的影响，认为宇宙万物是真主创造的，但真主对万物的作用是间接的。他又认为物质先于形式，物体借助形式而各异。他还认为哲学是依人的能力认识事物真实性的知识，在一定程度上把神学排除在外，被正统派视为叛教者，其著作几乎全部被毁，仅存一些拉丁文译本。

法拉比（870—950）是生活于阿拔斯第一王朝时的著名哲学大师，主要是对亚里士多德和其他希腊哲学家著作的注释，其哲学体系是柏拉图派、亚里士多德派和苏菲派的混合，是仅次于"哲学大师"亚里士多德的"哲学亚师"。在《哲理的宝石》一书中提出著名的"灵魂论"，其哲学思想对伊本·西那产生了巨大影响。

伊本·西那（980—1037）推动并发展了法拉比的哲学思想。他在大量的著作和论文如《论灵魂及其表现》《论灵魂不灭》《灵魂与肉体》和长诗《灵魂颂》中分析和论述灵魂，提出灵魂不灭论。他"虽然不是阿拉伯哲学的奠基人，也不是阿拉伯哲学思想发展史上的最后集大成者，但却是阿拉伯哲学史上一位影响深远的思想家、哲学家"②。其哲学著作《治愚书》是一部百科全书式的著作，在东西方世界都产生了巨大影响。

伊本·路西德（1126—1198）以"亚里士多德注释者"著称。他对亚里士多德的著作写注释、提要和注疏时，注意突出其积极的和唯物主义的内容。他系统地提出"双重真理"的主张，即哲学真理和宗教真理并存。其进步思想和唯物主义观点一直是中世纪天主教会激烈攻击的目标，他本人也因有异端倾向而被统治者放逐，著作《哲学家的矛盾的矛盾》被焚毁。

阿拉伯亚里士多德学派的大批著作传到西方，被翻译成拉丁文，对此后欧洲的文艺复兴起到了积极作用。

阿拉伯真正的历史著作开始于八九世纪，以瓦吉迪、伊本·希沙姆和拜拉

---

① 菲利浦·希提. 阿拉伯通史：第十版. 上[M]. 马坚，译. 北京：新世界出版社，2008：335.
② 李振中，王家瑛主编. 阿拉伯哲学史[M]. 北京：北京语言学院出版社，1995：226.

祖里为代表。阿拔斯王朝后期，历史研究更加广泛和深入，出现编年史和人物传记方面的著作。

阿拉伯编年史的鼻祖是出生于波斯北部的塔巴里（838—923），他利用当时保存的历史资料，撰写出 13 卷本的《历史先知和帝王史》，内容十分丰富，包括古代东方各国史，阿拉伯古代史及阿拉伯帝国产生、发展、兴盛的历史，对阿拉伯史学家有很大影响。

有"阿拉伯的希罗多德"之称的麦斯欧迪（？—957）是首先用纪事体编写历史的阿拉伯人。他从事学术旅行，足迹几乎遍及亚洲各国，晚年在叙利亚和埃及度过。著有 30 卷的历史巨著《黄金草原和珠玑宝藏》，是一部百科全书式的著作，但现在仅存一部摘要。

被公认为"伊斯兰教所产生的最伟大的历史哲学家"的伊本·赫勒敦（1332—1406）①在 7 卷本的著作《阿拉伯人、波斯人、柏柏尔人历史的殷鉴和原委》中主要介绍阿拉伯人及其四邻各民族的历史。其中《绪论》是全书的精华，提出一种历史发展的理论，致力于探讨民族盛衰的规律，阐述人类社会与地理环境的关系、经济与文化的关系、科学和历史发展的关系，显示出其具有渊博的学识和富于卓见的眼光。

阿拉伯地理学的发展得益于朝觐和外出经商的促进。"伊斯兰教规定著名朝觐天房的制度，而且规定，一切礼拜的正殿，必须背着麦加的克而白，做礼拜的时候必须面向克而白，这就从宗教上促进了穆斯林对于地理学的研究。占星学要求决定全世界每个地方的经度和纬度，这又对地理学增加一种科学的影响"②。古罗马托勒密的《地理学》曾屡次或由希腊语直接翻译，或由叙利亚语转译成阿拉伯语。天文学家、数学家穆罕默德·伊本·穆萨以此书译本为蓝本，进行深入研究，编写出《地形》一书，鼓舞了地理学研究和论文的写作。著作中附有一幅有详细文字说明的全球地图，是他和其他 69 位学者共同绘制而成，要比托勒密地图更加精确，"是自伊斯兰教以来关于天地的第一张图画"，对阿拉伯地理学家的影响一直持续到 14 世纪。

雅古特（1179—1229）是阿拔斯王朝结束前穆斯林最伟大的地理学家，他在 1224—1228 年编纂完成的《地理辞典》"是一部名副其实的百科全书，不仅集当代地理学之大成，而且含有历史学、人种志和自然科学方面许多宝贵的资料"③。此外，出生于摩洛哥的伊本·白图泰（1304—1377），是阿拉伯伟大的旅行家，曾游历非洲、西亚、印度等地，1346 年到过中国的北京、泉州、广州

---

① 菲利浦·希提. 阿拉伯通史：第十版. 下[M]. 马坚，译. 北京：新世界出版社，2008：679.
② 菲利浦·希提. 阿拉伯通史：第十版. 上[M]. 马坚，译. 北京：新世界出版社，2008：347.
③ 菲利浦·希提. 阿拉伯通史：第十版. 上[M]. 马坚，译. 北京：新世界出版社，2008：350.

等地，著有《白图泰游记》。

第五节　文学与艺术

阿拉伯文学丰富多彩，在诗歌、散文和故事等方面都取得了突出成就，其中诗歌是阿拉伯文学的主要形式。阿拉伯艺术包括建筑、绘画和音乐等。虽然阿拉伯人对艺术有敏锐的识别力和细致的感觉力，像在诗歌方面一样，但因缺乏协调统一的能力而无法使其成为一个联合整体，尤其在建筑与绘画方面，10世纪以后甚至出现了停滞局面。相比较来说，文学的成就大于艺术。

一、文学

阿拉伯文学的发展分为蒙昧时期、伊斯兰时期和阿拔斯时期。诗歌创作贯穿始终且经过不断发展与革新取得了突出成就，散文和故事作为新出现的文学样式为阿拉伯文学增添了新的活力。

伊斯兰教产生之前的蒙昧时期，诗人在部落中的地位非常显赫，被看作"部落的先知，和平的领袖，战争的英雄"[①]，诗歌则是作为部落喉舌的诗人心灵和情感的表达。该时期阿拉伯诗歌中最著名的7首"悬诗"是在绿洲举行的赛诗会中7位获胜诗人的作品，被用金水抄写在麻布上悬挂于克而白神庙的幕帷上。最著名的诗人乌姆鲁勒·盖斯（约497—545）被公认为阿拉伯诗歌的开创者，其格律长诗对后世诗歌产生深远影响。

伊斯兰教产生初期，诗歌成为支持宗教并为其服务的工具。随着环境的变化，诗歌创作由沙漠转入都市，尤其是伍麦叶王朝时期的"哈里发和权贵们十分重视诗歌，他们竞相笼络诗人，给诗人以厚赠，鼓励诗歌的吟诵集会"，于是"诗歌成为传播美德、功勋、支持党派及部落利益的工具"[②]，也成为诗人用来抬高自己党派地位和贬抑对手的武器。文坛上出现了宗教斗争诗、游乐诗（包括贝都因爱情诗和哈拉达调情诗）和政治诗等，还有在民间诗歌基础上发展而来的文人诗歌。总体来说，诗歌成就不是很大。

---

① 汉纳·法胡里. 阿拉伯文学史[M]. 郅溥浩，译. 银川：宁夏人民出版社，2008：25.
② 汉纳·法胡里. 阿拉伯文学史[M]. 郅溥浩，译. 银川：宁夏人民出版社，2008：103.

诗歌创作的主题和艺术在阿拔斯王朝时期发生了明显变化，经过革新之后的诗坛出现了哲理诗、苏菲诗、教谕诗、讽喻诗、幽默诗、苦行诗、颂酒诗等多种诗体，同时传统的赞颂诗、悼念诗、咏物诗和讽刺诗等依然存在并成为一种谋生手段，而政治诗逐渐衰落和消失。"简言之，阿拔斯诗歌的总倾向是注重现实、规避现实中的腐化，同时并未忽视对传统遗产的继承"。因此诗歌创作达到高峰，先后出现了艾布·努瓦斯（762—813）、艾布·塔依伯·穆太奈比（915—965）、艾布·阿拉·麦阿里（973—1057）等著名诗人。

蒙昧时期的散文形式主要为成语和演说，以教育、娱乐或政治为目的。但这种仅靠记忆而不是书写来传播的文学样式流传下来的很少，因为没有严密的组织和规则，也缺少真正的艺术价值。

真正意义上的阿拉伯艺术散文以7世纪中叶编定的《古兰经》为代表，它既是伊斯兰教的经典，也是阿拉伯文学史上第一部散文巨著。

艺术散文到阿拔斯王朝时期继续发展并取得了令人瞩目的成就。阿拔斯王朝初期的著名散文家伊本·穆格发（724—759）将巴列维语的印度《五卷书》翻译成阿拉伯文的寓言故事集，题名为《卡里来和笛木乃》，这是第一部被译成阿拉伯文字的世俗散文作品，作者被认为是阿拉伯散文第一学派的领袖。其后的著名散文家贾希兹（775—868）"被认为是阿拉伯文学中第二散文学派的首领"①。继伊本·穆格发之后开创了一种叫"艾达卜"的新文体。"艾达卜"的意思是离开宗教，用生动活泼、富有风趣的形式传授知识、进行教育的文学。其代表作《动物志》共7卷，描写各种动物的特征、习性，记录了大量动物故事和传说，还穿插了许多诗歌、格言和逸事，是一部文学性很强的科学著作。

玛卡梅是阿拔斯王朝中期出现的散文作品，即用带韵的散文写的故事。其原意为"集会""聚会"，引申为在聚会场所讲述的故事。其奠基人是写有51篇玛卡梅故事的柏迪尔·兹曼·哈马扎尼（969—1007），它在叙述结构上采用大故事套小故事集的形式，对阿拉伯民间故事集《一千零一夜》影响很大，是阿拉伯古典小说的雏形。

二、艺术

阿拉伯艺术包括音乐、建筑、书法和绘画等门类，其中音乐是阿拉伯艺术中最早的门类，绘画是最晚发展起来的艺术。而建筑和书法则是与宗教发展密切相关的纯粹阿拉伯艺术。

---

① 汉纳·法胡里. 阿拉伯文学史[M]. 郅溥浩，译. 银川：宁夏人民出版社，2008：261.

阿拉伯人对音乐有特殊爱好。早在伊斯兰教产生之前的蒙昧时代，其音乐天赋就在商队歌曲、战争歌曲、宗教歌曲和爱情歌曲中显示出来，其中商队歌曲是阿拉伯人的最爱。在一望无际的沙漠中以蛇形路线行进的商队骆驼，其步调形成有韵律的节拍，而骑在骆驼上的商人按照其节拍发出吟唱，或者商人配合骆驼的步调发出的喊声可以使骆驼按照节拍行进，从而让单调寂寞的旅途充满诗意的浪漫。"这个韵律被应用于商队的歌曲中，而成为一切韵律中最简单的形式"[①]。此外，这个时期已出现从波斯传入的乐器琵琶，诗人吟诵自己的作品时开始配有音乐，类似于现代的配乐诗朗诵，如曾被誉为"阿拉伯最伟大的女诗人"杭萨为哀悼她英雄的弟弟写过很多挽歌，多是采用了歌曲的体裁。

伊斯兰教初期，音乐受到先知的轻视，诗人被作为异教的发言人受到攻击，乐器也被作为恶魔的宣礼员受到排斥。但到四大哈里发时期，社会风气逐渐转向风雅，尤其是在奥斯曼时代，阿拉伯作家所谓艺术的或优雅的歌唱开始流行，职业音乐家由蒙昧时期的女性歌手转为男性，如麦地那的突韦斯被认为是"伊斯兰歌手的始祖"，以他为首的第一代穆斯林歌手，多是由波斯人、黑奴或释奴等自由思想家组成。如首先采用波斯琵琶和教鞭指挥音乐演奏的伊本·素赖只曾被伍麦叶王朝的王子接到首都大马士革并受到热烈欢迎。第一代艺术女王是著名歌妓哲米莱，她是被释放的女奴。麦加人赛仪德是第一个把拜占庭和波斯歌曲翻译成阿拉伯语的音乐家。

"在伍麦叶时代，麦加城，尤其是麦地那城，变成了歌曲的苗圃和音乐的温室"[②]。伍麦叶王朝的几位哈里发都是音乐的爱好者和保护者，如叶齐德一世就是一位作曲家，他把歌曲和乐器引入大马士革的宫廷，并创始了在宫廷中举行重大庆祝典礼的惯例。这种典礼最大的特点，是饮酒和歌唱。既会谈琵琶又会作曲的韦立德二世曾在宫廷中欢迎一个音乐演唱团。在他当政的时代，音乐十分繁荣，到伍麦叶王朝末期，音乐艺术已十分普及。

阿拔斯王朝的哈里发继续充当音乐保护者的角色，哈里发麦海迪曾把麦加的著名歌唱家谢雅图及其徒弟易卜拉欣聘请到宫廷并加以庇护。据说谢雅图的歌声优美动人，发冷的人听到后能产生比洗热水澡更温暖的感觉，而易卜拉欣则是古典音乐的创设者。拉希德当政的年代曾举行过定期的音乐节，参加歌手多达两千。著名歌手穆哈里格是易卜拉欣的徒弟，据说他某天晚上在底格里斯河畔散步时，因一时兴起而引吭高歌，人们手持火炬闻声而来争听这位歌手的演唱，巴格达的大街小巷被无数火炬照得如同白昼。

---

① 菲利浦·希提. 阿拉伯通史：第十版. 上[M]. 马坚，译. 北京：新世界出版社，2008：249.
② 菲利浦·希提. 阿拉伯通史：第十版. 上[M]. 马坚，译. 北京：新世界出版社，2008：252.

哈里发皇室还产生了几位著名的琵琶弹奏者、歌手和作曲家。如麦海迪的儿子易卜拉欣是最伟大的乐师兼歌手，会谈琵琶的瓦西格（842—847 在位）哈里发中第一位音乐家。而哈里发当中唯一真正的音乐家穆耳台米德（870— 892 在位）则在音乐和舞蹈方面富有才华。

8 世纪中叶，希腊的一些音乐理论著作被译成阿拉伯文，如著名翻译家侯奈因曾翻译过亚里士多德关于音乐的两部著作《问题书》和《灵魂书》、盖伦的《声音书》、欧几里得的《曲调》和《规范书》以及亚里士多德的儿子尼科马库斯的《音乐大全》等。在此基础上创立阿拉伯音乐理论的学者被称为希腊学派。9 世纪后期的著名哲学家肯迪撰写过 6 部音乐理论著作，在其中一部书中明确谈及阿拉伯人使用记谱法。另一位哲学家法拉比被认为是阿拉伯音乐史上最伟大的理论家，《音乐大全》和《科学纲领》都是其重要的音乐理论著作，尤其是论述音乐最早也最好的著作《科学纲领》和哲学家伊本·西那的音乐理论著作《治疗论》被译成拉丁文后，被各大学用作教科书。此外，医学大家拉齐也至少写过一部关于乐理的著作。

希腊是阿拉伯音乐理论的发源地，琵琶、六弦琴和风琴等乐器来自波斯和拜占庭，而实践性的音乐如歌唱和舞蹈等则纯粹是阿拉伯民族的。综合而蓬勃发展的阿拉伯音乐，给沉寂的中世纪欧洲音乐界带来了生机，推动欧洲音乐向近代音乐发展。

阿拉伯大型建筑的典型标志清真寺是伊斯兰教的活动中心。麦加的库巴清真寺是世界上第一座清真寺，其后是麦地那的先知寺。

早期清真寺的建筑简朴无华，主要由围墙圈成院落供礼拜，房顶供唤拜，有一个简单讲台供宣教。其后随着穆斯林建筑艺术的发展，结构严整、雄伟壮观的清真寺开始出现。礼拜大殿是清真寺的主体建筑，方向朝向麦加的克而白。大殿正面墙中有凹壁，左前方有阶梯形讲坛。较大的清真寺还有宣礼塔。塔顶呈尖形，故称尖塔，作唤拜之用。伊斯兰教早期建筑的代表是伍麦叶王朝建造于耶路撒冷的磐石上的圆顶寺（691）和大马士革的清真寺（705），晚期建筑的代表是萨马拉清真寺（9 世纪中叶），虽然前者受拜占庭—叙利亚建筑的影响，后者受到印度建筑的影响，但圆屋顶、尖塔和精巧的穹形结构已成为伊斯兰教建筑艺术的象征。

伊斯兰教的第一大圣寺是麦加大清真寺，是全世界穆斯林朝圣的克而白天房所在地；第二大圣寺是麦地那的先知清真寺，是在穆罕默德故居基础上建造的；第三大圣寺是耶路撒冷的阿克萨清真寺。

阿拉伯书法是随着伊斯兰教兴起而发展起来的艺术，因抄写《古兰经》的需要受到特别重视。穆罕默德十分重视书写，为了以优美的书法记录书写《古兰经》，他鼓励改进书法，美化字体；《古兰经》中有100多处强调书写的重要，所以，书法在阿拉伯美术中占有重要地位，书法家享有崇高的声誉和地位。历代哈里发都重视书法艺术，伍麦叶王朝时期阿拉伯书法更加受到重视，那斯赫体是当时最规范、最优美和最容易认读的书法体。著名书法家首推《将大地人类融入阿拉伯书法》的作者古特白·穆哈兰（？—770），他摆脱了传统书法的约束，提出了创新的灼见，为后来阿拉伯书法进一步发展奠定了基础。

阿拔斯王朝时期，书法随着伊斯兰文化的繁荣而达到鼎盛时期。被视为"阿拉伯书法之都"的巴格达，曾出现号称"书法三杰"的伊本·穆格莱（866—940）、伊本·巴瓦卜（？—1022）和雅库特·穆斯泰尔绥姆（？—1298）。

伊斯兰教严禁偶像崇拜，禁止表现人物和动物，限制了绘画和雕塑的发展。但书法艺术的进步与繁荣却促进了彩饰、插图和装订等艺术的产生和发展，阿拉伯文字因适合做装饰图案而成为阿拉伯艺术的一种重要样式。到阿拔斯王朝晚期出现彩饰书籍和装饰《古兰经》的艺术，到塞尔柱王朝时期则发展到了顶峰。聪明的阿拉伯工匠们用阿拉伯字母以及植物等组成精美复杂的几何图形和花纹作为建筑装饰，这种画饰后来发展为别具一格的绘画艺术，在清真寺及阿拉伯手工艺品如地毯、帷幔、坐垫、天花板、墙壁等都有所体现，由此促进了上述造型艺术的发展。但这已经是13世纪以后的事情了。

中世纪阿拉伯文化在世界文化史上占有突出的地位。当时，阿拉伯民族对人类进步的贡献，超过了世界上任何一个民族。著名学者希提指出"在中世纪时代，任何民族对于人类的贡献，都比不上阿拉伯人和说阿拉伯语的各族人民"[①]。

阿拉伯文化向欧洲传播的最主要渠道是西班牙，其次是西西里，再次是长达近两个世纪的十字军东征。阿拉伯人从711年至1492年，在西班牙统治下将近八个世纪。该地区文化繁荣，远远高于欧洲的其他国家和地区，吸引了欧洲各地的学子前往科尔多瓦等地留学，他们把大批阿拉伯学者撰写的著作译成拉丁文，还将大批希腊经典作家名著的阿拉伯文译本译成拉丁文。这样，不仅使埋没已久的希腊古典文明重见天日，还吸收到了阿拉伯科学文化的新成果。这就为欧洲新时代的到来做好了思想和学术上的准备。

阿拉伯在文化上的另一重大贡献，是在东西方文化交流方面起到了枢纽和桥梁作用：其把印度数字和十进位法传到了欧洲，推动了欧洲数学的发展；把中国的四大发明传入欧洲，有力地推动了西方经济文化的发展。

---

① 菲利浦·希提. 阿拉伯通史：第十版. 上[M]. 马坚，译. 北京：新世界出版社，2008：2.

第七章　西亚北非文学专题

第一节　《一千零一夜》

　　《一千零一夜》是中古阿拉伯民间故事集，是阿拉伯帝国创建后阿拉伯民族精神形成和确立时期的产物，与伊斯兰教的产生和阿拉伯帝国的形成密不可分。中国译者将其称为《天方夜谭》，高尔基将其誉为世界民间文学史上"最壮丽的一座纪念碑"。

一、故事来源

　　《一千零一夜》是阿拉伯文化吸收融合波斯、埃及、印度、希腊、希伯来等民族文化所取得的重大收获，其故事来源主要有三个：一是波斯和印度，其中波斯故事集《赫左尔·艾夫萨乃》（意为"一千个故事"）是主要来源之一。据说 10 世纪以前，已经出现了一本名叫《一千夜》或叫《一千零一夜》的抄本或译本，但它显然不是今本《一千零一夜》，而是波斯故事集《赫柴尔·艾夫萨乃》即《一千个故事》在阿拉伯人中间流传后所产生的新称谓。这就如同《一千零一夜》在中国亦被叫作《天方夜谭》一样。由此可见，《一千零一夜》这部书的书名，是在波斯故事集的影响下产生的，而且，在内容方面，今本《一千零一夜》与波斯故事集《赫柴尔·艾夫萨乃》也有联系。可见，"一千"与"一千零一"是在接受波斯文化影响的基础上而日渐阿拉伯化。据考证，波斯故事最初可能来自印度，先由梵文译为古波斯文，然后再由古波斯文译成阿拉伯文。《一千零一夜》的开篇故事《国王山鲁亚尔及其兄弟的故事》以及著名的《渔翁的故事》都来源于印度。二是伊拉克，即以巴格达为中心的阿拔斯王朝，主要以拉希德和麦蒙两位哈里发当政时期。三是埃及麦马立克王朝（1250—1517）时期。此外还有古代埃及故事和希腊史诗的影响，由此可以看出阿拉伯文化兼容并包的特点。

《一千零一夜》中的某些故事早在 6 世纪左右就已产生并流传，直到 16 世纪才被编定成书，其过程前后经历了近千年，历经无数民间艺人和文人作家的搜集、提炼和加工，应该说这部作品是集体智慧的结晶。

《一千零一夜》的中译本又名为《天方夜谭》，是因为中国明朝以后称阿拉伯为"天方国"，"天方"是指伊斯兰教圣地麦加，古代中国以此代指阿拉伯；"谭"即"谈"，意思是夜间讲述的阿拉伯故事。因为阿拉伯大多是沙漠地带，白天气候炎热，太阳落山后天气凉爽，人们便开始走出帐篷，听那些到处经商的人们讲述域外的所见所闻。故阿拉伯人喜欢的晚会、朗诵诗歌会、讲故事等活动多在夜间举行。

《一千零一夜》的题名来自开篇故事，由宰相的女儿山鲁佐德为拯救天下女子免遭屠杀，自愿入宫陪伴国王，她用一千零一个夜晚讲述的众多故事使国王受到感化而放弃暴行，两人因此白头偕老。按照阿拉伯人的习惯，一千零一是为了渲染故事很多，其实全书的大故事只有 134 个，它在结构上采用大故事套小故事的形式将许多零散的故事连接在一起，所以加上其中所套用的小故事，总共只有 260 多个。而且这些故事以"夜"为单位，情节关键处的戛然而止增强了故事的悬念，显示出民间文学所具有的"欲知后事如何，且听下回分解"的环环相扣的特点。

二、内容与影响

《一千零一夜》的故事人物众多，上至帝王将相、富翁巨商，下到医生裁缝、渔翁脚夫、强盗窃贼以及平民百姓，几乎涉及社会的各个阶层，通过对他们生活际遇、感情愿望及其命运的描写，展示了广阔的社会背景。此外，还涉及亚、非、欧三大洲的许多国家和地区，反映了阿拉伯帝国时期的社会风貌、风土人情和宗教习俗，是中古阿拉伯社会的一部百科全书。

《一千零一夜》中，恋爱与婚姻的故事占有重要地位，歌颂婚姻自主、追求爱情自由是其重要主题，如《巴士拉银匠哈桑的故事》《一对牧民夫妇的故事》《乌木马的故事》《奴伦丁和玛丽亚的故事》等；其次是反映尖锐的社会矛盾，揭露统治者的残暴和劳动者的不幸，在描写劳动者的反抗斗争时，又赞颂了他们善良和机智的品质，如《山鲁亚尔及其兄弟的故事》《驼背的故事》《阿里巴巴与四十大盗》《阿拉丁和神灯的故事》等；再次是描写航海经商与发财冒险的故事，这是《一千零一夜》中写得最多也最好的部分，展示了中古时期阿拉伯帝国繁荣与发达的海外贸易与商业往来，通过对商人和航海家形象的塑造，表现了处在上升时期的阿拉伯帝国所具有的进取精神，如《辛伯达航海旅行的故事》《商人阿里·密斯里的故事》《朱德尔和他两个哥哥的故事》等。当然，上述所有的故事，几乎都蕴含着伊斯兰教的善恶报应思想。

《一千零一夜》内容丰富、体裁多样，既具有现实主义的描写，又具有浓郁的浪漫主义色彩，夸张与对比、诗文与说唱，使其成为雅俗共赏、流传广泛、影响深远的民间杰作。其连环结构手法对意大利作家薄伽丘的《十日谈》、英国作家乔叟的《坎特伯雷故事集》影响明显，尤其是前者又影响了后世的欧洲小说。莎士比亚的剧本《终成眷属》、莫里哀的喜剧《乔治·唐丹》、斯威夫特的小说《格列夫游记》也有受到直接或间接影响的痕迹。俄国作家托尔斯泰十分喜欢《一千零一夜》。法国作家斯丹达尔曾说过，《一千零一夜》的故事给予自己无穷的幻想。《一千零一夜》成为欧美各国音乐、绘画、雕塑、电影等艺术取材的宝库。

《一千零一夜》自成书以来，一直被改写、续写和重写，成为一部具有无限再生能力的文本，被作家们视作典范。阿根廷作家博尔赫斯曾说，《一千零一夜》是他童年时期读到的第一部文学名著，也是他毕生最钟爱的文学名著。他的许多作品与《一千零一夜》有关，有的甚至直接以《一千零一夜》命名，如《〈一千零一夜〉的比喻》《〈一千零一夜〉的译者们》等。他曾经转述过《一千零一夜》中的故事《双梦记》，得到拉美人的喜爱，巴西小说家保罗·科埃略就以此为范本写出了著名作品《炼金术士》。

《一千零一夜》的叙述者山鲁佐德在讲故事时所采用的叙事方式甚至使这部故事集在许多作家眼中成为一部奇书。博尔赫斯看到了《一千零一夜》叙事上的"无限"特征，其小说创作也一直在践行着他的无限叙事观。美国作家约翰·巴斯继承了博尔赫斯的观点，其作品也极大地体现了对无限叙事和文学前景的关注。印度裔英国作家萨尔曼·拉什迪在小说创作中借鉴了《一千零一夜》的口头叙事等艺术手法，其代表作《午夜之子》被誉为继《百年孤独》之后最令人惊叹的魔幻现实主义小说。

三、阿拉伯人的财富观

《一千零一夜》中有许多故事在描写阿拉伯富人的生活时，通常其富有的标志是家中奴婢成群，珍珠宝石满库，如《带走金盘的人》。而阿拉伯人获取财富的方式主要有两种：有意追求和无意获取。前者如《辛伯达航海旅行的故事》《阿里米斯里一家》《哈里发哈伦·拉希德与艾卜·哈桑》等，其基本的叙事模式是：作为富商的父辈给子辈留下了万贯家产和无数珠宝，足够其享用一辈子，结果因为结交了酒肉朋友和纨绔子弟，或因游荡青楼而将钱财挥霍一空。此时想起父亲临终遗嘱，决定出远门经商，历经劫难或艰险而发了大财。其他故事如《阿里沙尔和祖姆鲁黛》也是如此。这种方式是阿拉伯帝国上升时期，商人追求财富积极进取敢于冒险的真实写照。无意获取财富的故事如《阿里巴巴与四十大盗》《阿拉丁和神灯》等，其基本的叙事模式则是身处社会下层的主人公无意间发现藏宝洞窟或进入地下宝库而交上财运，从此过上幸福美满的生活。可以说，这种方式是现实生活中贫穷者为摆脱贫困而产生的一种幻想发财的心理折射。

金和银是首先受到人们喜爱的财富标志，因为这是具有实用价值的流通货币，如《阿里米斯里的故事》中的描写：犹太商人祖莱格常把一个装着两千金币的钱袋子挂在店铺门外，他常常答应妻子要用那钱袋为儿子举行割礼，并为儿子订婚，举办婚礼。阿里米斯里七次盗鱼商钱袋，目的是想让他答应外甥女泽娜白的婚事。再如《阿里巴巴与四十大盗》中的描写：阿里巴巴朝洞中打量了一下，只见那里堆放着许多粮食，还有成匹成匹的丝绸、锦缎，另有许多华丽地毯及大袋大袋的金币、珠宝，琳琅满目，光芒四射……面对这些财宝，阿里巴巴想到自己只需要钱，于是从山洞中搬出几袋金币，装在箩筐里，上面盖了些木柴。其他还有《设拉子王子与伊拉克公主》中王子为了去向公主求婚，把自己打扮成商人，设法接近公主。随后，国王给王子备下 30 万金币和大批珍珠宝石。

与金币相比，银的价值多是体现在用来作为器具和器物。因为银像金子一样，是一种"高贵"金属，通常和月亮神有联系，尽管其价值比不上黄金，但用银子做成首饰或被用来做成可以驱走恶鬼的礼拜物品，则成为生活比较富裕的标志。而专门从事制作银器行业的银匠在《水夫与银匠夫妇》《巴士拉银匠哈桑》中就被作为职业形象得到塑造。

金银作为装饰品，在更多时候与宝石和珍珠价值相当，如《死神与爱炫耀的君王》中"那匹坐骑身披金鞍，上嵌无数颗珍珠、宝石，豪华无比，耀人眼目"的马成为国王炫耀的资本；再如《巴士拉银匠哈桑》中描写的柱子除用赤金和绿宝石制成外，还镶嵌着由珍珠和各种玉石组成的图案，以及像鸽子蛋那样大的珍珠等。

但作为装饰品，阿拉伯人似乎更偏爱宝石和珍珠，这种描写在《一千零一夜》中比比皆是。如《白德尔国王与朱海莱公主》中年轻英俊的小伙子被描写成既像珍珠又像宝石；从口袋里掏出一个加印封的包裹时，萨里哈打开印封，从中取出各种宝石，有三百颗祖母绿，另有三百颗宝石，其大小如同鸵鸟蛋，闪闪放光，胜过太阳和月亮的光芒；王子送给公主的礼物是一件金丝绣花锦袍，上面缀着无数颗珍珠、宝石，这样的华服只有波斯克鲁斯、罗马皇帝才能穿上。

再如《盖麦尔王子与布杜尔公主》中描写盖麦尔王子从国王那里得到的赐赠礼物是缀着宝石的金丝礼袍；《哈西卜巧遇蛇女王》中的哈西卜从国王那里得到的赐赠也是一件贵重华丽的锦袍，上面缀有数颗珍珠和宝石，价值最低的一颗宝石也值五千第纳尔；《皇兄与歌姬》中的十位歌女身穿的绣金衣袍上也是缀着珍珠和宝石；还有《大漠上的金银城》中描述的城堡大门，上面镶嵌着各种宝石，有红色的，有绿色的，有白色的，用金和银建成的建筑物上，镶嵌着五颜六色的宝石、珍珠和黄玉。

《阿拉丁与神灯》中描写的珠宝更具有代表性：新宫殿中有二十四扇美人靠，是用红、绿宝石镶嵌而成，卧室里摆放着镶嵌着各种宝石的金床和银柜，地下宝库花园里的宝石果子，则枚枚都是价值连城的无价之宝。阿拉丁发现自己最小的宝石，也比珠宝店里最大的宝石要大数倍。当皇帝看见盘子里五颜六色的稀世宝石，也不禁万分惊异，称如此精美的宝石自己有生以来第一次见到，而在自己的珍宝库里竟没有一颗宝石可与之媲美。

那么，阿拉伯人为何喜欢宝石？首先，宝石外观华丽，具有装饰作用，其价值连城是财富的象征。另外，宝石具有超自然力，可以用作护身符。正如希尔德加德（St.Hildegard of Bingen，1098—1179）在 *Liber Subtilitatum* 一书对宝石的诞生所进行的象征性探究："'魔鬼因害怕宝石而畏缩'……宝石源于东方，特别是热带。在那里，烈日炙烤高山，河水永远滚烫……干燥的温度高低决定它们的色泽和魔力。……故宝石因水和火而成，它们因此蕴含热、湿气和许多魔力，可服务于许多好的、高尚的、有益的目的。"这种对宝石生成环境的描述，很容易使人想起《辛伯达航海旅行的故事》中第 4 次航行中的遭遇：山谷中宝石遍地但也蟒蛇丛生。

阿拉伯人既喜爱宝石，也喜欢珍珠，因为在象征传统里，珍珠和宝石属于同一类东西。《一千零一夜》的许多故事中都描写到作为财富象征的珍珠，如《脚夫和巴格达三个女人的故事》不仅把珍珠同宝石与翡翠并列，而且描述国王的宝座镶满珍珠宝贝，像星球似的闪着灿烂的光芒，而且王后头戴珠冠，脖子上系的是珍珠项链。

如果说宝石是在高温干燥的环境中生成，其灼目的光辉令人联想到太阳及其威力，那么，熠熠发光的宝石则"被认为是阴性的，并与月亮有关；它的形状使它与完美相关。由于无瑕的珍珠极少，而且它成长于牡蛎壳或其他双壳贝类内，因此，诺斯替教徒认为它象征深奥的知识和秘传的智慧。……在古代波斯，闪亮的珍珠还是贞女的象征"①。可见，阿拉伯文化深受古代波斯文化的

---

① 汉斯·比德曼. 世界文化象征辞典[M]. 刘玉红，等译. 桂林：漓江出版社，2000：452.

影响，在《一千零一夜》里，很多故事在描写女性特别是少女时，都将未婚的贞洁少女比作没有穿孔的珍珠，如《阿拉丁神灯》描写白狄伦公主的美丽时，形容她的面孔像灿烂的珍珠等。

《辛伯达航海旅行的故事》作为《一千零一夜》中描写航海经商和冒险发财方面最有代表性的故事，主人公辛伯达在 27 年中曾经 7 次外出经商冒险，每一次都发大财，而那些作为财富标志的财物除金币银币外就是宝石和珍珠。如第四次航行写辛伯达通过与当地的一位富孀结婚而富有，但不幸的是新婚不久妇人突然去世，按照当地的习俗，死者的伴侣必须陪葬，现世的财富可以带走，因此死者不仅要佩戴名贵的珍珠宝石首饰，且陪葬者也穿戴珍珠、宝石、金银等名贵首饰。而作为陪葬者的辛伯达就是利用了当地的这种习俗，将自己长期从坑洞里收集的财物卖掉而发了财。第五次航行经过盛产珍珠的地区，潜水人拿到辛伯达给的一些椰子后潜入水底，为他捞出许多名贵的大珠子。辛伯达在第六次航行中把收集到的许多珍珠、宝石和龙涎香装满一条小船，顺流漂游得救。第七次航行途中他与当地一长者的女儿结婚，洞房花烛之夜，漂亮新娘的首饰都是金玉、珍珠、宝石做的，不仅式样繁多，随便哪一件都值几万金，而且有些东西还是无价之宝。

可见，宝石与珍珠作为无价之宝，不亚于金银，甚至用金银也无法衡量其价值。因此，金银珠宝在古代阿拉伯人的财富观中具有特殊意义。

第二节　纪伯伦

哈利勒·纪伯伦（1883—1931）是阿拉伯现代作家，也是侨居美国的阿拉伯作家组成的文学社团"旅美派"①的领袖。

一、生平与创作

纪伯伦于 1883 年 1 月 6 日出生于黎巴嫩北部一个风光秀美的小山村贝舍里。当时的黎巴嫩作为叙利亚的一个行省受土耳其奥斯曼帝国统治，许多人因

---

① "旅美派"又称"叙美派"，是由旅居美洲的阿拉伯诗人和作家组成的一个文学笔会，1920 年在纽约成立，旨在革新阿拉伯文学。纪伯伦担任会长。

宗教信仰和政治经济等原因纷纷逃离祖国，移民美洲。穷困的纪伯伦家庭因父亲被卷入一宗政治欺诈案而雪上加霜，意志坚强的母亲卡米拉为逃脱丈夫行为所带来的耻辱，于 1895 年 6 月携带 4 个孩子加入了这次移民迁徙大潮中，因此 12 岁的纪伯伦就随母亲和同父异母的哥哥及两个妹妹辗转移居到美国波士顿，居住于波士顿南恩顿边上的奥利弗。波士顿是仅次于纽约的美国第二大叙利亚移民居住区，奥利佛位于波士顿的南恩顿区边缘，当时聚集着来自地中海沿岸的移民，那里人口众多，区域狭小、拥挤不堪，生活贫穷、单调。

贫穷的移民生活使纪伯伦少年早慧，受益于母亲的宽容和波士顿的"新慈善"运动，纪伯伦得以进入奥利佛区的公立学校昆西学校学习。其展现出超强的绘画天赋，在艺术教师弗劳伦斯·皮尔斯和杰西·弗莱蒙特·比尔小姐的热心引荐，他得以与波士顿文艺界熟悉。

波士顿文化名人弗雷德·霍兰德·戴伊的引导、庇护和影响，使纪伯伦不仅生活上有了保障，还发现了一个新的文学世界：比利时作家梅特林克、英国诗人济慈开始进入他的视野。而与波士顿青年文学家约瑟芬·普林斯顿·皮勃迪的相遇和相识，对纪伯伦的文学创作影响更为直接和巨大。

1898 年 8 月，纪伯伦从美国返回黎巴嫩，到首都贝鲁特的阿希克玛学院接受民族语言文化的学习。在这所由基督教马龙派神甫创立的制度严格的学校里，纪伯伦的阿拉伯语水平得到提高，他还与别人一起创办文学杂志《灯塔》，参加学校的诗歌竞赛并获奖，显示出纪伯伦诗歌创作方面的才华，这些都为他后来的创作奠定了基础。

纪伯伦开始发表作品是在 1902 年到 1903 年间。当时他风华正茂，对生活抱有无限的希望，却遭受了一连串的人生打击。1902 年 4 月，结束为期 4 年学习的纪伯伦由黎巴嫩刚刚回到美国，就得知小妹妹因病去世的消息。8 个月后同父异母的哥哥彼得因病离开家人，1903 年 6 月，坚强的母亲卡米拉也因病撒手人寰。在短短一年多的时间里，纪伯伦连续失去了三位亲人，他与唯一的妹妹玛丽安娜相依为命。生活的重担压得他喘不过气来，为了缓解物质和心理上的双重压力，他写出充满哀怨、倾诉和憧憬的散文和散文诗，刊登在侨居美国的阿拉伯人办的《侨民报》上，每篇稿酬一美元。这些诗文以《泪与笑》为总标题，1913 年才结集出版。

纪伯伦正式出版的第一部作品是《音乐短章》，这篇艺术抒情散文写于 1903 年，1905 年以小册子形式问世。该作品文采璀璨，以独特的语言表达了他对音乐的爱和对音乐本质的理解。

与此同时，纪伯伦开始热衷于小说创作。1906 年发表了短篇小说集《草原新娘》，1907 年发表了另一个短篇小说集《叛逆的灵魂》。两部小说集的主题都是反封建反教会，但基调却完全不同：前者表现为深沉，后者表现为激烈。

1911 年完成和发表的中篇小说《折断的翅膀》，是纪伯伦小说的代表作。小说以男主人公"我"的视角描写我与贝鲁特富家女萨勒玛相爱无果的悲剧。小说情节并不复杂，但比较注重人物心理描写，叙事具有浓重的感情色彩和哲理。

从 20 世纪 20 年代开始，纪伯伦的创作开始转型，逐渐由小说转向散文诗，语言也逐渐由阿拉伯语转为英语，从 1918 年发表第一部英语散文诗集《疯人》开始一直到 1931 年纪伯伦去世后，共发表 10 多部散文诗集，分别是《先驱者》和《暴风集》（1920），《珍趣篇》和《先知》（1923），《沙与沫》（1926），《人子耶稣》（1928）以及去世以后发表的《流浪者》（1932）和《先知园》（1933）。

绘画是纪伯伦谋生的主要手段。1904 年他首次举办个人画展，遇到了一位名叫玛丽·哈斯凯尔的女子中学的校长，这位赏识纪伯伦绘画天赋的伯乐慷慨资助他到当时的艺术之都巴黎学习绘画一年。在玛丽的支持和帮助下，纪伯伦在绘画方面取得了很大成就，他的画有相当一部分是作为其文学作品的插图问世的。文学创作和绘画艺术结伴而行，互为补充，成为载着纪伯伦生命飞翔的一对翅膀，不仅使纪伯伦成为诗人和画家，也载着他飞向生命的终点。

随着时间的推移，历经岁月的磨练与考验，纪伯伦的文学创作连同其绘画作品一起在文学的历史长河中越来越显示出其价值和意义。1981 年是纪伯伦逝世 50 周年，联合国教科文组织将其定为"纪伯伦年"，奠定了纪伯伦作为世界文化名人的地位。

二、《先知》

《先知》是纪伯伦散文诗的代表作，是历经人生风雨磨砺的一块里程碑，其成书时间前后达 20 多年。早在纪伯伦 18 岁返回黎巴嫩求学期间就开始用阿拉伯语写作初稿，两年后他在美国波士顿曾将其中的片段读给母亲听并受到赞扬，但母亲告诉他尚未到发表的时候。10 年后，他创作出了《先知》的英文稿，此后的 5 年间他几易其稿，直到他认为几近完美。1923 年，《先知》由纽约克那夫书店出版，逐渐受到人们的喜爱，并被翻译成多种文字传播于西方世界。

《先知》写一位来自东方的智者亚墨斯塔法，在阿法利斯城居住了 12 年，深受当地人民的爱戴和尊敬。当故乡之船准备载他归去时，他应人们的要求，向送行者以讲说真理的方式，谈到了诸如爱、婚姻、孩子、施与、饮食、工作、欢乐与悲哀、居室、衣服、买卖、罪与罚、法律、自由、理性与热情、苦痛、自知、教授、友谊、谈话、时光、善恶、祈祷、逸乐、美、宗教、死亡等 26

个方面的问题。这些都是人生的一些最基本的问题，也是从古至今人们反复探讨的问题，但智者却在阐发自己观点时表达出人生的真谛。最后智者在长篇临别赠言后，登船离岸，扬帆乘风向东方驶去。

《先知》的思想内涵极其丰富，作者精心塑造的主人公亚墨斯塔法是一位超凡脱俗的东方智者，他全知全能，既是东方智慧的化身、作者思想和精神的忠实代言人，又是作者心目中的超人，能够引领人类脱离苦难的精神导师。他是"上帝的先知，至高的探索者"，是在民众"中间行走"的神灵。他有智慧教导人类清正廉洁，有能力阻止邪恶对人类的侵蚀。他先知先觉，对民众充满悲天悯人之情。

《先知》充满辩证的哲理精神，也体现了人道主义思想的崇高境界，其中在探讨人与人之间的关系问题时，突出了对"爱"的追求。

但是《先知》的魅力不在于哲理的深刻和新颖，而是赋予抽象枯燥的哲理说教以诗意的美。纪伯伦以诗的语言讲述哲学和真理，他把哲学变成了诗，把教诲变成了音乐。他大量运用诗歌所特有的比喻、象征、寓意、双关、对偶和语言的模糊性、暗示性，使整部《先知》闪烁着独特的诗化的智慧与诗意的美。

三、创作中的东方文化元素

纪伯伦一生历经多种文化环境，其创作本身也呈现出多元文化特征，仅仅用东西方文化背景来概括似乎有些牵强，因为在东方文化中，兼容并蓄的阿拉伯文化不同于印度、中国等其他国家的东方文化；而在阿拉伯文化中，黎巴嫩特殊的地理位置与历史变迁，使得它与其他国家的阿拉伯文化不同，又和其他国家的基督教文化迥异；而在西方文化中，纪伯伦受欧洲和美洲两种文化的熏陶。可以说，纪伯伦的创作中含有多种文化因素，但他本人却强调："我是个东方人，我为之而感到自豪。不论我远离祖国多久，我仍然具有东方人的品格、叙利亚人的爱好、黎巴嫩人的情感。我是个东方人，无论我多么欣赏西方人的进步与学识，东方仍然是我梦中的故乡与希冀的舞台。"可见，东方是纪伯伦生活与创作的基础。

纪伯伦的祖国黎巴嫩地处亚洲西南部，其天空与大海交相辉映所呈现出的宁静透明的蓝色成为纪伯伦最喜爱的色彩，经常出现于其绘画与诗作中，被纪伯伦称为"埃及蓝"。

蓝色是纪伯伦心目中最神圣情感的表达，他在给梅娅的信中用蓝色表达自己的心灵之光，寄给她的最后一封信是基调为蓝色的一幅画。画面中不熄的火焰是作为纯洁爱情的象征而被称为"蓝色的火焰"。他还用蓝色表达对死亡的独特理解：死亡是与自然母亲的交相融合，在合一中走向无限。当然，对蓝色的喜爱也与纪伯伦喜爱深思的抑郁气质相吻合，昭示着他难解的回归自然的情怀，据说纪伯伦经常独自在夜深人静的蓝色苍穹下探索生命的奥秘。

黎巴嫩名城古卜拉成为希腊文《圣经》（Bible）一词的来源，被人们无条件地视作人类精神的源泉和心脏。而那片孕育宗教与走出先知、降予启示与传播箴言之地的许多地名、人名和典故如伊甸园、耶路撒冷、拿撒勒、犹太教、基督教、伊斯兰教、穆斯林、摩西、大卫、所罗门、耶利米、耶稣、先知等便自然而然地出现于纪伯伦的笔下。

纪伯伦不仅了解东方民族艺术珍品的价值并视若珍宝，而且熟知东方民族的历史发展及其杰出人物的业绩。他笔下既有尼布甲尼撒、拉美西斯等英雄，也有孔子、老子等哲人。当然，纪伯伦为之画像且不断咏诗赋篇赞颂最多的还是阿拉伯帝国时期的阿拉伯文化名人，如被纪伯伦称为"神诗人"的欧迈尔·伊本·法里德，精通阿拉伯语的泰斗赫利勒·伊本·艾哈迈德，著名哲学大师法拉比，拉丁名为阿维森那的百科全书式学者伊本·西那等，而这些哲人智慧与成就的取得皆与阿拔斯王朝的多元文化背景密切相关。

纪伯伦对阿拉伯民族语言的前途表现出特别关注，在《阿拉伯语的前途》一诗中，既论述了语言的重要性，又以但丁、彼特拉克等诗人为意大利民族语言确立所做出的巨大贡献为例，呼吁要振兴阿拉伯语，并且指出"诗人是语言之父，语言会随着诗人的脚步起舞"。[①]可见诗人在振兴民族语言过程中的作用至关重要。由强调语言之重要进而论及诗人之重要，基本上是传承了古代阿拉伯民族的文化观念。因为诗人在古代阿拉伯长期的部落战争中发挥着巨大的作用："诗人最初被认为掌握超自然的知识，传之不可见的精灵，因而能以他的语言使敌人遭殃。"[②]正因如此，纪伯伦在刚踏上文学之路时就决定要做一个诗人，而且对阿拉伯历史上著名的诗人推崇备至。

无论是用阿拉伯语还是用英语写作，纪伯伦笔下经常出现一些带有鲜明阿拉伯文化印记的节日、数字的语汇，如"绮露月""特西林月""盖得尔夜"等。当然，出现最多的是数字"7"和表示数量的"一千"等。

阿拉伯人推崇"7"，"7"在阿拉伯语中有神圣、吉祥的文化内涵，表示"丰富、极数"等，伊斯兰教的经典《古兰经》《圣训》以及伊斯兰教信仰、教义与功课中，有许多与"7"有关的句子。

纪伯伦用英语写给玛丽的信中经常使用"7"这个数字，如"七重卷帘的幕

---

① 伊宏主编. 纪伯伦全集（下）[M]. 兰州：甘肃人民出版社，1994：224. 注：后面文中所引内容皆出自该书，如无特殊情况，不再注明。

② 李振中，王家瑛主编. 阿拉伯哲学史[M]. 北京：北京语言学院出版社，1995：12.

布不再能阻挡我们的视线，遮掩住事实的真相，花言巧语似是而非已结束"，"亲爱的，待到聚会时！七十个吻！"而纪伯伦用阿拉伯文写给梅娅的信，更是经常出现与"7"有关的数字："我们和我们的愿望之间有 7000 英里相隔，哪一个等待宣布这一秘密的愿望能与欣赏宣布这一秘密相比呢？"

《古兰经》尊崇"7"的传统主要受到犹太教经典《旧约》和基督教经典《圣经》的影响，后两部经典中曾频繁地提到"7"，提到最多的是上帝用 7 天时间创造世界，将第七日定为圣日，赋予"7"神圣的含义。

出生于基督教马龙派家庭的纪伯伦对《圣经》谙熟于心，同时又在阿拉伯文化的传统中成长，他在作品中频繁使用数字"7"或"70"等体现出阿拉伯与多种文化交汇的特征。

在阿拉伯语中，经常用"千"来表示"多"，用"一千零一"表示"更多、多上加多"。此种情况更是经常出现于纪伯伦的笔下，如他写给玛丽的信："我画画，写诗。让我迷恋激动的事有多少啊。需要理出个头绪。我想告诉你一切，有一千零一件！我还想告诉你一千零一个计划！"如果说在英文信件中流露出的阿拉伯习语是情不自禁的话，那么用阿拉伯语写信经常使用"一千"等习语更是情在理中，如"你的来信给我心中送回了对一千个春天和一千个秋天的回忆，使我再次立于我们创造的并使其不断闪现的那些幻影面前"。再如纪伯伦写给好友努埃曼的信："我这些日子里陷于一千零一件工作里，像花园里的一只生病的蜜蜂。"

作为阿拉伯习语的"一千"或"一千零一"出现于纪伯伦作品中就更是显而易见的了。如《疯人》："一千年过去了，我再次攀上圣山……千年又逝，我爬上圣山……又过了千年，我再一次登上圣山。"再如《流浪者》："一千年前，两个哲学家在黎巴嫩的一座山坡上见面了。"有时"七"和"一千"同时出现在纪伯伦的笔下："你知道你有七个头和一双手的意义吗？你一定知道。……现在我有七个头和一双手。……我在用我心灵的千百张口在唱。是的，玛丽！我的心有千百张口，每一张口都能吻你的手，都能歌赞你的信。"

通过对纪伯伦作品文本的解析，可以看出，阿拉伯文化在接受外来文化影响的过程中呈现出的多元文化特征。

第三节　马哈福兹

纳吉布·马哈福兹（1911—2006）是当代阿拉伯作家，他不断进行艺术探索，为阿拉伯文学及世界文学留下了丰富的遗产。1988 年他因创造了"一种适应全人类的阿拉伯叙事体艺术"荣获诺贝尔文学奖，成为第一位获此殊荣的阿拉伯作家。

一、生平与创作

纳吉布·马哈福兹于 1911 年出生在埃及首都开罗的贾马利亚区，父亲是虔诚的穆斯林和民族主义者，在宗教和民族思想氛围浓厚的家庭中成长的纳吉布·马哈福兹性格内向，目睹 1919 年埃及爆发的全民族反对英国殖民统治的斗争，从小就萌发了强烈的爱国感情。1930 年进入开罗大学哲学系学习后，他接触到西方民主思想和社会主义观念。大学毕业后，他先后在宗教基金部、文化指导部和文学艺术最高理事会任职。1970 年退休，进入《金字塔报》编委会，成为专职作家。

马哈福兹在中学时代就热爱文学，从 1929 年开始写短篇小说，大学毕业留校工作的他曾为一些哲学杂志撰写过有关哲学、神学、美学等学术文章，但他后来放弃当哲学教授的理想，选择了文艺创作为自己的终生职业。1936 年他发表的第一部长篇小说《乡村之梦》遭到批评界的冷落，但他并没有气馁，而是继续在文学的园地里耕耘。马哈福兹辛勤笔耕近半个世纪，是阿拉伯公认的杰出小说家，被誉为阿拉伯小说史上的一座"金字塔"。他创作有 33 部中长篇小说和 10 本短篇小说集，其中多数被改编成电影或电视片，他的名字在阿拉伯世界家喻户晓。

马哈福兹早期是以历史小说的创作为开端的。从 20 世纪 30 年代末到 40 年代中期，他借用英国人比基《古代埃及》中的史料和大学历史课程中所获得的资料，运用非凡的艺术想象力，以古代埃及历史事件为题材，先后写出了《命运的嘲弄》（一译《最后的遗嘱》，1939）、《拉比杜斯》（一译《名妓与法老》，1943）、《埃伊拜之战》（1944）三部历史小说。第一部以著名的法老——胡福时代为背景，描写了一位平民出身的英雄继承了王权，开创埃及历史的新阶段，表现了反对专制、独裁的思想以及王权世袭的观念，它是埃及民族历史的开端。第二部作品描写了一位法老的荒淫无耻，最后王权崩溃的故事，指明君主专制制度的黑暗和必然灭亡的历史趋势。第三部作品描写了古埃及人在底比斯王公的率领下，多次发动起义，终于把侵略者赶出国境，建立了新的王国，揭开了古埃及历史新的一页——新王朝时代。

三部历史小说采用借古喻今的手法，曲折地再现了英国殖民者扶持下封建王朝的黑暗，表达了埃及人民对自由、独立的强烈愿望。这是纳吉布·马哈福兹为埃及现代文学做出的最初贡献。

马哈福兹不满足于历史题材的创作，他放弃了数十部历史小说的素材，转而注目现实生活，从 20 世纪 40 年代中期到 50 年代初期描写时代生活的现实主义小说是他创作的中期。这个时期他精力旺盛，写出一批具有社会倾向的长、中短篇小说，广泛地再现了社会生活，构成他现实主义的小说系列。

1945 年的小说《新开罗》是他创作新时期开始的标志。这部小说以年轻的大学生马哈诸布为主人公，描写他为挣脱贫困所经历的心酸痛苦生活，大学毕业后因求职无方，只好以屈辱条件与一位要人的情妇结婚，成为要人的私人秘书。但是好景不长，当他们的"秘密"败露之后，女主人很快把他逐出家门，他遭到周围人的责骂，以身败名裂告终。马哈诸布这段痛苦经历说明，现实是无情的，人际关系是冷漠的，在金钱主宰一切的社会里，人是自私的。

继后的小说《赫利市场》发展了这一主题，继续描写来自中下阶层知识分子的生活困境。主人公阿基夫善良而软弱，对不公平的待遇逆来顺受无力反抗。他过早地承担起家庭生活的重担，因此辍学不能深造，又念手足之情，放弃了与弟弟争夺爱人。他默默工作 20 多年，仍是低级职员，在贫困中孤独寂寞地度日。

《始末记》（一译《尼罗河畔的悲剧》，1949）进一步探讨了中小资产阶级知识分子的命运。主人公哈赛尼奈爱慕虚荣，羡慕上流社会的生活。他不顾父亲死后家庭经济的拮据，求助落入黑道的哥哥的帮助，进入学费昂贵的军官学校学习。为了顺利爬进上流社会，他又抛弃了相爱多年的未婚妻，想借助联姻进入地位显赫的家族。后来他的姐姐菲赛因卖淫被警方拘留，这有碍他"近卫军官"的名声。他不仅粗暴地对待姐姐，而且逼她自杀，甚至亲自把她送到河边桥头，令其跳水。然而，正是姐姐为了支撑家庭生活，才被迫卖身。但当看到姐姐落水之后船夫们积极搭救的感人场面时，他良心顿悟，感到自己已经"堕入深渊"，是"苦难的猎物"，除了痛苦和失望之外，没有任何希望。他意识到自己是个比任何人都丑恶的"罪人"，最后怀着忏悔的心情投河自杀。

马哈福兹在这一时期的创作主要是探索中小资产阶级的命运和思想变化的

轨迹，同时也表现了中小资产阶级的生活状态。关于这一主题的艺术探索，在1952年完成的《三部曲》中达到了高峰。

视野广阔的马哈福兹也将眼光转向了埃及普通人的命运。1947年发表的《巴格达胡同》描写了开罗旧区贫民的生活。

从20世纪50年代到2006年是马哈福兹创作的后期，其转折点是1952年埃及的七月革命。①辍笔达六年之久的作家深入观察革命后的现实生活，认真思考了新时期所提出的问题，历史使命感和忧国忧民的意识促使他在20世纪50年代末期又重新提笔创作。《我们街区的孩子们》是马哈福兹重新执笔的第一部著作，标志着马哈福兹新时期创作的开始。

继续探讨新时期知识分子的生活道路和命运是纳吉布·马哈福兹系列作品的主题。1966年问世的《尼罗河上的絮语》主要描写上流社会中的知名知识分子，从彷徨、苦闷到堕落，借毒品来麻醉自己，逃避现实。革命后的现实是强权政治和道德败坏，他们的理想破灭，但又无力改变社会，更不敢对抗当局，感到与时代脱节而成为"多余人"，在浑浑噩噩中生活。他们这种变态心理和被扭曲的精神，是政治黑暗的反映，也是自我弱点的暴露。中篇小说《卡尔纳克咖啡馆》(1974)进一步大胆描绘了新政权恐怖政策下的一代青年知识分子所蒙受的灾难。一群追求理想、正义和言论自由的大学生遭到逮捕和拘禁，受到酷刑与凌辱。政治迫害使他们精神变态、感情抑郁，有的甚至发疯而亡。小说触目惊心的描写，揭露了摧残人性的暴行，也显示了作家积极的参政意识。作品讽刺和揭露了另一类知识分子，他们是革命的既得利益者，以"革命"为招牌谋求权利。《米拉玛尔公寓》(1967)刻画了革命投机分子赛尔罕，他来自农村，憎恶地主和贵族，又羡慕上流社会的富贵生活。他是革命社团的领导人物，以社会主义者自居，为贪图财富，他抛弃了与其同居的妓女和相爱的女仆，爱上富有的女教师，同时还利用职权与别人合谋倒卖棉纱，事发之后，自杀身亡。

二、《三部曲》与寓言体小说

《三部曲》是马哈福兹在"七月革命"爆发后的1952年完成的长篇巨著，是他创作中期的压轴大作，也是他赢得世界声誉的杰作。小说发表之初题名为《宫间街》，1956年正式出版时分为《宫间街》《思宫街》和《甘露街》三部曲。第二年获得国家文学奖。

《三部曲》的时间跨度为第一次世界大战开始到第二次世界大战结束，埃及

---

① 又名"7·24"革命。1952年7月24日由纳赛尔率领自由军官组织推翻法鲁克王朝，建立了共和政体。

现代 30 年的历史。《宫间街》取名于老家宅第的坐落街道，以描写第一代人生活为重点；《思宫街》以一个孩子的宅第街道命名，以描写第二代人的生活为重点；《甘露街》取名于另一个孩子的宅院街道，以描写第三代人的生活为重点。它以一个中等商人艾哈迈德的家庭为核心，以商人之妻艾米娜深夜等候寻欢作乐的丈夫回家起笔，以艾米娜的病故和第四代婴儿即将出世而结束，整个家庭生活随着时代的变迁发生巨大的变化。

第一代人物艾哈迈德是典型的旧式商人。他具有多重性格，在外是一个具有好名声的商人，慷慨善施，奉养真主，也为爱国运动所感动而出钱资助，并为爱国领袖的逝世而伤心落泪，外表严肃、庄重，堪称令人尊敬的君子。可在家庭内部却是一个封建卫士和冷酷的家长，对家庭成员施以暴虐，对妻子、儿女严加控制。妻子因外出瞻仰清真寺，违背了他的意志，他愤怒不已，大加责骂，还把妻子赶出家门，送回娘家，以示惩罚。他包办儿女的婚事，干涉孩子们的爱情，因此葬送了女儿阿潇莎和二儿子法赫米的初恋幸福。他对孩子们的进步思想和行为深恶痛绝，禁止法赫米参加爱国运动，指责小儿子凯马勒的科学进化论思想是大逆不道。他纵情于酒色，每夜必出，与十几个女性有过来往，在歌妓和情妇处度过良宵美景，在打情骂俏中得到情欲的满足。为了不让放荡行为损害他的名誉，在沉迷于酒色时又保持了某种节制。他是一个多重性格的矛盾体，而旧式商人的保守和对家庭、个人利益的维护是其性格的主导方面。但随着时间的推移，他身体逐渐衰老，在家庭里的权威也江河日下。大儿子亚辛不仅和他争夺歌女，而且违背他的意志，和一个有不良声誉的女人成婚。小儿子凯马勒拒绝他的要求，不以仕求荣，而是进入师范院校，做一名追求学问的教员。最后他无力管束家庭成员病逝告别人世。

第二代主要人物凯马勒，自幼虽然受到父命的压制和宗教的影响，但善于思索，他不同于放荡、玩世不恭的亚辛，也不同于富有浪漫气质、为国捐躯的法赫米。1919 年法赫米的牺牲激发了他的爱国热情，他参加了爱国的华夫脱党，立志做一个爱国的思想家。进入大学后博览群书，追求科学，探索真理，但在传统与革新、宗教与科学、现实与理想的矛盾中感到困惑和迷惘。他热恋一位受过西方教育的贵族小姐，但因阶级差异而失败，造成他精神和生活的双重失落，陷入精神危机。他的心路历程也是作家自我精神探索的写照。

第三代的代表人物爱哈麦德，自幼受到舅父凯马勒的影响，具有爱国思想，大学期间又受到共产主义思想的影响，确立了进步的世界观。他有明确的反帝反封建的政治观念，同情劳苦大众，反对宗教，主张男女平等。他主办宣传社会主义思想的杂志，并以自己的居室为课堂，为群众讲授马克思主义。他不怕风险，无所畏惧，被捕后仍然坚持自己的信仰，继续为崇高的理想而不懈工作。

生活上也是一个勇敢的追求者，他与只爱享受和地位的上流社会小姐分道扬镳，突破家庭门第观念和一位工人出身的姑娘苏珊结合，夫妻为共同的事业而斗争。

《三部曲》用家庭内部三代人的变化，描写封建势力的衰落和崩溃，民主力量的增长和发展，也再现了爱国运动的成长。第一代人只有朦胧的爱国思想，第二代有明确的爱国意识并付诸行动，第三代把救国与政治改革、社会革命结合起来，爱哈麦德为建立一个新的社会制度而奋斗。

寓言体小说是马哈福兹晚年创作所采用的一种书写方式，主要有《我们街区的孩子们》《平民史诗》《千夜之夜》和《伊米·法图漫游记》等。

1957 年发表的小说《我们街区的孩子们》（一译《街魂》）中塑造的老祖父杰卜拉维是街区的创建者，又是造物主的象征。他宣称，所有街区的人都是"我的子孙，都应该过上幸福的生活，享有同等的权利"。艾德海姆夫妇因情欲被驱除宅院，开始了自身的艰辛生活。以后，街区的首领们争权夺势，为非作歹，欺压百姓。圣人吉拜尔和先知卡西姆先后除掉罪恶的头领，使街区人们平分了财产，过上幸福的生活。然而私欲又使人们重新堕入黑暗的深渊。救世主拉法阿的说教和倡导科学技术的巫师阿尔法的努力虽然未能实现人类大同，但是促进了人们的提高和发展。小说借用了犹太教、基督教和伊斯兰教的许多神话故事，在街区的代表人物身上，可以看出上帝、亚当和夏娃、摩西、耶稣以及穆罕默德的身影。他们体现了人类发展的各个时代，这是在善恶之争、智慧愚昧之争中，经历了种种磨难，逐步进化和发展的。《平民史诗》（1977）叙述了车夫老阿舒尔创业的过程，而他的子孙放弃自食其力的生活，称霸、发财、甚至残害无辜，丧失了人性。最后一代小阿舒尔吸取了前人的教训，依靠劳动和群众力量，重新建造了人类的天堂。《千夜之夜》（一译《读天方夜谭》，1982）以《一千零一夜》的国王山鲁亚尔为中心人物，他在王后山鲁佐德的故事里得到启发，停止杀机，走出王宫，来到现实生活，又从许多现实故事里，领悟到人的自我更新就是不断地剪除邪恶之念，不断地认识自我、超越自我，而邪恶则是人类堕落的本原，他因此从生活实践中彻底认清了自我，除旧布新，最终放弃了王位。《伊米·法图漫游记》（1983）假托一位古代学者游历了世界各国，他见到了有城邦制的出口国，那里人们愚昧、缺乏信念；有封建制的苦恼国，那里人们贫穷、痛苦，无权无势；有自由的竞争国，那里人们享有高度的物质文明，但缺少信仰和道德观念，甚至以"自由"的名义侵犯别国的主权；有平静的安全国，那里人们表面平等、安定，但受到严格的纪律约束，缺乏个人的主见和创造性。学者伊米·法图权衡各国利弊，认为他们都不是人类理想的国度，又继续前行，去寻求人类大同世界——天之国。

马哈福兹的系列寓言体作品，倾注了作者变革现实、寻求理想王国的热情，也表达了作者开明的宗教观念。而寓言体小说的创作与阿拉伯民间叙事文学传统的关系十分密切。《我们街区的孩子们》和《平民史诗》运用了玛卡梅体的艺术形式，《伊米·法图漫游记》采用了古代游记的笔法，《千夜之夜》则是《一千零一夜》的再编。但作家并没有简单搬用传统文学的模式，而是加以创新和改革，即说书人不仅是故事的讲述者，也是历史的见证人，对发生的事件予以评说，既增加了作品的哲理性，也促使读者对人生进行冷静的思考。马哈福兹对民族叙事文学不断探索、开拓和创新，对埃及和阿拉伯当代文学做出了重大贡献。

中编　南亚文化与文学

第八章　南亚文化概述

南亚作为地理概念，是指位于亚洲南部的喜马拉雅山中、西段以南及印度洋之间的广大地区，它东濒孟加拉湾，西濒阿拉伯海。该区域现有七个国家和一个地区，其中印度是国土面积最大和人口最多的一个国家，也是世界著名的四大文明古国之一。

作为文明古国的印度与现今的印度共和国既有区别又有联系：联系是指，后者是古代印度文化遗产的主要继承者；区别则是，古代印度文明范围所及远比今日共和国疆域辽阔得多，它是包括现今的印度、巴基斯坦、孟加拉、尼泊尔和斯里兰卡等国家在内的地区。从上古直至近代，印度作为中心国家具有不曾中断的传统文化载体，为人类社会留下了富有特色的文化遗产。

南亚文化圈主要是指中古时期以印度文化为中心的南亚和东南亚文化，它是印度与周边国家民族文化在互动过程中逐步形成的。

本部分内容主要介绍印度古代文化。

第一节　古代南亚文化

古代南亚最早出现的人类文明曙光是在印度河流域。

南亚地形分为三部分，北部是喜马拉雅山脉，中部是由印度河、恒河和布拉马普特拉河冲积而成的印度大平原，南部以德干高原为主。印度由流经巴基斯坦境内的印度河而得名。印度河是南亚仅次于恒河的第二大河，这条发源于青藏高原贯穿喜马拉雅山，经过巴基斯坦境内注入阿拉伯海的大河，形成世界大冲积平原之一的印度河平原。

据考古发掘和考证，印度河流域早在旧石器时代就已有人居住，大约公元前3000年，土著居民达罗毗荼人创造了以较为发达的农业文化和较为完备的城市文化为代表的印度河流域文明，成为古代印度文明的最早发源地，它和古代巴比伦、古代埃及以及古代中国文明一起并称为世界上最古老、最辉煌的"四大文明"。但是外来游牧民族的入侵，使城市成为废墟，其文字也成为至今无人能够破译的难解之谜。其后印度文明中心逐渐转向恒河流域。

恒河作为印度第一大河，其文明成为继印度河流域文明之后滋养古印度文化的又一重要源头。雅利安人的到来，开启了印度文化史的新时代，即吠陀时代。

雅利安人的武力征服和文化接受几乎是同时进行的。雅利安文明接受了古印度达罗毗荼人文明，恒河流域文化与印度河流域文化的融合为印度文化的发展和繁荣奠定了基础。吠陀教的产生和在此基础上形成的婆罗门教，以及与婆罗门教密切相关的种姓制度成为吠陀时期印度社会和文化的主流。在吠陀时代后期，进入奴隶社会的印度北方形成诸侯交战、列国称雄的局面，思想文化也进入百家争鸣的时代，因此印度文化在公元前 6 世纪前后迎来蓬勃发展期。

推崇众生平等思想的各种沙门思潮的兴起，是以世俗统治者为代表的刹帝利阶层强烈要求改变社会地位的体现。婆罗门教受到挑战并呈现衰落之势，以佛教和耆那教为代表的宗教成为反对婆罗门教的主力，尤其是佛教在孔雀王朝的阿育王时期被定为国教，成为统一的印度文化形成的标志，也是印度文化大规模对外影响的开始。佛教开始南传斯里兰卡、泰国、柬埔寨、缅甸等周边国家，斯里兰卡成为南传佛教的中心。在此期间，希腊马其顿国王亚历山大东征的部将在犍陀罗地区建立希腊王朝，使希腊文化和印度文化出现融合，犍陀罗艺术就是印度受希腊审美观念影响而创造的一种希腊—印度式佛教艺术。这一艺术后来经由建立贵霜帝国的大月氏人文化数百年的内部整合，特别是在国王迦尼色伽时期开始北传到中国，奠定了佛教作为世界性宗教的基础。贵霜王朝地处中国、印度和西亚文化的交汇之地，在文化交流和传播中起到重要作用。犍陀罗艺术就是随着佛教僧人的脚步一起传入中国的。这时作为南亚文化中心的印度文化为南亚文化圈的形成奠定了基础。

笈多王朝是印度古代文化取得巨大成就的时期，也是印度进入封建社会的200 多年黄金时期，农业成为印度的主要经济基础。王朝采取的优惠政策使婆罗门地位日益提高，种姓制社会也在北印度初具规模，复兴后的婆罗门教发展为印度教。大乘佛教成为部派佛教中的重要代表，那烂陀寺院的建立和阿旃陀石窟的开凿表明佛教仍然拥有相当多的信徒，尤其在 7 世纪曾一度称霸北方的戒日王（606—647）时期，佛教被作为巩固其统治地位的工具再一次受到重视，中国高僧玄奘游学印度受到礼遇。文学艺术也出现繁荣局面，世界文学史上最长的两部史诗《摩诃婆罗多》和《罗摩衍那》经世代口耳相传已被编纂成熟，戏剧创作成就斐然，马鸣、跋娑、迦梨陀娑等名家辈出。寓言故事集《五卷书》的成书以及各种《本生经》的大量出现，是梵语文学达到高峰的体现。这表明以印度为中心的南亚文化圈基本形成，其标志是南亚和东南亚许多国家都确立佛教作为国家意识形态。

但是，作为外来宗教和文化的伊斯兰教自 8 世纪阿拉伯帝国的多次远征从西亚逐渐进入南亚次大陆，使本土与外来宗教之间矛盾加剧。佛教在 12 世纪遭遇伊斯兰教的冲击，一蹶不振，并与毁于战火的那烂陀寺院一起走向衰亡。直到 19 世纪初佛教从斯里兰卡重新传入印度，才奠定了现代佛教复兴的基础。印度教与伊斯兰教之间的冲突显得更为激烈，前者的种姓制弊端受到伊斯兰教平等观念的挑战，使大批低种姓的印度教徒改信伊斯兰教。面临危机的印度教在 15 世纪经过罗摩难陀的改革，在取消种姓歧视、主张各宗教和教派之间平等后，印度教与伊斯兰教才逐渐由对立走向融合。北印度的建筑、音乐、绘画和文学等，也受到伊斯兰教艺术的巨大影响。随征服者传入的波斯语与印地语融合后形成乌尔都语。随着各地方语言的兴起，梵语文学开始走向衰落。

莫卧儿王朝是印度历史上出现的第三个统一帝国。由于该政权的后继者是借助波斯力量得以复位的，所以印度在政治、经济、宗教和文化等方面受波斯影响明显，琐罗亚斯德教作为又一个外来宗教传入印度。阿克巴大帝执政期间实行宽容的宗教政策，使外来的伊斯兰教在与本土印度教结合过程中诞生了一种新型宗教——锡克教。贾汗吉与沙吉汗两位皇帝在位时期，印度文化艺术进入一个新的发展时期，细密画和建筑艺术在这一时期达到高峰，举世闻名的泰姬陵即建于此期。

随着奥朗则布即位后伊斯兰教神权统治的加强，印度教徒和锡克教徒的不满和反抗越来越强。波斯人、阿富汗人先后入侵，使陷入四分五裂的帝国名存实亡。1764 年，莫卧儿皇帝投降东印度公司，沦为英国的附庸，名义上存在到 1857 年。

印度是一个多民族的国家，在历史上屡遭外族入侵，不仅血统混杂，人种繁多，而且语言也多样。据统计，印度共有 106 种语言，500 多种方言，这些语言分属于印度-雅利安语系、达罗毗荼语系、汉-藏语系和澳亚语系四大类。人种和语言的多样化使其传统文化带有多元化的特色。"在悠悠漫长的历史岁月中，印度教文化、佛教文化、伊斯兰文化、锡克教文化、部落文化及基督教文化在印度长期并存，互相影响，互相融合，成为印度传统文化不可分割的部分，并在文学、哲学、天文学、造型艺术诸方面共同创造了丰富的文化遗产。因此可以说，印度传统文化是以印度教文化为主体的多种文化的综合。"①

印度自古以来宗教多种多样，既有本土产生的，也有外来传入的，还有两

---

① 江亦丽，罗照晖. 印度[M]. 北京：世界知识出版社，1998：118.

者斗争融合而成的。所有的文学艺术包括建筑、雕刻、舞蹈、绘画等几乎都以宗教为题材，都浸润着浓厚的宗教氛围并充满浓郁的宗教色彩。可以说，宗教性是印度传统文化的最基本特征。

古代印度文化的传承主要通过学校进行，早期的传统教育主要是婆罗门教和佛教两大系统。12世纪以后，随着穆斯林的进入和佛教的衰亡，又形成了印度教和伊斯兰教两大系统。但宗教场所无一例外成为这些学校传授知识的阵地，如婆罗门的学校被称为道院或净修林，佛教的教育场所主要是寺院如那烂陀，穆斯林学校一般设在清真寺及其附近。教学内容主要是宗教经典以及与宗教生活有关的技艺，所以与宗教有关的音乐、文学、语法等被发扬光大，而丰富的自然科学知识被排斥在教学之外，没有传承下来。

第二节　南亚文化的近现代转型

印度是近代亚洲第一个沦为西方殖民地的国家，也是所有亚洲国家中受西方文化冲击最早、影响最深的一个国家。

15世纪末的地理大发现，将印度展现在西方世界面前，葡萄牙人最先到达，荷兰人接踵而至，他们将在印度收购的便宜香料运往欧洲，牟利颇丰。1600年12月英国人为了同荷兰人竞争，成立了东印度公司。此后，英国殖民主义者先是把葡萄牙、荷兰势力挤出印度，后又在同法国竞争中占据上风，并通过商贸关系大力培植印度人中的亲英势力。到17世纪末期，英国已在印度沿海建成了孟买、马德拉斯和加尔各答三个商业、政治中心，并以此为据点不断向内陆地区扩张。18世纪中期，印度沦为英国的殖民地。此后经过近一个世纪的侵略扩张，1847年英国完全征服印度。自此也开始了印度的近代化历程。

以印度为中心的南亚文化的近代转型主要表现为启蒙主义和民族主义两大思潮。

一、启蒙主义

印度近代启蒙主义首先是以宗教改革的形式产生并发展起来的。随着葡、荷、英、法等西方列强争相到来，欧洲各国传教士持续不断涌入，如葡萄牙传教士于1541年在果阿成立了耶稣会；英国圣公会传教士于1680年在马德拉斯建立第一座教堂，并于 1814 年成立加尔各答大主教区；丹麦和德国的路德教派传教士在 18 世纪初将新教传入印度南部，1914 年在那格浦尔成立了"全国基督教委员会"等。代表西方主流文化的基督教作为一种外来的新宗教进入印度并得以传播开来，其中逐渐被本土化的天主教和新教对印度下层社会成员的吸引力尤为重大，使基督教成为构建印度多元宗教文化一个不可或缺的因素，也使古老而传统的印度教在伊斯兰教之后再一次遭遇强大外来宗教的挑战。在这种情况下，反思与批判落后国民性的启蒙思想和受外力激发而产生的宗教改革运动开始兴盛起来。

印度近代著名启蒙思想家罗姆·摩罕·罗易（1772—1833）自 1814 年就开始从事宗教和社会改革活动，在加尔各答创办了印度最早的民族报纸《明月报》与《镜报》，创办了传授科学知识的近代学校，并于 1828 年成立了致力于宗教和社会改革的组织"梵社"。此外，启蒙运动的团体和组织还有以亨利狄洛吉奥为代表的"青年孟加拉派"，达耶难陀婆罗室阀底创立的"圣社"，辨喜于 1897 年创立的"罗摩克里希那教会"，般吉姆·钱德拉·查特吉创办的"新毗湿奴运动"等。这些"有组织的、有理论的、有传播阵地和实际活动的东方启蒙主义运动首先发生在印度"①，与近代化城市的出现和近代教育的转型密切相关。

现代城市的崛起是印度由传统向近代转型的一个重要标志，也是印度逐渐摆脱传统农业转向商业交通贸易等现代产业的开始。当然这些城市都是西方列强特别是英国殖民者首先为自身利益的需要而修建的，但客观上也为印度独立后的经济发展奠定了基础。如孟买是 16 世纪葡萄牙殖民者入侵后设置的据点，后来英国人从 18 世纪开始填海造地，大兴土木，使昔日的小渔村成为印度著名的商业中心；加尔各答是 1690 年英国东印度公司廉价买下作为屯兵扎寨的要塞，和进攻印度内陆的据点，1775 年被选定为英国在印度的首府，逐步发展为政治中心和繁华商埠。

首都德里在印度历史上数度作为政治和文化中心，入侵后的英国殖民主义者曾长期将总督府设在加尔各答，到 20 世纪初才将新德里作为首府。

南部城市马德拉斯在 16 世纪以前是一座小渔村，英国东印度公司 1628 年租借此地修建贸易中心，随着海外贸易的不断扩大，19 世纪后逐步发展成印南的重要政治、经济、文化中心和交通枢纽。

现代化城市的发展不仅为经济发展提供了各种市场，也为各类人员的聚集提供了不同机遇。东方文化与西方文化、城市文化与农村文化在此相遇交集，不同程度的对立与对抗、冲突与融合，为印度走向世界奠定了良好的基础，如

---

① 王向远. 东方文学史通论[M]. 北京：高等教育出版社，2013：220.

有"东方好莱坞"之称的孟买对促使印度发展成世界第二大电影生产国具有不可磨灭的贡献，有"印度硅谷之称"的班加罗尔作为印度科技研究的枢纽，对印度成为世界第二大软件生产国功不可没。

现代化学校的创建是印度教育向现代转型的又一个标志。英国传教士为传播基督教创办各种英语教育的学院和学校。最早的教会学校创建于马德拉斯，其后是在加尔各答和孟加拉。教会学校和殖民政府推行西式教育，对传统的印度教育体制更新起到了重要作用。

英印政府起初对印度的教育问题不太重视，早期只建立了几所旨在延续印度传统教育的宗教学校和梵文学院，但是这种传统的教育体制已经完全不能适应时代发展的需要，不能培养经世致用的人才，更不能适应社会文化转型的需要。启蒙思想家罗易 1823 年写信给印度总督，抗议政府筹建梵文学院，要求在全印度实行英语教育。他身体力行，于 1816 年在加尔各答创建一所英语学校，后来发展成为著名的"印度学院"。这是由印度人自己创办的第一所现代学校，标志着印度近代教育制度的开端。

此后在英国进步人士和印度开明人士的促动下，推行英语教育、移植英国的办学模式开始执行。1857 年英印政府仿照英国伦敦大学的模式，在加尔各答、马德拉斯和孟买各创办一所大学，后来又在一些主要城市建立了许多大学、学院和中学，其中既有公立也有私人创建，前者如 1882 年创建的旁遮普大学是由教会学校扩建成的综合性大学，基本照搬英国的教学和管理体制，是印度高等学府中地位最高、影响最大的大学；后者如加尔各答附近的圣蒂尼克坦学校，是印度近代著名诗人罗宾德拉纳特·泰戈尔于 1912 年创建的一所半工半读的学校，后来发展为著名的印度国际大学。独立后的印度议会于 1951 年通过议案，宣布该大学为中央大学。1916 年创建贝拿勒斯印度教大学的著名梵学家马丹·莫汉·玛尔威亚认为，教育是唤醒一个国家的最基本手段。

高等院校的创立，成为培养现代化人才的摇篮。当然由英国殖民政府出资建立的公立大学在规模、体制和学科设置等方面更具有现代教育的特征，在人才培养等方面更胜一筹。如孟买大学是印度三所历史悠久、规模庞大的综合性大学之一，圣雄甘地、柯棣华大夫等众多作家、学者和企业精英等都毕业于这所学校。再如以教学和科研双重设置而著称的旁遮普大学曾培养出三名诺贝尔奖得主。

然而殖民政府推行的教育制度的根本目的，不是为了提高印度国民素质，而是为其培养统治所需要的人才，所以殖民政府不重视初等国民教育，大部分小学和一部分中学主要由印度人自己开办。直到 20 世纪初，在印度议员的要求下，立法会通过了关于建立面向全体印度人民的初等教育制度的议案，印度的现代教育体制才正式建立起来。

英语作为印度官方语言和大中小学教育使用的语言，对于地方语言多达上百种的印度来说，在接受西方的思想、制度、宗教与文化等诸多方面提供了极为便利的平台。使用英语进行的文学创作也和近代的孟加拉语文学、印地语文学、乌尔都语文学一起，成为印度近代文学的一个重要组成部分。如用孟加拉语进行创作的印度近代诗人泰戈尔，能够把自己的诗集翻译成英语，从而传入西方，成为他获得诺贝尔文学奖的一个重要条件。

近代城市的兴起和现代化大学的创建以及现代教育体制的建立，客观上为印度近代启蒙主义思想的传播奠定了基础。启蒙主义者大都接受过西方教育或去西方进行过考察，受到西方文化的深刻影响。他们以西方文化为参照反观民族传统，力图用新思想破除印度民族文化体系中的愚昧成分。如国大党领导人圣雄甘地曾到英国学习法律，从律师转为职业革命家；"罗摩克里希那教会"的创办人辨喜出身于刹帝利家庭，大学毕业后成为婆罗门出身的罗摩克里希那的弟子。教会继承者的关系本身就是对传统种姓制度的挑战，而反对种姓压迫、主张宗教团结、提高妇女地位、普及教育和文化的主张则是对传统印度教的改革。

二、民族主义

印度民族主义首先表现为反抗英国殖民统治，如1900—1933年间数次大规模的民族解放运动，其中以1905—1908反对"孟加拉分裂法"的斗争和1919年的"阿姆利则惨案"最为著名。前者起因于殖民政府企图通过孟加拉省的分裂，煽动印度教徒与伊斯兰教徒的纠纷，后者则是英国军队向反对"罗特列法案"的集会群众开枪射击，由此引起了全国范围内的反英斗争。在印度民族解放运动中诞生的国大党及其领导者甘地倡导的"非暴力不合作运动"起到了重要作用。

其次，印度民族主义是国内因宗教信仰不同而引起的民族矛盾，如印度教徒与穆斯林教徒、锡克教徒之间的纷争，以及同一宗教内部不同派别之间的内争。这些狭隘的民族主义使反抗殖民主义的总体力量被削弱，如泰戈尔在长篇小说《戈拉》中描写过激进派、改革派和正统派就印度教改革产生的争论，般吉姆的长篇小说《阿难陀寺院》既反映了出家人与英国殖民者的斗争，也反映出印度教徒与穆斯林之间的矛盾冲突，都是当时印度社会现实的反映。

1947年的"蒙巴顿方案"结束了英国在印度近200年的统治，但由此而引起的印巴分治使南亚文化与文学出现新的格局：以印度教为主体的印度仍然包括其他不同宗教信仰的民族，而巴基斯坦则成为伊斯兰国家。独立后的印度在1950年称为印度共和国，实行西方议会民主制度，国大党长期左右印度政治的发展。但是宗教的政治化和政治的宗教化促使新人民党在1989年大选中获胜，国大党成为在野党。印度政局进入多党制时期。

当代印度在经济发展的同时，一些新的文化产业如电影、软件制造业蓬勃发展。电影在印度是一门年轻的艺术，20世纪初传入后，发展速度非常之快。如今印度已是世界首屈一指的电影生产大国，每年生产近千部影片，坐落在孟买郊外的电影城"宝莱坞"成为印度电影制作中心，可以同时拍数十部影片，有"东方好莱坞"的美誉。近年虽然受到电视、录像等传媒的冲击，电影市场不如过去景气，但仍然是印度最受欢迎的娱乐。

由印度政府第一任总理尼赫鲁1951年创建的印度理工学院，是在联合国教科文组织的资金帮助下，以美国麻省理工学院为蓝本建立的独具印度特色的高科技学院。1963年被列为国家重点院校，在学术界享有世界声誉，被称为印度"科学皇冠上的瑰宝"，是印度最顶尖的工程教育与研究机构。它所培养的 IT 人才遍及世界各地，为印度软件业在世界范围内的成功做出了不可磨灭的贡献。

力量依然非常强大的传统文化也在逐渐适应新的形势做出调整与变化。种姓制度依然存在，曾经消亡的佛教成为斯里兰卡的国教后，又回传到印度，发生变化的贱民阶层成为佛教的主要信奉者。集中于南印的印度基督教徒，虽然也过基督教的各个传统节日，但许多习俗和礼仪也受到了印度教的影响。

现当代时期的南亚，印巴分治和其后孟加拉国的独立，使南亚格局发生重大变化，包括巴基斯坦、印度和孟加拉三国领土的古代印度已不复存在。现代南亚七国中，有以印度教为主，伊斯兰教、基督教、锡克教和其他宗教并存的印度，有以伊斯兰教为主的巴基斯坦、孟加拉国和马尔代夫，有以佛教为主的斯里兰卡、不丹和锡金。总之，宗教的多样化使现当代南亚文化更加多元和复杂。

第九章　古代印度文化

印度，汉译为"身毒""贤豆""天竺"等，是世界四大文明古国之一，在古代时期创造的光辉灿烂文化，成为人类文化宝库的重要组成部分。古代印度文化的发展分为三个阶段，第一个阶段是以印度河流域文明为中心的上古哈拉帕文化，第二阶段是以恒河流域为中心的吠陀文化，第三阶段是中古时期的古典文化。

第一节　哈拉帕文化

哈拉帕文化主要指印度上古文化，是印度河流域的原始居民达罗毗荼人在大约公元前 2500 年创建的以哈拉帕和摩亨佐·达罗等城市文明为代表的文化。

印度河流域是古代印度文明的发源地。据考古学家和专家学者的探察和考证认为，古印度河流域大约在公元前 2300 年开始进入鼎盛时期。从城市遗址中出土的大量文物可以看出，早在哈拉帕时期，人们已经学会了拦河筑坝和修渠引水，对土地进行灌溉，因而农业发达。主要种植的作物有大麦、小麦、棉花等，养殖的牲畜有牛、羊、骆驼等。家用器具则是铜器、陶器与石器等，使用的工具有斧、镰、锯等，彩陶制品种类繁多、做工细致，如护身符、印章、首饰等，做工精细的青铜制品也出现在人们的生活中，如铜像、头像等，这都说明哈拉帕文化已进入金石并用的时代。

尤其值得一提的是，遗址中出土了大量由石、铜、陶、象牙等制成的印章，上面刻的文字或图画表明，当时已经出现了文字。据考证，这种印章文字，是宗教崇拜的一种方式，也是产品所有的标志，更是贸易时代物物交换的凭证。据说从史前起，南亚西北部沿海地区的印度居民就开始与中亚、西亚等地区进行经济、文化等方面的交往。从遗址中出土的大量砝码、印章、青铜等制品以及从阿富汗、伊朗等地输入的物品可以看出，当时的商业和运输业都比较发达，城市以手工业和商业活动为主。尽管这些印章文字至今还没有被后人破译释读，但可以看出哈拉帕文化基本上是一种以农业文化为基础、以农村为依托建立起来的城市文化。

这个时期的城市建筑也已经达到很高水平。城市有卫城和下城两个区域，前者地势较高，墙体高厚，建筑牢固，四周有塔楼，内有粮仓、会议厅、店铺等，还有一个排水系统很完善的浴池（可能是宗教沐浴用），下城部分地势较低，街道整齐，但房屋大小不一，这表明当时的社会形态已有了贫富差别和国家雏形。

哈拉帕文化并不是孤立存在的，其高度发达的文明是在与其他地区和民族文化广泛联系和交流的基础上形成的，"如在这里出土的印章上，刻着古代两河流域古代英雄吉尔伽美什降服狮子和恩启都勇斗天牛的故事，只是将狮子变为老虎，天牛改成了独角兽"[①]。达罗毗荼人最早学会种植棉花，使古代印度河流域成为古代世界最早的植棉地区之一，而制棉技术的发明及其外传，则给世界各地带去了衣被之福。

约在公元前 17 世纪，印度河流域的许多城市遭到破坏，其文明和文化也随之迅速衰落。相关原因说法不一，有些学者认为这是异族雅利安人入侵所致，也有些学者认为是洪水泛滥造成，还有些学者从地质水利的角度考察分析，认为是海岸隆起，使海水后退、河流改道，致使商业城市断掉了经济命脉。其他观点也很多，如有的学者认为是地震、沙漠侵蚀、大旱等自然灾害所致；有的学者认为是当时社会内部的矛盾尖锐，以及争霸斗争激烈造成其衰亡等等。但无论是哪一种原因，或是未知的原因，都不可能彻底消灭印度河流域的文明，只能使其"非城市化"。文明自有它生存的延续性，或者说是迫于某种外力而变换了一种生存方式而已。

哈拉帕文化是南亚次大陆最早产生的文化，学界认为这一文化是由土著居民达罗毗荼人所创造的，所以又称之为达罗毗荼文化。它从公元前 2500 年持续到公元前 1700 年，并对外来侵入者雅利安人的文化产生过重要影响，构成了印度文化的渊源之一。

---

① 郁龙余，孟昭毅主编. 东方文学史[M]. 北京：北京大学出版社，2001：63.

第二节　吠陀文化

吠陀文化是指侵入印度的雅利安人在公元前 1000 年左右在恒河流域创立的以"吠陀"为中心的吠陀文化，又被称为雅利安文化，分为吠陀和史诗两个时期。

一、吠陀时期

雅利安是最早生活在伏尔加河流域的游牧部落集团。大约在公元前 2000 年南迁，其中一支东迁进入印度河流域。他们身材高大、皮肤白皙、体格强健，进入印度河流域后经过长期征战，征服了土著居民达罗毗荼人，并轻蔑地称这些黑皮肤、面部扁平的土著人为"达萨"或"达休"，即敌人之意。

但是作为征服者的雅利安人在某种程度上又继承了被征服者达罗毗荼人的文化，或者说风格迥异的游牧文化经过数百年时间，被印度河流域的农业文化所同化，逐渐由游牧转为定居并从事农耕，不仅会使用木、铁、陶、织等各种工具，而且其万物有灵的原始宗教思想也在与达罗毗荼人的宗教信仰结合后形成了吠陀教。

《吠陀》是吠陀教的最早文献，是宗教诗和圣歌的汇编，也是印度最古老的诗歌总集。

雅利安人在与达罗毗荼人的斗争中发展并扩大了自身的影响。随着人口增加和农垦的需要，他们开始向恒河流域推进，在公元前10世纪初出现奴隶制城市国家，并促进了种姓制度的产生，种姓制度的形成也标志着婆罗门教的诞生。婆罗门教是在吠陀教基础上产生和发展起来的，以《吠陀》为经典。

吠陀本意是知识和学问，后来成为婆罗门教经典之后就转化成教义、经典之意，通常分为《梨俱吠陀》《娑摩吠陀》《耶柔吠陀》和《阿闼婆吠陀》四种本集。

当《吠陀》被作为婆罗门教的经典之后，不同的家族在传授过程中形成不同的派别，各派别所编订的一些文献称为《梵书》。它是指导如何进行祭祀的作品，主要记载举行各种祭祀的规定和论述，也吸收了一些神话传说。各派《梵书》之后，附有各派的《森林书》，据说这些书只在森林中秘密传授，其内容不是讲祭祀，而是讲神秘主义的理论。附在各派《森林书》之后的是各派《奥义书》，书中除神秘主义说教以外，还讨论了一些哲学思想。

《奥义书》出现时，《吠陀》时代已临近结束，因此，《奥义书》被称为"吠檀多"，意即"吠陀的终结"，或"吠陀的究竟"。《奥义书》中较古的部分开始提出"梵"和"我"的哲学问题和哲学理论，以后又大有发展。

《梵书》《森林树》和《奥义书》是用散文写成的文献作品，涉及数学、伦理、语言学、文法学、天文学、医学、音乐舞蹈和农艺等方面的知识，为后世历史学家研究古代印度历史提供了主要依据。

二、史诗时期

吠陀时代后期，印度进入奴隶社会。自公元前 7 世纪诸侯交战到公元前 3 世纪列国称雄，是印度思想上百家争鸣的一个时期。婆罗门教的统治地位受到挑战，各种反对婆罗门教的沙门思潮开始出现，其中佛教和耆那教以众生平等观念反对婆罗门教的种姓制度和特权思想。佛教在统一的孔雀王朝时代，尤其是阿育王时期被作为国教而发扬光大并达到巅峰，开始了向周边国家的传播。

公元前 6 世纪末，西亚波斯帝国的皇帝大流士一世征服了印度西北部地区，并将其属地建为一个行省，这可能是波斯帝国人口最多也最富裕的一个省。两个世纪之后，希腊马其顿国王亚历山大又率兵侵入印度西北部地区。波斯与马其顿的入侵，开始了雅利安文化与东西方发达文化之间的第一次接触。亚历山大帝国的分裂使北方的大月氏人成功入侵印度西北并建立了强大的贵霜帝国，犍陀罗艺术则是印度文化与希腊文化融合的产物。

印度两大著名史诗《罗摩衍那》和《摩诃婆罗多》口传几个世纪并于公元前后成书，是目前世界文学史上最长的史诗。

两大史诗虽然被看作印度教的圣典，但与吠陀相比则是宗教化了的世俗说唱文学。《摩诃婆罗多》意思为"伟大的婆罗多族的故事"，主要描写婆罗多族后代之间的纷争，即以坚战为代表的俱卢族和以般度为代表的般度族围绕王位而发生的战争。《罗摩衍那》的意思则是"罗摩的传说"，主要写罗摩与妻子悉多的悲欢离合。两部史诗无论是以事件为中心，还是以人物为主线，表达的中心问题都与王权纷争和王位继承有关，其中还隐含着王权与神权之争，前者通过对正面英雄人物的歌颂，表达了世俗政权更迭过程中对正法思想的肯定，后者则曲折表达了刹帝力与婆罗门两个阶层之间的矛盾。总之，两大史诗是印度古代社会在转折时期，宗教生活与世俗生活在文学上的反映，是了解印度社会生活的百科全书。

印度河与恒河文明孕育了古代印度的独特文化，尤其是在十几个世纪的时间里，吠陀文化从公元前 1000 年左右到公元后 400 年经历了产生、形成和发展的过程，在此基础上迎来了印度文化的黄金时期。

第三节　古典文化

古典文化是指印度中古时期的文化，是印度历史承前启后的一个重要时期。它上承吠陀文化的史诗时期和早期佛教，下接近代印度文化的近代转型，尤其是公元 3 世纪笈多王朝统一印度，打破当时分崩离析的混乱局面，使北印度大部分地区归于统一，印度古典文化进入黄金时期，也进入了一个宗教自由发展、信仰多样化的时代，形成以印度为中心的南亚文化圈。

宗教的自由发展主要表现为婆罗门教的复兴即印度教开始兴起和大乘佛教的兴盛。古代的婆罗门教吸收了佛教和耆那教的某些教义，在公元二三世纪后再度兴起并逐渐转向印度教。而佛教在经历了原始佛教和部派佛教之后，迎来了大乘佛教的兴盛，其宗教中心那烂陀寺院成为笈多文化的学术中心，中国唐代高僧法显和玄奘曾先后到那烂陀寺院求学取经。阿旃陀石窟的开凿则使壁画与雕刻等佛教艺术在题材与风格方面取得重大进步。佛教文学的《本生经》与婆罗门文人编订的寓言故事集《五卷书》，并称印度故事文学的双璧。

古代印度的数学、医学和天文学等自然科学也取得了巨大成就。源于古代的数学如几何学、指算和定位计数的十进位法等到笈多时期获得了令人瞩目的辉煌成就。古代印度是"阿拉伯数字"的家乡，其定位计数使同一个数字符号因其所在位置不同可以表示不同的数值。笈多时期开始出现"0"的符号，"0"的运用使十进位法臻于完善。著名数学家圣使（476—550）在其著作《圣使集》（499）中曾记述了有关立方、开立方问题。

天文学也取得了巨大成就。印度最早的天文学是出于宗教祭祀的目的，注重对日、月运行的观察并需要测定季节，于是一年被分成寒暑等 6 至 12 个季节。《摩奴法论》和《摩诃婆罗多》中也涉及许多天文和宇宙方面的知识。公元后，印度天文学在吸收外来天文学，尤其是希腊天文学知识的基础上发展成一种具有明显科学性的体系。笈多王朝时期对天体 28 星宿进行比较准确的观察。在历法方面，将一年分为 12 个月，每个月分为 30 天，每隔 5 年加一个闰月，以调整岁差，并将季节分为春夏秋冬四季等。著名天文学家圣使在《圣使集》中不仅提出日食、月食的推算方法,还主张地球自传说,要比欧洲学者哥白尼早 1000 多年。

古代印度医学发达,很早就有医学方面的知识。哈拉帕文化时期的城市遗址中就发现了许多药品,吠陀文献中对疾病的治疗有较多的记载,外科能够进行剖腹、截肢等方面的手术。其后的佛经中也有记载。贵霜时期著名医学家阇罗迦的专著《阇罗迦本集》被称为"古印度医学百科全书",他提出医生必须遵守职业道德等医学伦理,堪与古希腊的希波克拉底誓言相媲美,该著作在 8 世纪被译为阿拉伯文。另一部著名医典是《修罗泰本集》,于 9 世纪时传到阿拉伯,也产生了很大影响。

文化的繁荣促进了梵语文学的发展并取得突出成就。梵语诗歌既有继承两大史诗叙事传统的"大诗"(叙事诗),也有源于吠陀抒情风格的"小诗"(抒情诗)。著名抒情诗人伐致诃利《三百咏》既咏诵自然和爱情,也针砭时弊、劝人为善。戏剧和小说作为新的文学类型得到长足发展,著名戏剧作家有马鸣、首陀罗迦、迦梨陀娑、戒日王、薄婆菩提等,梵语小说作家主要有苏般度波那和檀丁等。

但是笈多王朝遭到从中亚入侵的嚈哒人①的严重损害,解体后的帝国虽然在 7 世纪由戒日王在北印度建立过短暂的霸权,但很快就被新兴起的拉其普特人所替代,进入了持续时间约 5 个世纪(公元 7—公元 12 世纪)的拉其普特时期。自 13 世纪以后,印度不断遭受异族入侵,各种异族统治王朝的建立,如长达 300 年的德里苏丹国和其后的莫卧儿王朝,使统一的梵语逐渐衰落,各地方语言兴起,以印地语、波斯语和乌尔都语文学成就显著。

到公元 13 世纪,佛教在印度本土基本消亡,印度教和外来的伊斯兰教成为最主要的宗教,锡克教则是这两大宗教斗争与融合的产物。受此影响的印地语文学创作出现了苏尔达斯和杜勒西斯(1532—1623)等"虔诚派"诗人。波斯语大诗人阿密尔·霍斯陆(1253—1352)在其诗作中将伊斯兰文化与印度文化彼此交融渗透,独具特色。乌尔都语文学在 18 世纪获得极大发展,产生了以苏达(1713—1780)等为代表的"德里诗派"。

印度古典文化的高扬,促成了哲学、文学、艺术和自然科学的全面繁荣,体现了文明古国深厚的文化底蕴,其中绘画、雕刻和建筑在世界艺术之林独领风骚,数学方面的十进位制为后来欧洲科学的发达奠定了基础。印度文学与佛教文化对周边国家文学和文化的发展产生了重大影响。

---

① 古代生活在欧亚大陆的游牧民族,5—6 世纪一再侵入波斯和印度。据中国史书记载,他们原来居住长城以北,称滑国。是中亚塞种人游牧民族与汉代大月氏人的后裔。西方史学家称之为"白匈奴",即匈奴西迁的变种。

第十章　印度传统文化与艺术

古代印度的传统文化主要是宗教文化，宗教信仰在古代印度具有悠久的历史和广博深厚的传统，从吠陀到婆罗门教再到印度教，从反婆罗门教的耆那教和佛教等宗教的产生和发展，可以看出，印度本土宗教非常发达，几乎是一个宗教的国度。可以说，多样性的宗教是古代印度文化的一个显著特点。

其后琐罗亚斯德教、犹太教、伊斯兰教、基督教及巴哈伊教等外来宗教的传入，使南亚次大陆的宗教更加多姿多彩。各宗教之间的对立与继承，各宗教内部教派的多元与纷争，以及在此基础上孕育出的新宗教等，更为宗教的多样性增添了光怪陆离的成分。到目前为止，宗教仍对印度的社会、文化与政治生活等有着巨大影响。

发达的印度宗教，不仅使各宗教圣地和宗教仪式后来演变成印度著名的旅游景点和信仰者的传统节日，而且与宗教相关的艺术和建筑更是得到长足发展。

第一节　瓦尔纳制度

瓦尔纳制度即通常所说的种姓制度。"瓦尔纳"是种姓的梵语词汇，意思是"颜色"，是皮肤白皙的雅利安人在进入印度河流域后，把皮肤黝黑的土著居民达罗毗荼人蔑称为"达萨"或"达休"，并将他们作为卑贱的种姓分隔出去。后来随着雅利安内部的分化，出现了最初的三个种姓："婆罗门"指主持宗教事务的祭司，"刹帝利"指武士和世俗贵族，从事农工商的平民被称为"吠舍"，这三个种姓被认为是"再生族"。所谓"再生是引进来种族身份"[1]，必须通过一种名为"再生礼"的宗教仪式来完成，即婆罗门教使他们获得了第二次生命。第四种姓被称为"首陀罗"，他们大多是被征服的土著人，属于"一生族"，没

---

① R.塔帕尔.印度古代文明[M].林太，译.杭州：浙江人民出版社，1990：27.

有再生的权利。他们只能从事最卑贱的工作。

起初种姓的区分与社会分工和种族有着一定的联系，每个种姓都有各自不同的社会职责和义务，包括传统的职业、特定的生活方式和习俗等。后来随着它与宗教的联系日益密切，使种姓的区分更具有合法性，进而形成种姓制度，如种姓为职业世袭、内部通婚，它从属父母、肉身传承，永世不得改变。种姓制度的确立标志着婆罗门教的产生。

一、种姓制度与婆罗门教

婆罗门教形成于公元前 7 世纪左右，是由雅利安人信奉的吠陀教演化而来的。吠陀教信仰多神，其崇拜的神多是自然现象的化身，如天神伐楼拿、太阳神苏利耶、雷神因陀罗、风神伐由、火神阿耆尼、酒神苏摩等，其中最受崇拜的因陀罗是雅利安人的保护神，被视为雅利安武士的偶像。上述诸神中多为男性神，是父系社会状况的反映。

婆罗门教也信仰多神，其中创造神梵天、保护神毗湿奴和破坏神湿婆为其崇拜的三大主神。婆罗门教还主张吠陀天启、祭祀万能、婆罗门至上的三大纲领，以《吠陀》为经典。

婆罗门教的产生与种姓制度的形成密不可分，后者是前者的社会基础。

为了确立种姓区分的神圣性和合法性，婆罗门教宣称四种姓是由原人普鲁沙身体的各部分演化而来的：婆罗门是他的嘴，他的双臂造出了武士，他的双腿变成吠舍，他的双脚生下首陀罗。随之而来的是由婆罗门制定的规范种姓的"法"，最著名的就是《摩奴法论》。

《摩奴法论》相传由天神之子摩奴制定，大约编成于公元前 2 世纪到公元 2 世纪之间。作为古印度国家有关宗教、道德、哲学和法律汇编中最有代表性的一部法典，其核心是维护种姓制度，规定婆罗门享有一切特权。因为作为祭司的婆罗门不仅要用口传授诸神降给人类的各种指示，还要为神和祖先传送祭品和献品，因此，婆罗门作为人之最优秀者被称为人中之神，是超越世俗权力的特权阶层。

二、婆罗门教与印度教

婆罗门教义的核心是宣扬善恶有因果，人生有轮回，认为人和一切有生命的东西都有灵魂，躯体死后，灵魂还可以在另一躯壳中复活。人转世的形态是幸福还是悲哀，取决于他本人在现世的行为，即他信奉婆罗门教虔诚的程度。

这种规范人的一切身心活动的"业"的思想，在相当长的时间里主宰着印度人的行为。婆罗门教还认为达到"梵我合一"，即可使人获得解脱。"梵"意为"清净""寂静""离欲"等，是修行解脱的最后境界，是不生不灭的、常驻的、无差别的、无所不在的最高实体，也是宇宙的最高主宰。他们认为梵创造了世界，也创造了人，因此，人这个小宇宙与梵所创造的大宇宙是共通的。人与梵在本质上是等同的，即对于人自身而言，我就是梵，是梵的异名，梵是最高的我。"梵我合一"是最高境界，只有达到"梵我合一"才能摆脱轮回而得到安宁。

婆罗门教是古代印度由原始社会向奴隶社会过渡时期的一种精神产物，是古代印度文化的重要组成部分，也是了解古代印度文化的重要前提，长期以来占据了印度社会的首要地位，成为印度宗教之母。尽管婆罗门教于公元4世纪逐渐衰落，但仍以顽强的生命力渗透进印度教中，使印度长期成为宗教性国家。

婆罗门教曾在佛教、耆那教兴起之后逐渐衰落。公元4世纪前后注意吸收佛教教义和民间信仰，渐渐演变成新婆罗门教。尤其是公元8世纪由商羯罗（约788—820）在吸取佛教和耆那教有益成分的基础上，对婆罗门教某些教义进行改革后，逐渐形成印度教的雏形，印度教即复兴后的婆罗门教。

印度教与婆罗门教一样，也宣传"业报"与轮回思想，主张摆脱轮回，达到"梵我合一"的超脱。但与婆罗门教相比，印度教是一个更为庞杂的宗教体系，囊括了形形色色、各不相同甚至互相矛盾的信仰和实践，但遵守吠陀天启、梵我同一、祭祀万能、业报轮回、修行解脱等基本信仰。印度教受"奥义书"及印度古代哲学的吠檀多派影响较深，它承认吠陀的权威，主要经典是吠陀、"奥义书"和《薄伽梵歌》。

奥义书，其梵文原意是"近座""秘密相会"，引申为师徒对坐而传的秘密教义，主要对宇宙起源、人的本质、命运等问题进行探讨。《薄伽梵歌》是史诗《摩诃婆罗多》第六篇"毗湿摩篇"的一部分，共18章，主要宣扬印度教的哲学和伦理观念，如"法"、业报轮回、解脱等，后来逐渐成为一部独立的印度教经典，在印度教徒心目中占有神圣的地位。

"梵我同一"是印度教最核心的概念，与业报轮回、精神解脱相辅相成。"梵"是宇宙的最高本体和万物的根基，无形无相，不可描述，"我"即个体灵魂。印度教认为，人的灵魂只是梵的显现，二者是统一不二的。但由于芸芸众生受无明（无知）的遮蔽，无法认识这一真理，因而迷恋世俗生活，在生死中不断轮回。

印度教承认吠陀经典的权威，认为吠陀是神的启示，是不可怀疑和不可更改的。"业报轮回"即"善有善报，恶有恶报"。奥义书认为，自然界一切生物，都依据自己的行为（业）得到果报，并不断在生死轮回中流转。只有潜心修行，才能亲证梵我同一的真谛，停止轮回，达到解脱。解脱是印度教的最终目的和人生的最高目标。

印度教除崇拜三大神外，还崇拜他们的化身和配偶，如创造神梵天的妻子是智慧女神萨拉斯瓦蒂；保护神毗湿奴最受崇拜的是罗摩、黑天等化身和称为"吉祥天女"的妻子，即财神拉克希米；破坏神湿婆最受崇拜的形象是苦行者、舞蹈之神、毁灭之神和林伽，以及他的三个妻子——"雪山神女"帕尔瓦蒂、女神杜尔迦和迦利女神。另外，象头神伽尼沙和神猴哈奴曼是印度教崇拜的动物神。

第二节　佛教建筑与艺术

以建筑和雕刻为代表的印度古代艺术与宗教发展密切相关，并随着宗教的发展越来越盛行。佛教建筑大约在公元前3世纪阿育王统治孔雀王朝的时期至公元后5—6世纪达到隆盛，耆那教建筑也在同时期得到发展。印度教建筑的鼎盛时期是在笈多王朝以后的13世纪。随着宗教的发展，甚至出现三教共建一地的现象，如沿着山体斜坡开凿的埃罗拉石窟，开凿年代约从公元3世纪到13世纪，近千年开凿的现存34个洞窟，早期主要是佛教洞窟，中期主要是印度教洞窟，晚期则为耆那教洞窟。另外还有以泰姬陵为代表的伊斯兰风格的建筑和以阿姆利则金庙为代表的锡克教建筑等。

一、佛教的发展

佛教兴起于公元前6世纪左右，是随着印度社会和经济生活发生变化而出现的反婆罗门教的沙门（意为勤息、勤心、净志）思潮中影响最大的宗教。它以众生平等的理念挑战婆罗门至上等信仰，使婆罗门教的正统思想开始动摇并逐渐衰落。

佛教的创始人乔达摩·悉达多（约公元前566—公元前486年），是释迦族王子，青年时即感到人世变幻无常，深思解脱人生苦难之道，29岁时出家修行，静心冥思，35岁觉悟得道成佛，他因此被称为佛陀，意译为觉者，即"大彻大悟"之人。此后，他在恒河中下游传教45年，被佛教徒称为释迦牟尼。

佛陀传教主要靠口头宣讲，基本没有留下文字资料。佛教发展经历早期佛教、部派佛教、大乘佛教和密教等几个时期，到公元13世纪在印度消亡。

早期佛教把重点放在探讨人生问题上。作为反对婆罗门教的沙门思潮之一，它反对创世神的说法，其基本教义是"四谛"，也称"四真理"，即"苦、集、灭、道"，其核心是"苦"。

佛教认为现世人生充满了苦难，除生、老、病、死外，还有"怨憎"、与爱别离苦、求不得苦以及"五蕴苦"等。"集"是产生"苦"的原因，是由每个人自身的"惑""业"所致。所以想要摆脱痛苦就只有灭除世俗欲望，依照经、律、论三藏进行修行，才能超出生死轮回范围达到最高目标，即"涅槃"或"解脱"。佛教的上述主张，主要包含在"三法印""四圣谛""八正道"等基本教理之中。[①]

佛教以众生平等思想反对婆罗门教的种姓制度，同时又继承了婆罗门教的生死轮回观念，宣扬善恶有因果，人生有轮回。

佛教在释迦牟尼去世后的一二百年间迅速发展，在公元前4世纪左右逐步有了部派之分，进入部派佛教时期。到公元前3世纪的孔雀王朝[②]时期的阿育王在位时，将佛教定为国教，佛教兴盛并开始向外传播，逐渐成为世界性的宗教。

佛教向亚洲各地传播，大致可以分为南北两条通道：向南最先传入斯里兰卡，由此又传入缅甸、柬埔寨、老挝等国；向北经帕米尔高原传入中国，又由中国传入朝鲜、日本、越南等国。南传的主要是小乘佛教，北传的主要是大乘佛教。随着海运的发达，大约从5世纪起，僧人和商人等又将佛教的小乘、大乘两派，先后传入印度尼西亚的苏门答腊、爪哇、巴厘等地。7至8世纪，佛教金刚乘（密教）由印度、尼泊尔等地传入中国西藏。10世纪中叶以后，藏传佛教又辗转经青海、甘肃等地进入蒙古地区以及俄国布利亚特蒙古族居住地。佛教既是印度文化的组成部分，又是印度文化的重要传递者。

二、佛教建筑与艺术

伴随佛教而兴起的建筑有"窣堵波"和"毗诃罗"等形式。"窣堵波"的意思是塔，佛塔又名浮屠（梵语"佛陀"的音译），最初用来供奉舍利、经卷或法物等圣物，供信徒瞻仰膜拜。早期佛塔是一个半圆形的大土冢，主要形式是一个由砖石建成的半圆形丘顶，塔的底部有基台和围栏。最早的佛塔建于阿育王时期，现存比较完整的是桑奇佛塔，其塔门浮雕代表了早期佛教雕刻的最高成就。

---

① 孟昭毅，曾艳兵. 外国文化史[M]. 北京：北京大学出版社，2018：71.

② 印度历史上第一个统一王朝（约公元前324年—公元前约185年），因其创建者旃陀罗笈多出身于一个饲养孔雀的家族而得名。

如果说孔雀王朝时期雕刻艺术因佛教的发展而取得很高成就，那么贵霜时期的犍陀罗艺术，则是印度本土艺术与希腊建筑艺术结合的产物，其最突出的标志是希腊式的佛像雕刻，佛陀的脸型和衣纹的雕刻都采用了希腊技法。到笈多王朝时期，佛教雕刻艺术已经完全将外来影响融合到印度本土的传统中，最杰出的代表是公元5世纪的《鹿野苑说法佛陀》，雕刻家以高超的技艺雕出佛身上的衣纹，看上去就像穿着一件极其细薄透明的袈裟，充分展现了男性的人体美。

"毗诃罗"指僧房。阿育王时期的僧房有两种形式，一种是平地建寺，一种是凿窟建寺，最有代表性的是阿旃陀石窟，石窟中的壁画则是印度古代壁画的重要代表。佛教艺术主要有供佛教徒供养敬奉的佛陀和菩萨画像，还有根据佛经故事绘出的经变画。佛教绘画中最初不出现佛陀本人的形象，而是采用象征性处理手法，用莲花、法论或足印代表佛陀。犍陀罗艺术出现之后，才有佛陀本人的形象出现。佛教绘画艺术在笈多王朝时期达到了顶峰，以阿旃陀石窟的壁画艺术最有代表性。

古代印度的艺术成就辉煌璀璨，具有独特的艺术个性，尤其是佛教产生并随之兴起的佛教文化艺术，取得了令世人瞩目的成就。它随佛教的传播而传向世界各地，并与当地文化艺术相结合，成为各自民族文化的一部分。古代印度艺术的这种开拓之功和承前启后的作用，是人类文化史上值得大书特书的一页。

第十一章　印度文化的近代转型

15 世纪末的地理大发现，开辟了西方通往印度的新航路，近代印度开始进入长达近四百年之久的被殖民历程，与之相随的是西方文化对殖民地本土文化的渗透，作为外来文化的基督教成为印度宗教队伍中的新成员。尤其是 19 世纪中叶以后，英国的殖民统治在印度全面确立，使西方文化与印度传统文化发生全面碰撞、交融和整合，印度民族意识的觉醒、启蒙思潮的兴起和民族解放运动的不断高涨标志着印度文化与文学的近代转型。

第一节　传统文化的转型

从 16 世纪初到 19 世纪中叶，伴随着西方殖民势力的步步侵入和英国东印度公司在印度殖民霸权的建立，西方文化的影响日益加深，印度传统文化发生变异，并在与西方文化的冲突和交融中逐渐向近现代转型。

一、宗教与教育

印度传统文化的近现代转型，发轫于西方基督教文明在次大陆的输入与传播。一般认为，西方基督教传入印度是公元 4 世纪。到 17 至 18 世纪中叶，基督教在次大陆的传播、扩展逐步得以强化。随着以基督教文化为核心的西方资本主义文明的冲击和渗透，19 世纪初期以后，一批出身于地主和商业资产阶级家庭的知识分子在勇于吸纳西方文化有益成分的同时，深感其传统的宗教意识束缚着人们的头脑，阻碍了社会的进步，发出了宗教改革与社会改革的呼声。在此背景下，被尊为"近代印度之父"的罗姆·摩罕·罗易（1774—1833）于1828 年在加尔各答创立了近代第一个印度教改革团体"梵社"。该组织在宣传新的宗教思想、兴办新型学校、传播西方科技和鼓励国民参政等方面做了大量的开拓性工作。

英国征服印度后，西方文化对印度的冲击和影响给教育领域带来了最为明显与深远的变化。18 世纪后期，英国殖民当局把英语教育逐步引入印度，以适应时势的要求，现代教育制度也因此在印度确立。1857 年，仿照伦敦大学模式的印度第一所大学——加尔各答大学正式创建。仿西方的现代教育制度的确立，一方面刺激了印度现代知识分子阶层的崛起与扩大，另一方面也促进了不断接受西方自由、民主、平等思想与观念的印度新兴资产阶级和现代知识分子所领导的民族独立运动的兴起。

与此同时，对殖民社会种种现实的揭露、批判、反思和维护民族尊严的自觉性，推动了从 17 世纪下半期开始萌芽的印度近代文学的发展。到 19 世纪中期后，它一改中世纪古典文学脱离实际的形式主义创作手法和体裁限制，向主要表现社会现实性和历史文化性的方向转化。而由英国带来的西方文化思潮，特别是英国浪漫主义诗歌和英法现实主义小说在印度的翻译出版，也影响了印度近代文学的发展。印度近代的著名诗人和作家泰戈尔（1861—1941）是获得诺贝尔文学奖的第一个东方作家，其作品既有对殖民者专横暴虐的鞭挞，也有热烈颂扬爱国的激情，还有对封建礼教、宗教偏见、种姓对立、落后习俗的批判以及追求自由解放的理想，在一定程度上反映和展现了近代印度人民反殖反帝反封建斗争的时代精神。

二、科学与技术

印度近代科学技术的产生是西方工业文明输入和影响的结果。英国为了方便和确保军事、行政与经济上对印度的控制，带来了大量的西方近代科学技术，如测量学、三角和几何学、水文地理和地质学，并建立了几十个有关上述学科的科研机构。印度资产阶级启蒙活动家也热衷于科学知识的普及和西式教育，19 世纪中期之后，印度各地先后创办了不少新式学校，特别是新型大学和学院，为近代科学技术的传播与发展提供了有利的条件。印度科学家经过长期艰苦的努力，取得了相当大的成就，甚至在个别领域达到了世界先进水平。如物理学家拉曼博士（1888—1970），因发现具有重大理论意义的光的组合散射现象——"拉曼效应"而获得了 1930 年的诺贝尔物理学奖。

19 世纪 20 年代，在印度孟加拉这个资本主义经济最早产生的地方，出现了一批资产阶级知识分子，他们成了印度资产阶级启蒙运动的先驱。而这一运动又是同印度的宗教改革运动和资产阶级政治改良运动密不可分的。

罗易是印度近代启蒙运动的先驱、社会活动家和印度教改革家，其思想和活动对后来印度民族主义运动产生过重大影响，被尊称为印度的"近代之父"。

在罗易之后，印度教中出现了很多宗教和社会改革团体。其中印度近代最大的哲学家、著名的社会活动家、印度教改革家辨喜创立的"罗摩克里西那教会"主张以印度教为基础建立一个新的宗教——"人类宗教"。他对印度教中的各种黑暗现象和陈规陋习进行了批判，提出"宗教要为贫苦人民服务"。他号召印度不同民族、宗教和种姓联合起来，打破宗教对立和种姓隔阂，改善劳动人民的处境，提高妇女地位，普及文化教育，发展民族工商业。他还号召印度人民要以"抗恶"的精神粉碎封建主义和殖民主义带来的精神枷锁。他的理想是在印度教的精神基础上建立一个西方资产阶级式的民主社会。他的社会政治主张对后来开展的印度民族解放运动有重要影响。他所创办的"教会"后来发展成为印度教中最有影响的团体。

著名的伊斯兰教哲学家、诗人、社会活动家伊克巴尔（1873—1938），在伊斯兰教改革运动中有很大影响。他从唯物主义出发，对伊斯兰教的教义进行了解释，否定了形式主义、命定主义，提出了"行动"学说，认为人是在行动中不断发展起来的，人必须先顺从物质世界而后征服这个世界。他认为穆斯林应以尊敬而独立的态度对待现代知识、运用现代知识。他的思想反映了穆斯林要求改造旧世界、建立新秩序的愿望，受到印度、巴基斯坦广大人民的尊敬。

第二节　文学的近现代转型

印度近代文学孕育于 17 世纪下半叶，开始于 19 世纪中叶，进入 20 世纪以后，随着民族解放运动的日益高涨，文学与现实的关系日益密切。为使文学服务于民族解放事业，多数作家都用地方语言进行创作，涌现出一大批用民族语言进行创作的知名作家。印度现代文学是指第一次世界大战结束后到 1947 年独立期间的文学。

一、近代文学

印度近代的民族语言文学中，以北印度的印地语文学、东印度的孟加拉语文学，及以德里、勒克瑙两地为中心的乌尔都语文学的成就较大。此外，泰米尔语文学、马拉提语文学等其他民族语言和地方语言文学也有新的发展。

东印度的孟加拉是资本主义经济发生最早的地方，也是新的经济、文化中心。民族资产阶级知识分子最先在这里开展启蒙活动。他们组织社团，创办报刊，宣传民主主义思想，摆脱传统的神话和宗教内容，直接反映社会生活，表现新思想的小说、戏剧、散文、新诗应运而生，出现一批著名作家。

般吉姆·钱德拉·查特吉（1838—1894）是印度近代文学的奠基人，他用英文和孟加拉文创作，主要成就是 18 部长篇小说。《毒树》（1872）第一次提出寡妇再嫁的问题，揭露封建伦理道德对妇女的摧残。历史小说《阿难陀寺院》给他带来盛誉，其中有一首《礼拜母亲》的诗表达了人民的爱国主义激情，成为群众集会时歌唱的进行曲。泰戈尔为之谱曲后，在 1950 年印度共和国成立前一直作为印度国歌。

萨拉特·钱德拉·查特吉（1876—1938）是印度孟加拉文坛上仅次于泰戈尔的重要作家，以长篇小说成就最大。《嫁不出去的女儿》《道德败坏的人》都是批判封建礼教对女性的摧残。给他带来盛誉的是自传体小说《斯甘里特》。小说通过四个年轻女性的不同遭遇和坎坷命运，控诉了封建礼教、种姓制度、宗教盛典对人性的摧残，也揭露了殖民主义的残暴嘴脸。他以丰硕的成果为印度近代文学做出了贡献。

泰戈尔（1861—1941）是印度近代文学最杰出的代表，代表诗集《吉檀迦利》获得 1913 年诺贝尔文学奖，他成为亚洲第一个获此殊荣的作家。

孟加拉语的戏剧创作也取得了很大成就，如被称为"孟加拉戏剧舞台之父"的吉里希金德尔·考什（1844—1911）既写剧本也参加演出，并在孟加拉建立"民族剧院"，成为第一所永久性剧院。他创作近 80 部戏剧，主要有《班度人的陌生居所》《罗摩的林中生活》《阿育王》《莫希妮》等。

北印度的印地语文学在继承梵文史诗文学和古典文学传统的基础上，随着印度民族的觉醒和社会经济的发展开始了革新的过程，其体裁也趋于近代化和现代化。如文坛领袖帕勒登杜·谢里赫金德尔（1850—1885），其创作开拓了近代印地语戏剧、散文和诗歌的新天地。

乌尔都语文学在 19 世纪末也进入启蒙时期，走上了革新之路。小说家伊克巴尔（1877—1938）成就最大，其诗歌创作对现代乌尔都语文学产生了深远的影响。诗人通晓东西方多种语言，对东方文化特别是哲学、宗教体系有较深的造诣。他一生创作不息，留下了十分宝贵的文学遗产，因《秘密与奥秘》（1915—1918）、《波斯雅歌》《驼队的铃声》（1924）等诗集被誉为"东方诗人"和"生活诗人"，其诗作鲜明的时代精神和爱国主题成为鼓舞印度各族人民争取自由解放的有力武器。

二、现代文学

印度现代文学以 1936 年印度"进步作家协会"成立为界，分为前后两个阶段。

20 世纪初到 20 世纪 30 年代中期是现代文学的确立阶段，民族主义文学是现代文学的主流，包括诗歌、小说等，但戏剧和散文成就不太突出。

现实主义小说是印度现代文学繁荣的主要标志。普列姆昌德被称为"印度小说之王"，他用乌尔都语和印地语创作，表达了印度农村农民生活的呼声，具有强烈的时代色彩，是印度文学史上继泰戈尔之后的伟大作家。

多语种多语言文学传统是现实主义小说家的一个特点，如印地语作家高西格（1891—1946）和苏德尔辛（1896—1967），孟加拉语作家毗菩提·菩山·班纳吉（1894—1956）以及泰米尔语作家卡尔基（1899—1954）等。

1936 年成立的印度进步作家协会，成为团结印度进步和民主作家的文学组织，也标志着印度文学新时代的开始，重要代表有英语作家安纳德、孟加拉语作家马尼克·班纳吉（1908—1976）、乌尔都语作家查希尔和克里山·钱达尔（1914—1977）、印地语作家本德和耶谢巴尔（1903—1976）等。

克里山·钱达尔是现代乌尔都语文学的杰出代表，是一位勤奋多产的作家，共发表中长篇小说 30 多部、短篇 400 余篇、电影剧本 30 多个，还有大量报告文学、散文、杂文等。代表作《失败》是一部带有自传性质的长篇小说，表现出浪漫主义的诗意与现实主义深刻批判的高度结合。

第十二章　印度文学专题

第一节　迦梨陀娑

迦梨陀娑是印度古代文学史上最著名的古典梵语诗人和剧作家，尤其是在戏剧方面的成就使他有"印度的莎士比亚"之称。1956年被世界和平理事会列为世界十大文化名人之一。

一、生平与创作

迦梨陀娑的生卒年不详，大概生活在公元3世纪中叶到4世纪中叶。"迦梨"是印度女神的名字，"陀娑"意为奴隶，意思为"迦梨女神的奴仆"。关于这个名字有多种传说，其中之一是，他原本是一个牧人收养的婆罗门孤儿，成人后与一位公主结婚，因没有接受太多的教育而在言行举止方面显得无知和粗俗，这使他感到非常羞愧。在公主的劝说下，他去迦梨女神庙祈祷，其诚意感动了迦梨女神而被赏赐大智慧最终成为大诗人。这显然是后人根据迦梨陀娑这个名字所编的故事。

迦梨陀娑为后世留下了众多作品，现存公认属于他的作品有7部：抒情短诗集《时令之环》，抒情长诗《云使》，长篇叙事诗《鸠摩罗出世》《罗怙世系》，剧本《摩罗维迦与火友王》《优哩婆湿》《沙恭达罗》。其中《云使》和《沙恭达罗》是迦梨陀娑的代表作。

《云使》是迦梨陀娑的长篇抒情诗，也是印度文学史上的第一部抒情长诗，代表了印度古代长篇抒情诗的最高成就。

长诗分为《前云》和《后云》两部分，共115颂。主要写主人公药叉（印度神话中的一种小神仙，是财神俱毗罗的侍从）因玩忽职守受到主人诅咒，被贬谪到南方偏远的罗摩山静修林中静心反省，他不得不离开北方家乡阿罗迦城而与爱妻分离一年。在山中居住8个月后的一天，正是雨季来临时节，他看见一朵雨云飘上山顶。这片缓缓飘向北方的雨云，引起了药叉的思念之情。他向雨云致意，委托它作为自己心灵的使者，请它转达自己对妻子和家乡的一腔思恋。他不仅详细向云使讲述北去家乡的路线和沿途风光，还向它描述了美丽娇妻的花容月貌。最后，他向云使致意，希望它在转达自己的心意后，早日平安归来。

离愁别恨通常是最能引起人之伤感的情绪，也是文学作品擅长描写的永恒主题之一。《云使》紧紧围绕这个主题进行铺陈，但迦梨陀娑不同于一般文学作品的处理是，他将离别的愁绪表现为炽热的情感和热烈的相思。对药叉来说，被贬离家是身处逆境，深居山林本该静心反省，但他却在生命的逆境中表达相思恋情，既显示出对人生的通达，也表现出对生活和生命的热爱。尤其是药叉眼中的娇妻被诗人以优美的文笔描绘为"因乳重而微微前倾，以臀丰而行路蹒跚"的古代印度绝色佳人，充分体现了印度文学想象丰富、构思奇绝、譬喻绮丽、感情真挚的特点。更为人称道的是，诗人采用拟人化手法将自然界的雨云赋予人的情感，使其作为药叉心灵的使者，成为传情达意的中介和桥梁。从此后人纷纷效仿，形成了"信使体"诗歌，如《风使》《月使》等。

二、《沙恭达罗》

《沙恭达罗》是迦梨陀娑的戏剧代表作，沙恭达罗在梵语中是孔雀女的意思。这是一部七幕剧，其情节取材于《摩诃婆罗多》和《莲花往世书》，主要描写国王豆扇陀和净修女沙恭达罗之间的悲欢离合。

国王豆扇陀外出打猎，因追逐一头梅花鹿来到净修林。在苦修者的劝说下，豆扇陀收起弓箭并被邀请到净修林做客，巧遇正与两个女友在树林中浇花的沙恭达罗。沙恭达罗是天神的女儿，被遗弃人间后由净修林中的主人干婆收养。豆扇陀与沙恭达罗一见钟情。可是不久传来王太后命令并派人请豆扇陀回宫廷过节，两人在离别后都相思成疾。再次返回净修林的国王见到了正在向女友倾吐心曲的沙恭达罗，于是他们在净修林中的凉亭下互表爱意，又按照"干阖婆"的方式即私自订婚的方式自由结合。

豆扇陀在返回京城前，留给沙恭达罗一枚刻有自己名字的戒指作为信物，并许诺不久就会接她进宫。豆扇陀走后，沙恭达罗沉溺于相思之中，神情恍惚之下怠慢了路过净修林的大仙人。大仙人怒而诅咒沙恭达罗将永远被豆扇陀遗忘。后经她的两个好友求情，大仙人提出只要豆扇陀能看到那枚作为信物的戒指，诅咒就会失掉力量。

沙恭达罗的养父派人护送已有身孕的她进京城去找豆扇陀。但在路上洗手祭水时戒指不慎坠入河中，大仙人的诅咒应验。当宫廷相见时，面对失去记忆的豆扇陀，沙恭达罗努力用他们相爱的往事来启发他却无济于事，想拿出那枚戒指来证明自己的身份却发现已被遗失，痛苦的沙恭达罗被天神母亲接走。

一位渔夫网到一条红色鲤鱼，剖开鱼腹时发现了一枚戒指。当他拿到市场售卖时被卫兵抓捕带到宫廷。见到戒指的豆扇陀立刻恢复记忆，想起了沙恭达罗，并为自己的行为后悔不已。天神同情豆扇陀便派使者邀请他到天国协助征讨妖魔，取得胜利的豆扇陀途径金顶仙山，遇见一个正在戏耍狮子的男孩，从与仙女的谈话中得知这是沙恭达罗的儿子。恰在这时沙恭达罗出现，豆扇陀上前下跪求情，沙恭达罗原谅了他，最终一家团聚。他们拜别仙山上的列位尊师，豆扇陀携带儿子婆罗多返回京城。这位婆罗多就是印度民族的祖先，传说中最早的国王——转轮王。

沙恭达罗是一位具有印度古典美的女性形象。她温柔美丽，天生丽质，穿的是树皮做的衣裳，手上戴的是荷花须子，具有朴素的外表美和自然美。她和大自然的一切都有真挚纯洁的感情，如把常春藤称作妹妹，把失去母亲的小鹿称作义子。当沙恭达罗要离开森林的时候，净修林中的所有动物都以不同的方式表达了对她的眷恋。

沙恭达罗敢于追求自由的爱情和自主的婚姻，在柔顺中又表现出刚强。她与豆扇陀一见钟情，并以干闼婆的方式结婚，冲破了等级制度的限制。特别是面对因失去记忆而忘恩负义的国王豆扇陀，她敢于发出斥责并愤怒出走。

《沙恭达罗》之所以成为印度古典戏剧的代表，其艺术魅力历经千古而不衰，主要在于通过塑造美丽纯真的沙恭达罗形象赞美纯真的爱情，颂扬下层人民的正直善良和他们对美好生活的向往，并以婉转曲折的方式鞭挞统治者的灵魂。正如德国诗人席勒曾在一封信中写道："在古代希腊，竟没有一部书能够在美妙的女性温柔方面，或者在美妙的爱情方面与《沙恭达罗》相比于万一。"

《沙恭达罗》在艺术上也颇具特色，全剧诗意盎然，情节波澜起伏，人物性格鲜明，心理刻画细腻，风景描绘优美，语言丽而不华、朴而不质，达到了内容和形式的完美统一。特别是第四剧通过动作来外化人物的内心矛盾，"她一抬脚向前走就倒在地上"表现出沙恭达罗别离净修林时的心理：往前走是为了尽快见到她日思夜想的情人，倒在地上则表现了她对净修林所有的人与物依依不舍的感情。

另外，作者对戏剧环境的精心设计也是独具匠心。剧中有自然环境、社会环境和神界环境，净修林的自然环境呈现出的纯朴，使净修女沙恭达罗和国王豆扇陀的结合成为可能；以宫廷为代表的社会环境呈现出的复杂人际关系，必然造成沙恭达罗和豆扇陀的分离；而超越自然与社会之上的神界环境，则是促成本是人间悲剧转化为大团圆喜剧结局的不可或缺的环节。

第二节　泰戈尔

罗宾德拉纳特·泰戈尔（1861—1941）是印度近代文学的光辉代表，在诗歌、小说、戏剧以及音乐绘画等方面都取得了突出成就。1913 年他因诗集《吉檀迦利》成为第一位获得诺贝尔文学奖的亚洲作家，也是第一位获得诺贝尔文学奖的东方诗人。

一、生平与创作

泰戈尔出生于印度西孟加拉邦加尔各答市的一个颇有威望的婆罗门家庭，祖父是 19 世纪初孟加拉启蒙运动的积极支持者，父亲戴本德拉纳特·泰戈尔是哲学家和宗教改革者。泰戈尔是家中的第 13 个孩子，他的哥哥姐姐及年龄与他相近的侄辈中有不少都是文学艺术界的活跃分子，对孟加拉文学和艺术做出了各自的贡献。泰戈尔虽然没有在学校完成正规学习，但自幼在这样一个富有文化教养的家庭中受到良好教育和熏陶，使他很早就显示出优秀的文学天赋。

泰戈尔 7 岁多就尝试写诗，14 岁发表诗篇《献给印度教徒庙会》，15 岁发表第一首长诗《野花》，16 岁发表叙事诗《诗人的故事》。1878 年随兄长赴英国留学，但没有按照父兄的意愿学习法律，而是进入伦敦大学研读英国文学和西方音乐，1880 年 2 月回国后主要从事文学活动。1886 年发表的诗集《新月集》被印度各级学校作为必选的文学教材。1890 年泰戈尔移居父亲的谢利达庄园管理家族田产，接触到当地贫困的下层劳动者，农村落后的现实激发了他的思考，也对其后的创作产生了重要影响。1901 年他在圣地尼克坦创办了一所半工半读的学校，这所学校在 1921 年发展为著名的印度国际大学。

1905 年，泰戈尔离开乡村返回加尔各答，积极投身民族解放运动，反对英国殖民当局推行的孟加拉分裂政策。在此期间，妻子、女儿、好友以及父亲的相继去世使他在情感上遭受多重打击，也由此引起他对生命和死亡等问题的深刻思考，这在他的抒情诗和小说创作中都有体现，尤以 1912 年在英国出版的著名诗集《吉檀迦利》为代表。

1914 年第一次世界大战爆发，泰戈尔与其他世界文化名人一起组织反战团体，呼吁和平。1919 年为了抗议英军士兵镇压印度人民的阿姆利则惨案，泰戈尔拒绝了英国国王授予的爵士称号。从 1920 年到 1935 年，泰戈尔频繁出访世界各国，曾先后到英国、美国、法国、日本、丹麦、瑞典、中国、前苏联等访问并多次发表演讲，谴责殖民主义和帝国主义的侵略政策，同情被压迫民族，阐述自己的宗教观、文化观和文学观。除继续在诗歌、小说和戏剧等方面进行创作外，在音乐、绘画等领域也收获颇丰，印度国歌《人民的意志》和孟加拉国国歌《金色的孟加拉》都是由泰戈尔作词并谱曲。

1941 年 8 月 7 日，泰戈尔在加尔各答逝世，享年 80 岁。

泰戈尔为后世留下了丰厚的文学遗产，他一生共创作 50 多部诗集、13 部中长篇小说、100 多篇短篇小说和 60 多个剧本，还创作了 2000 首歌曲和 1500 多幅画以及包括多篇游记、日记、演讲集与文论集在内的散文创作。其文学创作分为三个时期。

19 世纪 80 到 90 年代是泰戈尔创作的第一个时期，主要以诗歌和短篇小说为主，兼及戏剧。在 80 年代初期发表音乐诗剧《瓦拉米基的辉煌》（1881）和《死神的狩猎》（1882）之后，随着抒情诗集《暮歌集》（1882）和《晨歌集》（1883）的出版，泰戈尔成为孟加拉语诗坛上一颗耀眼的新星，其后发表的诗集有《摇篮曲》（1884）、《刚与柔》（1886）、《心中的向往》（1890）、《金帆船》（1894）、《缤纷集》和《收获集》（1896）、《微思集》（1899）、《故事诗集》和《刹那间》（1900）等，此外，还有历史小说《王后市场》（1883）和《圣贤王》（1887）以及多个短篇小说。

20 世纪初期到 20 年代是泰戈尔创作的第二个时期，也是其创作的成熟期与丰收期，涉及诗歌、小说、戏剧、散文和文学批评等领域。与前一时期相比，该时期的作品在思想内容和艺术手法上都有质的飞跃。诗歌有孟加拉语诗集《祭品集》（1901）、《怀念集》（1903）、《渡口集》（1905）、《献歌集》（1910）、《歌之花环》与《妙曲集》（1914）、《鸿雁集》和《白鹤》（1916）、《逃避》（1918）和英文诗集《吉檀迦利》（1912）、《新月集》与《园丁集》（1913）、《飞鸟集》（1916）等；小说主要有中篇《四个人》和长篇《眼中沙》（1903）、《沉船》（1906）、《戈拉》（1910）、《家庭与世界》（1916）以及大量的短篇小说；戏剧主要有《王冠》（1908）、《国王》（1910）、《邮局》（1911）、《春》（1917）、《摩克多塔拉》（1922）、《红夹竹桃》等；散文著作有《生活回忆录》（1912）、《民族主义》（1917）、《人格》与《创造的统一性》（1922）、《人的宗教》（1921）、《西方游记》（1929）等；文学批评集有《现代文学》《民间文学》《古代文学》和《文学》等。他在谢利达庄园与下层人民的接触，使他的作品变得有血有肉。他个人生活的不幸及民族革命运动的发展，又进一步促使他深思生与死、民族与人类的命运问题。

在民族问题上，他反对狭隘的家国思想，梦想和谐的世界秩序，以颂神的笔调来追求超乎一切的抽象之美。该时期的小说往往充满诗情，被人们称为诗化小说。其诗歌寓有深刻的哲理和浓郁的民间民族色彩，具有清新刚健的气息和新颖和谐的节奏。其戏剧创作受到古典梵文剧本和孟加拉民间戏剧的影响，保留了抒情的特点。

20 世纪 30 年代以后是泰戈尔创作的第三个时期。主要诗集有《终了》与《再一次》（1932）、《最后的旋律》（1935）、《边沿集》与《晚灯集》（1938）、《天灯集》（1939）、《新生集》（1940）、《病榻集》与《生辰集》（1941）等；小说有中篇《两姊妹》（1933），长篇《花圃》（1933）、《四章》（1934）和短篇小说集《三个伙伴》（1940）；剧作有《纸牌王国》（1933）、《不可接触的姑娘》和自传回忆录《我的童年》等。

二、诗歌创作

泰戈尔首先是以诗人闻名于世的，诗歌创作几乎贯穿了他的一生，是其全部创作中成就最为突出的部分，也最能体现其创作的风格特征，大致分为三个时期。[①]

早期诗歌以抒情诗为主，主题是歌颂自然、抒发"人类之爱"，具有浓郁的浪漫气息。但早期诗作中最有价值的是《故事诗集》（1900），其题材大多来自民间故事、宗教故事和历史传说，有赞颂反抗异族侵略民族英雄的，如《被俘的英雄》《更多的给予》；有批判封建制度及其陋俗的，如《婆罗门》《丈夫的重获》；有揭露封建社会黑暗与不平的，如《两亩地》。

《被俘的英雄》主要描写印度锡克教徒反对莫卧儿王朝的战斗失败，被俘的首领般达父子在残忍的敌人面前表现出大义凛然的英雄气概。《两亩地》写王爷为了使自己的花园变得四四方方，设法夺走了农民巫宾仅有的两亩地，后者被迫流浪外地 16 年后回到家乡，因捡拾两只落地的芒果而被污蔑为盗贼，诗篇有力地控诉了封建地主的暴行："王爷的双手夺去了穷人的所有，/唉，在这个世界上，谁越贪得无厌谁就越富有。"

中期诗歌主要是抒情诗，以英文诗集《吉檀迦利》《园丁集》《新月集》《飞鸟集》等为代表。这些诗歌多是歌咏人生与自然、青春与爱情，抒发人生哲理，其情感真挚，语言清新，形式简练。《园丁集》（1913）收入诗歌 85 首，主要抒

---

① 有教材分为 6 个时期：1878—1890 年为初期，1891—1900 年为成熟期，1900—1910 年是"渡口时期"，1911—1915 年是"吉檀迦利时期"，1916—1929 年是"鸿雁时期"，1930—1941 年是最后时期。参见王立新，黎跃进. 外国文学史：（东方卷）[M]. 北京：高等教育出版社，2013：187-188.

写人生的种种爱恋和情愫，充满了对生活的美好憧憬与热烈追求。诗人表示愿意做人类花园中的一名园丁，用诗歌耕耘美好，撒播欢乐："在你心头的欢乐里，愿你能感觉到某一个春天早晨歌唱过的、那生气勃勃的欢乐，越过一百年传来它愉快的歌声。"《新月集》（1913）是为儿童写的诗歌集，共收入诗歌40首，细腻地抒写了儿童纯洁美好的心灵和母爱情怀的伟大深厚，表达了对美好生活的热爱与追求："有时候，爱情不是看到了才相信，而是因为相信才看得到"，"你若爱她，让你的爱像阳光一样包围她，并且给她自由"。自由、纯真和爱是诗集的主题。《飞鸟集》（1916）多是格言诗和哲理诗，共有325首无题诗，其中绝大多数只有一两行，诗人用象征比喻等手法，将瞬间捕捉到的自然景观或感悟到的生活事理，用简练明快的诗句表达出来，只言片语中蕴含着丰富的哲理与想象，耐人寻味，如"错误经不起失败，但是真理却不惧怕失败"，"当人是兽时，他比兽还坏"。《飞鸟集》曾在中国现代诗坛产生了较大影响，女诗人谢冰心在诗集《繁星》的序中曾说，她用三言两语写下的短小的诗，就是受了泰戈尔的影响。

晚期诗歌主要是政治抒情诗，以《非洲集》《边沿集》《生辰集》等为代表。这些诗歌有的充满热爱祖国的激情，如《我能生在这一片土地上》《让我祖国的地和水，空气和果实甜美起来》；有的洋溢着反帝反殖和反法西斯主义的斗争精神，如谴责帝国主义疯狂侵略和掠夺的《非洲》，热情鼓舞加拿大人们"保卫自由的战斗"的《号召》；有的则是对自己思想中的"泛爱"与"泛神"色彩进行反思与批判，如《问》："那些毒污了你的空气的，那些扑灭了你的光明的，你能饶恕他们吗？"正是在此基础上，泰戈尔在《边沿集》第18首中向人民发出了战斗的号召："我向每一个家庭呼吁——准备战斗吧，反抗那披着人皮的野兽。"《生辰集》第10首是诗人一生的总结，他热情歌颂劳动者："他们形形色色的劳动散步在四方，是他们推动整个世界在前进。"他为自己未能真正走到他们中间感到遗憾，号召并希望未来的诗人能够加入到劳动者的行列中去，不要用诗歌的花篮装满无用的假货，要真心为劳动者赞颂讴歌。

三、《吉檀迦利》

《吉檀迦利》是最能体现泰戈尔诗歌独创性的一部诗集，其孟加拉文本出版于1910年，收录了156首诗歌。后来在爱尔兰诗人叶芝的鼓励下，泰戈尔亲自将《吉檀柳利》译成英语，英文版诗集收录了103首诗歌，1912年11月出版，叶芝为诗集写了序言。1913年泰戈尔因这部诗集获得了诺贝尔文学奖。

"吉檀迦利"是孟加拉语的音译，为献诗之意。诗人说这是一部"献给那给他肉体、光明和诗才之神的"颂歌。《吉檀迦利》描写了诗人对神的赞颂，对神到来的渴望，与神失之交臂的失望，以及与神合一的狂欢，寄予了诗人对无限世界的向往和沉思。

但是，诗人笔下的神是十分神秘而不定的，神的表象极多且变化万千：神既是"上帝""我的主""万王之王"，也是"国王""诗圣""主人""情人"，又是"父亲""母亲""朋友""弟兄""孩子"，还是"光明""早晨""黄昏"等，而且神时而在火中、水中或植物中，时而处在人类社会中。可见泰戈尔歌颂的并不是"一神教"中拥有绝对权威、凌驾于万物之上的神，它不是一个具体的偶像，而是融万物为一体的无所不在、无所不包的人格化了的神。这种具有鲜明泛神论色彩的神之观念，来源于古代印度哲学著作《奥义书》中既创造万物又体现为万物的"梵"，它不是高高在上遥不可及的幻象，而是实实在在地与人同在："你穿着破敝的衣服，在最贫最贱最失所的人群中行走"，"他是在锄着枯地的农夫那里/在敲石的造路工人那里/太阳下，阴雨里/他和他们同在/衣袍上蒙着尘土"。诗人心目中的神是你，也是他，他和蔼可亲，是与劳苦大众平等相处的朋友。总之，泰戈尔笔下的神不是在那幽暗的神殿里被人顶礼膜拜，而是伴随人一切行为的"同伴"，它不需要人们的"礼赞和数珠"，它需要的是人们"在劳动里，流汗里/和他站在一起"。

因此，达到"梵我合一"，即人神合一，是诗人追求的人生理想和最高境界。

那么，怎样才能达到理想的最高境界呢？诗人认为，"爱"是实现人神结合的重要途径。但是，对于具有"个人自我"与"宇宙自我"双重性的人来说，首先需要有超越个人自我的勇气，与传统的旧观念进行斗争和决裂，才能不断前行，获得进步。然而对个人来说，这是充满痛苦和矛盾的，诚如诗人所说："我身上披的是灰尘与死亡之衣，当我想撕破它的时候，我又热烈地把它抱紧。"也正是这种矛盾使希望与失望交错出现，使坚强与懦弱、幸福与痛苦时时相伴。但是诗人相信，只要不在失望中绝望，继续追求希望，才能逐渐摆脱个人自我达到宇宙自我，也就是说，人只要努力追求内在价值的至善至美，自我就能达到从肉体到精神的升华："在万千的约束里我感到了自由的拥抱。"

而在由每一个获得自由的个体组成的世界里，友爱、和谐代替了仇恨、冷漠，人的一切欢乐与悲伤，均有着神的伴随与支持。人的个体的渺小与孤立，由于有了神的同在而具备巨大的力量。神的注视、关爱与安抚，使人生的一切苦难与忧郁，都会消逝得无影无踪。人的身心也由于神的眷顾而变得无比快乐，并将伴随人的一生。泰戈尔人生永恒的追求，是伴随着"泛神沦"得以实现，抑或说，"泛神论"的理念，使人的永恒成为现实。

泰戈尔泛神论的前提是人性的觉醒和生命的觉悟。《吉檀迦利》努力提升人的地位、人的自信和人的尊严，与神的融合使人的生命和使命变得无比珍贵。泰戈尔的这一艺术表达是人道主义和博爱精神的东方实践。作为思想深邃的哲人，他深沉思考的结果是，人的自信的提升和生命价值的体现使其有理由不再仰视高高在上遥不可及的神，而是可以拉近与神的距离，将神融入人的生命、生活等一切有形与无形的活动之中。由于人神的融合，传统的人的生命与生活变得充满幸福与快乐，并感受到自身的崇高与卓越。

泰戈尔将现代西方人文主义、科学思想与印度传统宗教相融合，潜心汲取印度各种教义中的积极因素，将西方现代文明与印度古典哲学精神相结合，创造了独特的"诗人的宗教"，这种生命哲学的深刻内涵，充分体现在《吉檀迦利》中。

泰戈尔深邃的思想和温婉的情感，缘于他对整个人类命运的思考与终极关怀，对人民、国家、世界苦难的悲悯和救赎，对作为"人"这样一个个体所具有的卑贱与高贵、懦弱与强大、凶残与善良、丑恶与美好、短暂与永恒的鉴别和指引。

《吉檀迦利》集中体现了泰戈尔神秘独特的宗教哲学思想，也表现了一个伟大诗人自由地描绘其创造性心灵中所呈现的神奇景象和艺术功力。《吉檀迦利》35 首更集中反映了诗人积极入世的世界观，"梵我合一"的理想境界以非常朴素又充满想象的诗句表现出来，并与诗人对印度未来强烈而热切的希望紧密地联系在一起。因此诗中不仅表现了诗人爱祖国、爱人类的进步思想，更表现了作者不断追求、积极进取的人生哲学，具有极高的思想艺术价值。

四、小说创作

泰戈尔在小说创作方面也取得了重大成就，无论是短篇，还是中篇与长篇都有收获。其题材涉及社会生活的多个方面，主要反映 19 世纪后期到 20 世纪前期的印度社会现实，主题是反对殖民主义和封建主义。

泰戈尔是印度近代短篇小说的创始人，创作贯穿了他的一生，题材以反映现实为主，以 1901 年为界分为两个时期。前期作品多以孟加拉河流域的农村生活为背景，后期以城市知识分子生活为主要内容，以抨击殖民主义统治、斥责封建道德习俗为主题，体现了作者的人道主义情怀和爱国主义精神。如控诉殖民政策罪恶的《太阳与乌云》《履行了的诺言》，批判拜金主义的《艺术家》，赞美善良与友爱的《喀布尔人》等。

泰戈尔短篇小说创作的主旋律是批判与揭露作为印度封建主义两个重要支柱的婚姻制度和种姓制度，给印度人民带来的沉重负担。尤其是女性更为悲惨，她们从头到脚都受到束缚，即使在近代，这种情况仍然没有改变：成年女子不出嫁，无异辱没家门，将被开除种姓无处安身，因而童婚制、嫁妆制成为普遍习俗。在这一陋习笼罩下，女童的身心受到摧残，如《河边的台阶》《笔记本》等；少女尚未到青春妙龄就成为寡妇，如《弃绝》《偏见》等；而女性一旦守寡，命运或是殉葬或终身不能再嫁，如《素芭》《摩诃摩耶》等。

《摩诃摩耶》是泰戈尔短篇小说中有代表性的一篇，出身高贵的摩诃摩耶爱上了家世低微的拉吉波，哥哥发觉后将其带到火葬场，强迫她和一个行将就木的老婆罗门举行婚礼。第二天成为寡妇的摩诃摩耶又被哥哥强迫为维护"节操"而焚身殉葬。一场意外的大雨救了摩诃摩耶的命，但美丽的面庞也被大火毁坏。她鼓起勇气，满怀希望逃到情人的家里，然而情人揭开面纱后的冲动又使她带着一颗失望的心愤而离开。摩诃摩耶的遭遇悲惨到了极点，她的性格也倔强到了极点。她敢于破除清规戒律，自由恋爱，大胆地从火葬场逃到情人家里同他一起生活，公然向封建礼教及其卫道者挑战；她不能忘记脸上的伤痕，不能容忍情人的窥视，表明了她坚决维护自己的人格尊严，对封建礼教怀有永不熄灭的仇恨之火。但是泰戈尔只写了摩诃摩耶的出走，至于出走后的命运如何，只有靠读者自己去思考。泰戈尔作品的批判力量蕴含于描写与同情之中。

寡妇再嫁问题是印度近代作家在创作中较多涉及的一个社会问题，般吉姆·钱德拉·查特吉在长篇小说《毒树》中第一次提出这个问题，在当时引起极大反响。泰戈尔在长篇小说《眼中沙》（1903）中继续探讨这个问题，被称为"印度第一部现实主义的长篇小说"，主要描写女主人公比诺迪妮的爱情与婚姻的不幸以及寡居后的悲惨生活。失败的爱情和随便的包办婚姻断送了姑娘的青春，婚后不久成为寡妇，遭人贱视。热情而勇敢的比诺迪妮不甘心接受冷酷的现实，但当她想重新迈向生活时第一步就跌了一个大跟头，人们容忍不了她违反教规的所谓堕落，在侮辱和围攻后决定把她驱逐出村子，她真正成为人们眼中所不容的一粒沙子。这种遭遇迫使她对生活和命运做了让步。后来她与比哈里之间产生了真正的爱情，可是眺望着这片生活的绿洲，作为寡妇的比诺迪妮不得不犹豫了，她终于没敢再迈出自己生活的荒漠。泰戈尔在小说的最后，给女主人公安排了离家出走到圣地修行的结局。

《沉船》通过青年大学生罗梅西曲折复杂的恋爱、婚姻故事，揭示了封建婚姻制度与争取婚姻自主的青年男女之间的尖锐矛盾，批判了包办婚姻以及青年男女婚前不允许见面的陋习。与小说中男主人公罗梅西的软弱相比，汉娜丽妮在恋爱问题上的执着和卡玛娜在婚姻归宿的选择，则显示出新女性形象，已开始从家庭走向社会。

《戈拉》是泰戈尔长篇小说的代表作，通过塑造爱国知识分子戈拉的形象，提出了消除宗教偏见、实现各民族解放才是爱国主义的主题。小说中塑造的两位梵社姑娘苏查丽达和罗丽坦已积极投入社会改革运动，前者温柔娴静、聪颖坚毅，后者疾恶如仇、敢作敢为。尽管其性格截然不同，但在爱情与婚姻问题上都已具有较强的自觉意识。

随着生活视野的扩大，对社会本质认识的加深，泰戈尔所塑造的女性形象有所发展，描写女性离家出走的主题在1914年的短篇小说《一个女人的来信》中得到深化。麦里纳拉出生在孟加拉偏僻的农村，后来凭着美丽的容貌嫁到加尔各答一个相当富裕的家庭。表面上生活似乎十分美满，但她内心却非常痛苦。因为在印度教社会里，智慧对一个女人来说是一种灾难，而麦里纳拉却偏偏拥有智慧，使她在家中四处碰壁。同时她又热情、倔强，不满于那种平庸琐碎的家庭环境。她唯一的女友宾杜是长嫂的妹妹，因孤苦无依受人欺辱而投奔姐姐。宾杜本来就不受这个家庭欢迎，又因长得丑陋更不惹人喜欢，被当作最卑贱的女仆驱使。特别是随着年龄的增长，人们越来越厌恶她，把她看作家庭的累赘。他们以欺骗的手段把她嫁给了一个疯子，宾杜出逃过几次都被丈夫家抓回，最后她用自己的衣服烧死了自己。然而，就是这种死还激起了一些人的不满，因为她没有选择一种能博得男人们赞赏的死法。宾杜的悲惨遭遇在麦里纳拉的生活里掀起了一场轩然大波，经过痛苦反思的她决定打破幽禁，冲破习俗的黑幕。女主人公自我意识的觉醒与反抗，使其成为勇于向封建礼教宣战的自觉反叛者。

泰戈尔在小说创作中通过对各类女性形象的塑造，深刻反映了印度女性在社会中的地位和处境，既揭示了印度近代社会制度的不合理性以及印度妇女的苦难命运与各种形式的抗争，也可以看出泰戈尔妇女观的变化与发展方向。他在1916年访问美国时的演讲中曾这样指出："男性要是把整个世界占为己有，几乎不给妇女留下任何空间，这不仅是对妇女的伤害，而且是对妇女的侮辱。"[①]"正是由于妇女被侮辱过，由于她们曾生活在一种黑暗中，生活在男人的背后，因此我认为她们应在即将来临的文明中得到赔偿。"[②]所以，泰戈尔充满信心地预言道："在未来的文明中，妇女将占有她们的地位，男人必须为之让路。"[③]这是泰戈尔基于社会的发展和对现实的认识，而探寻到的一条真理，也是泰戈尔在几十年的创作实践中，通过对妇女生活的观察和对妇女形象的不断塑造与开掘而做出的艺术总结。

---

① 泰戈尔. 一个艺术家的宗教观——泰戈尔讲演集[M]. 唐绍邦，译. 上海：三联书店，1991：173.
② 泰戈尔. 一个艺术家的宗教观——泰戈尔讲演集[M]. 唐绍邦，译. 上海：三联书店，1991：175.
③ 泰戈尔. 一个艺术家的宗教观——泰戈尔讲演集[M]. 唐绍邦，译. 上海：三联书店，1991：176.

第三节　普列姆昌德

普列姆昌德（1880—1936）是印度现代文学的奠基人，其创作大多以农村生活为题材，关注农民的境遇和命运，代表作是长篇小说《戈丹》。

一、生平与创作

普列姆昌德原名为腾伯德·拉伊·希利瓦斯德沃，于 1880 年 7 月出生在印度邦贝拿勒斯近郊一个印度教小职员家庭，父亲是邮政局投递员。童年时期的普列姆昌德在农村私塾中学习乌尔都语和波斯语，8 岁时母亲病逝，10 岁起跟随父亲到镇上的学校上学，喜欢文学和阅读，并练习写作。17 岁在父亲和继母的包办下结婚，但婚后夫妻感情欠佳。不久父亲去世，从此他担起养活一家大小五口的重担，边上学边当家庭教师。中学毕业去小学任教，19 岁考入阿拉哈巴德师范学院进修两年，在此期间开始尝试写作，并发表中篇小说《圣地的奥秘》（1903—1905），作品对旧的封建习俗表现出批判态度，显露出其现实主义创作倾向。

普列姆昌德的思想和创作大致分为三个时期。

1902 年到 1917 年为早期，主要以短篇小说为主。该时期作家的个人生活和思想都发生了较大变化。1905 年普列姆昌德的妻子与后母吵架后回到娘家，双方从此断绝联系，也结束了原本就不和谐的夫妻关系。1906 年他与一个自幼就守寡的女性结婚，在当时引起很大反响，这一经历在 1906 年创作的中篇小说《伯勒玛》中得以体现。女主人公伯勒玛和一位从事社会改革活动的青年律师阿姆勒德订婚，保守的父亲解除了他们的婚约，后来阿姆德顶着社会压力与寡妇布尔娜结婚，尽管伯勒玛嫁给了另一个追求者达那纳特，但心中仍爱着阿姆勒德，引起嫉恨的丈夫在准备谋杀阿姆勒德的时候，被早有防备的布尔娜杀死并与其同归于尽，最后有情人终成眷属。关注女性问题是普列姆昌德小说创作的基本主题之一。

普列姆昌德于 1908 年被调任督学，往返于农村与城镇之间，这使他对英国殖民统治下印度人民的痛苦了解更深，眼界更加开阔。同年 6 月出版的短篇小说集《祖国的痛处》标志着其创作进入一个新阶段。小说集《世界上的无价之宝》是在民族运动高潮影响下创作的一部表现爱国主义思想的作品，把为祖国独立而捐躯的战士流下的最后一滴血誉为世上的无价之宝。该书出版后遭到殖民当局查禁，尚未卖出的700余册被烧毁。但这并没有使他停止写作，在1910年创作的名篇《沙伦塔夫人》中塑造的王公夫人是一个酷爱自由、敢于反抗的爱国者形象。

1916年辞去督学职务后，任中学教师的他专事创作，并将"普列姆昌德"作为此后一直使用的笔名。

关注现实生活中的问题，揭示农村中的阶级矛盾是普列姆昌德创作的又一个基本主题。短篇小说《穷人的哀嚎》（1911）写养老金被财主侵吞的守寡老太婆，向村里的长老会申诉，长老会对财主的偏袒，使她绝望而精神失常，最后惨死在财主的大门口。

1918年到1929年为中期，是普列姆昌德创作的鼎盛时期，共发表长篇小说6部，短篇小说100余篇。《服务院》（1918）被誉为印地语文学史上第一部杰出的长篇小说，主要描写女主人公苏曼因缺少嫁妆被丈夫赶出家门沦为妓女，一位从事社会改革工作的律师将她救出并安置在寡妇院里，因身份暴露被迫离去。后来她与妹妹一家一起生活，也受到歧视而被迫出走。后在律师帮助下到一个收养孤儿的"服务院"工作才得以安宁。这部作品继早期的《伯勒玛》之后，又一次把妇女问题作为中心，在1926年发表的中篇小说《妮摩拉》中继续得以表现。

1921年，普列姆昌德响应印度国大党领袖甘地放弃政府公职的号召，辞掉近20年的教师公职。尽管这意味着失去可观的稳定收入和其他优厚待遇，但他对社会出路的探索更为积极，作品反映社会问题更广泛也更深入，写出了《仁爱道院》《舞台》《妮摩拉》等著名长篇和大量短篇。

《仁爱道院》（1922）是他第一部以农村生活为题材的长篇小说，描写地主家庭的两兄弟。哥哥普列姆赴美留学，弟弟葛衍那辛格尔大学毕业后管理财产，贪婪成性的弟弟残酷盘剥佃农，还罗织罪名将留学回来的哥哥逐出家门，投毒谋害岳父而得其遗产，千方百计骗取了大姨子的家业。仗势横行的代理人被佃农杀死后，他借机实施报复。普列姆则同情并帮助农民，多方援救被捕的佃农，并建立一座仁爱道院，让农民开始新的生活。小说以现实主义的笔触描写了农村中尖锐的阶级对立和严酷的阶级斗争，对社会矛盾的揭露和对社会出路的探索都达到了新的高度。

1925年发表的《舞台》是普列姆昌德最长的一部小说，中心人物苏尔达斯是一位低种姓的盲人乞丐，他有一片祖传的荒地被资本家强行征用并建起了工厂，苏尔达斯因拒绝搬迁被殖民政府官员开枪打死。作品客观反映了保守落后的印度传统文明在资本主义强大势力的冲击下必然崩溃的现实，表现出资本主义工业文明与印度传统农业文明之间的矛盾冲突。

这个时期作家创作了100多个短篇小说，题材广泛、内容丰富，基本主题与优秀的长篇小说一致。有反映民族解放运动，以反帝反殖为主题表达爱国主义思想的，如《进军》《游行》《牢狱》等；有揭示现实生活中的阶级矛盾，揭露封建统治罪恶主题的，如《牺牲》《半斤小麦》等；有揭露批判宗教礼制对美好情感进行扼杀的，如《如意树》《神庙》《礼教的祭坛》等；有描写妇女悲惨命运，控诉封建社会对女性虐待的，如《有女儿的寡妇》《驱逐》《古苏姆》等。多样艺术手法的使用是其创作的一个特点。

辞去教师公职后的普列姆昌德，在辛勤创作的同时也从事编辑工作，先后主编过《时代》《荣誉》《甘美》《觉醒》等刊物，并以此作为团结进步作家、培养年轻作家的阵地，为促进印度现代文学的发展做了大量工作，尤其是他竭尽全力在1930年创办的《天鹅》杂志，成为印度进步文学的一面旗帜。

1930—1936年是普列姆昌德创作后期。20世纪20年代末30年代初，印度民族独立斗争又掀起新的高潮，普列姆昌德用笔做武器，在他所主编的杂志上发表大量政论文章，既为民族独立呐喊，也批判教派主义等不良现象，其文学创作也相应有了新的发展。1930年创作了《进军》《献身》等一系列以反映民族斗争为题材的短篇小说，并于1933年以《进军及其他》收集出版。1931年出版的长篇小说《贪污》，其标题具有双重含义："贪污"不仅指主人公罗玛纳特为满足妻子对首饰的嗜好而挪用一笔公款，更大的贪污犯是那些利用手中权势，鱼肉人民、饱肥私囊的当权者。

长篇小说《圣洁的土地》（1932）是一部直接反映民族运动的作品，主要表现20世纪30年代初印度人民在国大党领导下的反英斗争。由于英印殖民当局的镇压和甘地非暴力主义的局限，这场运动没有实现印度人民的愿望。普列姆昌德开始摆脱甘地主义的影响，用社会主义思想来审视现实和人生。1936年发表的长篇小说《戈丹》是他一生创作的高峰。作者站在时代的高度，提出了印度民主革命最紧迫的农民问题。许多短篇小说，如《可番布》《忘乎所以》《彩票》《解脱》《地主的小井》等，对种姓制度的批判、对虚荣心和利己主义的揭露和嘲讽、对农村中阶级矛盾的揭示以及对女性不幸的反映等都比前一时期有所发展和深化。

普列姆昌德的小说创作成就突出，他一生创作15部中长篇小说和20多部短篇小说集（约300个短篇），是20世纪前30年印度社会的一部形象历史。此外还有一些戏剧、儿童文学和电影文学作品以及700余篇散文，包括政论、杂文、文学评论、讲演稿、纪念文字等，这些散文作品中有百余篇是有关文学理论的论述，体现了他的文学观，即将文学与广阔的现实生活紧密联系在一起，文学的基础是生活。普列姆昌德是印度文学史上继泰戈尔之后的伟大作家，其创作主要展现的是农村下层人民的生活图景，为印度文学开辟了新领域。

二、《戈丹》

出版于 1936 年的长篇小说《戈丹》是普列姆昌德的最后一部长篇小说，也是他的代表作。小说以印度农村生活为背景，以农民何利一家的生活和命运为主要内容，以现实主义的笔触，广阔地展示了 20 世纪 30 年代印度农村的社会风貌，揭露了英国殖民统治的政治基础——地主、高利贷者和封建宗族势力对农民的经济剥削和政治压迫，被称为"30 年代印度农村生活的史诗"。

小说主人公何利与妻子丹妮娅、儿子戈巴尔和两个小女儿都是勤劳善良的人，除自家 3 亩地外，又租种了别人的 7 亩地，尽管日子艰难，但靠着终日辛劳，一家人能勉强度日。何利最大的心愿是想买一头奶牛，因为奶牛不仅能产奶，还是吉祥、富裕的象征。尽管何利已欠下几百卢比的债务，但他还是从牧人薄拉那里赊到一头奶牛。这引起弟弟希拉的妒忌，他毒死奶牛后逃离。前来调查案情的警察局巡官要搜查希拉的家，何利胆小怕事，为维护弟弟家的体面，不承认是他毒死奶牛，还想借高利贷贿赂警察，被妻子阻止。

何利的儿子戈巴尔与寡妇裘妮娅偷偷相爱，裘妮娅怀孕后无处安身，被戈巴尔带回家。何利夫妇好心收留了裘妮娅，却因此违反了教规，村里的长老会要将其开除教籍。为保住教籍，何利将当年收入的全部粮食和借来的 100 卢比高利贷交罚款，甚至连房子也抵押上。他不仅欠了许多钱，仅有的两头耕牛也被拉走抵债，何利只得靠帮工过日子。家人拼命劳作，希望种出的上好甘蔗丰收后能使日子好过一些，但高利贷者串通收购甘蔗的糖厂老板，把借债按高息全部扣除，仅剩的 25 卢比又被另一个债主拿走，辛劳一年两手空空。

又一年甘蔗丰收，何利准备为大女儿办嫁妆，却收到法院的传票，控告他欠债不还，于是甘蔗被拍卖。何利为嫁女儿另借 200 卢比。又因欠地租，地主老爷要收回租地，为保住租地，何利只好将小女儿变相卖给一位年老的财主做填房。尽管如此，何利还是不改初衷，为买牛而奋斗。他白天在地里干活，晚上在灯下搓绳子，不久因劳累过度而死在采石场。依照印度教的习俗，临死前要行"戈丹"的仪式，即请婆罗门祭司来"净化灵魂"，并以一头牛作为谢礼，于是他生前辛辛苦苦积攒起来的 20 个安那，也作为牛的代价落入祭司之手。当妻子丹妮娅把仅存的 20 个安那交给祭司后，也昏倒在地。

小说通过何利一家的遭遇，揭示了印度农村的阶级压迫和剥削是造成农民贫困悲惨的社会根源，成功地塑造了何利这个 20 世纪 30 年代印度农民的典型形象。他勤劳善良，为人正直，但性格软弱，胆小怕事，因为从小受古老的封建礼法和宿命论影响，对宗教和权势怀着深深的畏惧，认为一切都是命中注定，而自己的不幸是前世没有修好，因而逆来顺受，宁可自己吃亏也不敢反抗，他的生活信条是"住在水里，不能跟鳄鱼作对"。何利的一生充满了苦难，他终日辛劳也不能维持一家的衣食温饱。他只有一个不算太高的愿望，即买一头奶牛，但终其一生也未能如愿，他辛勤劳作，仍然负债累累而陷于破产。他一再遭受挫折，又一向要面子，以至于不得不变相出卖自己的小女儿，最后在失败、心碎与劳累中离开人世。何利复杂的性格和不幸的命运使这一形象具有深刻的典型意义。

与何利相对应的则是地主和他的代理人以及高利贷者、婆罗门祭司、工厂老板等，他们串通一气，使何利这样的一代代农民受尽盘剥，每况愈下。小说中的地主莱易老爷就是一个典型代表。他是个民族主义者，还是国大党成员，表面上对农民和蔼可亲，但内心十分狠毒，假惺惺地表示同情佃农的处境，却还要增加地租。他怀有政治野心，拼命向上爬，和英国殖民当局的官员保持着良好关系，所谓爱国也是虚伪的，他的虚伪使其更具有欺骗性。这是一个典型的资产阶级化的地主。

《戈丹》所反映的社会矛盾，比作者以前的作品更为广泛和深刻。小说虽然主要写农村生活，但通过地主莱易在城里的活动以及何利的儿子戈巴尔进城做工，把农村和城市联系起来，揭示了城市与农村、工人阶级与资产阶级的矛盾。这不仅扩大了生活的画面，而且进一步暴露了农村的地主、高利贷者与殖民主义者、城市银行家、工厂主相互勾结、共同压榨底层劳动者的罪恶勾当，揭示出印度殖民地制度的本质特征，增强了作品的现实主义色彩。

《戈丹》在人物性格的刻画上，比以前的作品更具有现实性、典型性。作者注重从实际生活出发来刻画人物性格。作品主人公何利的性格真实而又丰富，既有善良、勤劳的品质，又有逆来顺受的弱点，使人感受到这是一个有血有肉的印度贫苦农民的典型形象。而在刻画反面典型的性格特征时，也同样是从生活出发的，如地主莱易的形象极为复杂，他伪善、狡诈而又狠毒；他曾为印度的独立而斗争，还坐过牢，因此更具有欺骗性。作者真实地概括了印度民族解放运动三次高潮之后地主阶级的本质特征。作者还善于在事件的发展过程中来展示人物的复杂性格，并由此形成鲜明对比，如赊购奶牛引起的一连串事件，使何利一家陷入困顿。面对各种敲诈和盘剥，胆小怕事的何利总是想息事宁人，而妻子丹妮娅却倔强泼辣，心直口快，无所畏惧。儿子戈巴尔为给父亲出气，敢于当面指责头人，甚至组织村里人演出闹剧给以嘲讽，其人生观与父亲迥异，性格行为也完全不同。通过对比，富有个性的人物形象不仅鲜明、生动，而且更富有现实的典型意义。

普列姆昌德曾说过："作家对人民受奴役和极端贫穷的感受越强烈，那么他写出的作品也就越有力量。真理也就更多。"《戈丹》正是作者在对现实有深刻感受的基础上写成的，因此，它才成为20世纪30年代印度社会的一面镜子。

下编　东亚文化与文学

第十三章　东亚文化概述

"东亚"既是地理上的存在，也是一种文化上的存在。东亚文化圈主要指中古时期以中国为中心，由日本、朝鲜、越南等周边国家和地区组成的文化交流中心。

第一节　古代东亚文化

中国是东亚地区人类文化（特别是文明）的最早源头。远古时代中国的一些陶器、水稻等就开始向周边各国传播，商周之交，箕子将中国的田耕蚕织带去朝鲜，徐福将中国的科技与文化带去日本，越南至晚到公元 2 世纪已接受了汉文化。到汉朝时期，朝鲜、越南被纳入中国的政治体系，日本也正式建立了藩属关系。

相邻三国最初都没有自己的文字，很长时期内皆以汉字为书写工具，文学作品多为汉诗汉文，尤其是诗歌都是从模仿、学习和创作汉诗开始的，汉诗诗集和诗人大量涌现。三个国家后来都有了自己的民族文字，如日本到 9 世纪初创制了假名文字，越南在 13 世纪初出现了字喃文字，朝鲜在 15 世纪出现了"训民正音"。其文学也开始逐渐民族化，但中国文化和文学的影响一直存在，尤其是越南和朝鲜，直到 18—19 世纪有不少创作还是直接从中国文学中选取题材，前者如《金云翘传》，后者如《春香传》，受中国文学影响的痕迹非常明显。日本民族文学走上独立后，在其代表性作品《源氏物语》中仍然呈现出作者受到以白居易为代表的中国古典文学影响的痕迹。由于东亚各国特殊的历史交往与关系，有学者认为中国汉朝时期东亚文化圈已基本形成，两晋到隋唐是东亚文化圈的鼎盛期①，也是东亚文化发展最为繁荣的时期。

费正清在《东亚文明传统与变革》中指出："对东亚文化圈的四个国家——中国、越南、朝鲜、日本——的比较研究……某些共同的特征使它们与其他文明，特别是南亚和邻邦的文明不一样……它们各自形成了三种明显不同的历史发展和组织结构模式：第一种是中国本身——惟我独尊和自给自足的模式；第二种是越南和朝鲜，这两个国家在很大的范围内借用了汉政治和社会模式，但或多或少存在地缘和文化背景上的差异，结果形成既相近又相异的特征；第三种模式就是日本，它在整体上都沿用了汉文明的模式，但是由于它与中国发生长久联系的距离较远和环境迥异，因而造成与汉模式背道而驰。"②

东亚文化圈的形成以华夏文明的播散为基本动力，但因时间、地点、条件的不同，又呈现为不同的播散样式。一种如朝鲜和越南，原本为中国文明的直接延伸区，它们在文明初起时都曾纳入中国的版图，立国后也长期维持臣民关系，并有意仿效中国典章制度，其文化传统带有华夏文明的深刻印记，但不能把它们简单归入中国文化的分支，因为它们有自身独特的演进。日本的现象稍有不同，它从未成为中国的一部分，也不甘心充当中国的藩属。更为重要的是，日本在广泛输入华夏文明之前，已经有了自己原初的文化传统，不仅有原始时期的绳纹文化，而且至迟于弥生时代（约中国秦汉、三国期间），中国南部的稻作经济连同越族的文化习俗，经由朝鲜传入日本，与当地原始文化结合成为大和民族的文化底基。虽说中国的宗教、政治、思想、文化、文学等都曾给日本文明以重要推动，但透视其文化的深层可以发现，日本民族的深层心理习俗、价值观念，即便是吸收了华夏文明，也常根据其实际需要加以变换调整，从而形成别具一格的本民族文明。

第二节　东亚文化的近代转型

东亚文化的近代转型与社会的近代转型基本是同步进行的。尽管东亚的中国、日本自 16 世纪以来在社会稳定发展的基础上出现了资本主义萌芽，但 19 世纪初期在面临西方贸易和开埠被迫实行闭关锁国政策，而西方对此采取的是

---

① 孙泓. 东亚文化圈的形成与发展[M]. //石源华编. 亚汉文化圈与中国关系. 北京：中国社会科学出版社，2005：85-98.

② 费正清等. 东亚文明传统与变革[M]. 黎鸣等，译. 天津人民出版社，1992：262.

坚船利炮政策。闭关锁国的中国首先遭到西方列强的攻击，尤其是鸦片战争打开了中国的国门，使中国沦为半殖民地。随之而来的便是西学东渐。

西学东渐是在近代东亚文化转型中首先发生作用的一种方式，充当西学东渐开路先锋的是传教士和基督教。最早进入中国的传教士是耶稣会士利玛窦和罗明坚，他们在 1582 年通过澳门进入广东肇庆传教，其后西方传教士纷纷来华，到明末清初已成规模，甚至有些传教士受到朝廷器重。虽然清政府在一段时间内曾禁止传教士入境，但 19 世纪初西方国家对闭关锁国的中国实行炮舰政策，传教和通商又接踵而至。

西学东渐最初在日本则是传教和贸易两种方式双管齐下。传教在开始之初受到幕府的欢迎和支持，最早来东方传教的耶稣会士方济各·沙勿略在 1541 年到达日本，其传教活动获得了极大成功。但与此同时进行的贸易壮大了地方诸侯势力，其军事实力的增强威胁到幕府的统治与日本的统一，为此德川幕府于 1633 年颁布锁国令，禁止传教士在日本传教。

中国在 1840 年鸦片战争中的失败使日本人汲取了教训，在美国军舰的威胁下被迫于 1854 年签订《日美和亲条约》，实行开国政策。其后的日本自上而下更加注重西学，尤其是 16 世纪中叶作为西学之一的"兰学"通过贸易方式传入日本，对日本思想界产生了显著影响。"兰学"是日本人在与荷兰商人贸易和接触的过程中，从荷兰文书籍和百科全书中获取的有关西方近代的科学知识和各种学问，涉及医学、军事、地理学、物理学、天文学等学科。"兰学运动"很快打破高层垄断而普及民间，幕府不仅在民间西学组织的基础上成立了专门的洋学翻译和教育机构"蕃书调所"，广泛吸收包括科学技术在内的西方文化，同时派遣留学生赴西方学习，并组织庞大的代表团去西方考察。著名启蒙思想家福泽谕吉随代表团赴美考察后曾著《西洋情况》一书。1868 年日本明治维新之后，开始全面系统学习引进西方文化，"脱亚入欧"使日本摆脱了其他亚洲国家殖民地和半殖民地的命运，成为亚洲唯一走上资本主义道路的国家。

日本近代化过程中，在处理与亚洲其他国家的关系上先后出现了"侵亚派""兴亚派"和"脱亚派"的多种立场与分歧。虽说早在丰臣秀吉时代，日本就有过侵略朝鲜的历史，但古代日本与东亚各国关系还是比较密切的。进入明治后，明治政府的领袖们如西乡隆盛、大久保利通等人都是"侵亚派"，认为日本要想在这个世界上生存下去就必须采取和欧美同样的手段，必须开拓国外市场，侵略邻近的朝鲜、中国。

朝鲜在 19 世纪 60 年代面对美、法、德等国的不断侵入进行了顽强抵抗，但迫使朝鲜打开国门的却是 20 年前刚刚自己打开国门的日本。1876 年日本军舰开进朝鲜，成功地威逼朝鲜与日本缔结《朝日友好条规》，迫使其开放口岸，准许日本人经商、租地建房、测量水域绘制地图，在汉城设立领事馆，朝鲜严重丧失了国家主权。1895 年日本发动了侵略中国的甲午战争，迫使中国政府割地赔银，并签订了丧权辱国的《马关条约》。此后日本一度成为经常发动侵略的国家，直到 1945 年战败投降才步入和平。

日本在近代化过程中不同于东亚其他国家的独特历史进程，西学的产生使日本在保留传统民族文化的同时，逐渐转向西方寻求新的文化模式，成为东西文化与文学交往的一个重镇。

古代日本以中国为师，曾广泛吸取了其发达先进的古代文化，尤其是自 645 年大化革新以后，中国的文学、儒学、佛教、艺术等被大量引进日本，经过长期的吸收、消化和再造而成为日本新文化的一部分。由封建社会变成半殖民地半封建社会且文化逐渐衰弱的近代中国已不再成为日本学习的榜样，因此"脱亚入欧"成为近代日本新的方向选择。明治维新成功之后走上资本主义道路的日本，文化得到长足发展，许多现代意识也逐渐形成，尤其是甲午战争之后，中国各界转而重视日本变化，希望通过向日本学习寻求接受西方的捷径，许多有志之士纷纷东渡，以求救国救民的良方，全面学习日本的热潮悄然兴起，中日文化交流的主潮开始出现根本性的逆转，形成了文化回返现象。

朝鲜接受西方文化与科学技术主要是通过中国和日本两个中介。在 17 和 18 世纪由中国传入朝鲜的汉译西学书籍并非当时先进的西欧近代文化，因此，19 世纪后代表新兴资产阶级利益和要求的开化派，主张效仿日本进行改革，全面向日本学习。

日本在东亚近代化的过程中起到了先锋作用，而且对东亚文化圈的中国和朝鲜产生了重大影响。明治维新运动及其"脱亚入欧"政策是日本文化由传统向近代转型的一个重要节点和标志，东西融合成为日本近现代文化和文学发展的努力方向。

本编东亚文化的内容主要介绍日本文化。

第十四章 古代日本文化

日本位于亚洲的最东部，是太阳升起的地方，故有"日出之国"之称。日本与中国隔海相望，是中国一衣带水的近邻，在史前阶段曾与亚洲大陆相连，经过激烈的地壳运动，逐渐与大陆分离，形成了由九洲、四国、本州、北海道四大主岛和众多小岛组成的岛国。

作为一个历史比较悠久的海岛国家,古代日本文化是指 1868 年明治维新之前的时期，按照历史的发展分为上古文化、中古文化和近世文化三个部分。

第一节 上古文化

上古文化主要是指原始社会到氏族社会的文化，日本的上古文化共经历了绳纹文化、弥生文化和古坟文化三个时代,时间从公元前 1 万年到公元 7 世纪。

一、文化分期

绳纹文化是日本文化的起源，阿伊努人是日本列岛的原始居民，其生活方式由狩猎采集逐渐走向大海捕捞，这种变化既加速了岛国内部的物资交流，也为外来文明的到来准备好了条件。

弥生文化以水稻农耕为标志，该时期中国的水稻栽培技术传入日本，加速了社会文明的发展速度，奠定了日本民族宗教神道教产生的基础。

古坟文化的一个突出现象是大规模移民的出现。来自朝鲜半岛的汉族移民后裔，在带去养蚕、制陶和冶铁技术的同时，还带去了儒家思想、道教以及中国的民间信仰。佛教的传入，对日本文化尤其是建筑方面的发展起了很大的推动作用。而早已传入的汉字也开始在贵族间大量使用，不仅促进了文化和文学的发展，也为后来的日本民族文字假名的产生奠定了基础。

飞鸟文化上承古坟文化下启奈良文化，具有过渡时期的复杂色彩，近 200 年历史共历的 14 代天皇中，圣德太子的改革为大化革新创造了条件。他仿效中国政治制度进行改革，试图建立以天皇为中心的中央集权制。多次派遣使者到中国隋唐学习，开拓了与大陆的直接交通。东汉末年传到中国的佛教，又在公元 6 世纪经由朝鲜传入日本。但在佛教传入之初，以天皇为代表的拥佛派与地方豪族组成的反佛派之间的斗争相当激烈。后经圣德太子的大力倡导，佛教文化成为飞鸟时期最为辉煌的艺术。

二、神道教

神道教是日本最古老的民族宗教，是农耕社会的产物，"从弥生古坟时代进入农耕社会之后，农耕祭祀形式由地缘性和血缘性组合的农业共同体主持，逐渐形成日本民族的土著宗教观念和仪式——原始神道"①。作为日本农耕社会唯一的宗教实体，神道教随着日本文化的发展而发展。此后，无论外来的宗教怎样受到青睐，神道教一直没有受到冲击，其性质也没有发生改变。

在 6 世纪中叶佛教从中国传入之前，原始神道教占据着日本上古文化的中心位置。原始神道教将宇宙分为三个世界，一是天上，称高天原（天国），是诸神居住的光明世界；二是地下，称夜见（黄泉），是死灵居住的黑暗世界；三是居于两者之间的地上，称苇原中国，是光明与黑暗、昼与夜、吉与凶、善与恶交错的人间世界。

原始神道教思想的核心就是祓禊。所谓祓禊，是祓秽而行禊的意思。关于祓禊一事的最早文字记载就是《古事记》，指伊邪那歧神从黄泉探妻回到人间后在河边洗涤身上带来的污秽之物，并生下诸神。这是原始神道教祓禊的最早记录，说明日本原始神道教将污秽作为"原罪"。神道教举行祭祀的祭坛大多数设在森林中，以树作为神体，因为原始日本人认为高山、巨岩、大树拥有巨大的生命力，他们的精灵是生命的象征，于是便产生了对自然精灵的信仰。而流传至今的最有代表性的就是树神信仰。

神道教最初以自然、精灵崇拜和祖先崇拜为主要内容。在中国儒家学说和佛教传入后，又吸收了儒家的封建伦理道德观念和佛教的教义，形成了比较完整的宗教体系。神道教是多神教，信奉天照大神为主神。天照大神以太阳为象征，被奉为日本民族的祖神，天皇被看作是天照大神的后裔和在人间的代表。佛教传入后，神道教处于依附于佛教的地位，但又融合了佛教的教义，把许多

---

① 叶渭渠. 日本文化史[M]. 桂林：广西师范大学出版社，2003：27.

神解释为佛或菩萨的化身。德川幕府时期，为了加强皇权，神道学者又把神道教教义和朱熹理学相结合，强调尊皇忠君，鼓吹建立以日本为中心，以神道教为思想基础的世界秩序。明治维新后，神道教又重新被尊为国教，佛教也就失去了原有的地位，近代神道教成为日本天皇制的精神核心。

第二节　中古文化

中古文化是从大化革新到明治维新之前，日本开始进入并逐渐达到封建社会的繁荣阶段，主要包括奈良、平安和近世三个时期。

一、奈良时期

公元 710 年天皇迁都到平城京（奈良），由此开始的奈良时代成为日本封建社会的开端。奈良时代继续依托飞鸟时代构建的律令制度的基本框架，如饥似渴地吸纳中国的先进文化，遣隋使、遣唐使、留学生和学问僧等从中国带回了大量的书籍。

圣武天皇在位的天平年间（729—748）是奈良文化最繁荣的时期，其特点是受唐朝文化影响显著，文化发展以贵族阶级为中心，尤其是贵族学校教育制度得以完善。

日本的教育制度首先是仿照唐朝而建立的，官办学校分为两类：设在中央的称大学寮（简称大学），设在地方的称"国学"。前者是培养中央官吏的教育机构，因而入学资格有严格的等级身份限制，五位以上官吏的子孙可以自由入学，而六、七、八位官吏的子孙只有才华出众者，经过特别许可方能入学；后者的招生对象主要是地方贵族子弟，富有才华的庶民子弟只有在定额不满时才允许入学。官办学校的教育内容都以五经等儒家经典为主，不同的是，大学开设文学与算术，国学开设医学和药学等科目。

此外，各地还开设了一些私塾，专为难以进入官办学校学习的庶民了弟开设，教师大多由僧侣担任，也有一部分是归化人，讲授内容是具有实用价值的木工、雕塑等专业性知识，这些知识虽然与挤进官场无关，但对日本文化的发展和中国文化的传播却具有积极作用。

日本在引进中国的教育制度时排除了科举制度。产生于隋朝的科举制度到唐朝已相当完善，这种通过考试来选拔人才的制度，在一定程度上打破了出身等级的限制，为有才华者提供了平等竞争的机会，也就是孔子所说的"学而优则仕"。而日本的教育制度本身已将贵族与庶民完全分开，考试对贵族子弟来说，只与任命官职的高低有关，对无权接受官办教育的庶民子弟来说无任何意义，他们不必为改变自己的社会地位存有奢想，只有选择适合自己谋生的实用专业即可。可见日本人学习中国，并不是全盘照搬，而是有所取舍并为我所用。"外来的传统的文化和文学发生冲突时，日本文化和文学既借助外来的东西，促进传统的东西实现创造性转化，同时又没有离开日本文化、文学的根，以传统的文化思想、文学思想来吸收外来的东西，使两者结合"①。

奈良时期也是日本文学的草创时期。成书于公元712年的《古事记》是日本第一部书面文学作品，其上卷记载的神话传说是文学性最强的部分，它与随后产生的《日本书纪（720年）》一起，合称"记纪文学"，对后代日本文学产生了重大影响。

《万叶集》是日本的第一部抒情诗集，也是一部和歌总集，共收集和歌4500多首，内容分为杂歌、相闻、挽歌三类，著名歌人有柿本人麻吕、大伴家持和山上忆良。这部用汉字写出但用"万叶假名"记载的和歌集初步奠定了日本诗歌重主观情绪和内心感受以及宣泄苦闷悲哀的审美基调，有"日本的《诗经》"之誉。与《万叶集》同时出现的还有《怀风藻》等汉诗集。这些在8—9世纪由日本人写的汉诗被认为是代表官方的高雅文学，是受汉文化影响的重要表现之一。

二、平安时期

公元794年日本天皇迁都到平安京（京都），拉开了平安时代的序幕，日本进入封建社会的繁荣期。以贵族文化为主要特征的平安时期是日本民族文化和文学走向独立和成熟的时期。

平安初期是奈良时代唐风文化的延续，但到藤原氏专权时期中国文化的影响日渐淡薄，尤其是到平安中期（894年），为削弱汉文化影响，大臣菅原道真建议停止派遣唐使。这样，前后持续近300年，曾向中国派遣达20次且人数上万的遣唐使活动终于结束，日本开始进入"国风文化"时期。正如日本历史学家依田熹家所指出的那样："国风文化是把外国文化真正变为日本文化。"② 另

① 加藤周一. 日本文化论[M]. 叶渭渠，等译. 北京：光明日本出版社，2000：441.
② 依田熹家. 简明日本通史[M]. 卞立强，李天工，译. 北京：北京大学出版社，1989：53.

一位日本著名学者加藤周一在《日本文学史序说》中也指出：日本化的结果，在许多方面均对后来的日本文化起了决定性的作用。因此，国风文化的形成标志着日本文化走向成熟。

假名的创立开"国风文化"的先河。假名是由汉字的草写体和楷书的偏旁部首演变而来的，分平假名和片假名。最早使用假名文字的是皇宫中具有较高文化素养的女官和贵族女眷，她们用新文字表达自己的情感和感受，所以这些文字最初被称为"女手"。

日本男子最初是不屑使用这些文字的，日本僧侣在读经时使用的是片假名。后经菅原道真的提倡，假名才广泛传到大众之中。此后，日本文学便逐渐发展成假名居多，而汉字日益减少。

文字的产生与使用促进了文学的发展。假名发明后最初由女性使用，所以平安时期的文学大多出自女性之手，主要成就是以日记、随笔、物语为主要形式的散文文学，如第一部真正的女性散文作品是道纲母的《蜻蛉日记》，此后出现的《和泉式部日记》《更级日记》和《紫式部日记》等真实细腻地描述了女性在恋爱与婚姻生活中的种种感受和体验，成为后世私小说的滥觞。

随笔是散文学的另一种重要体裁，清少纳言的《枕草子》是第一部随笔文学，其作者与紫式部被合称平安文学的"双璧"。

"物语文学"是平安时期日本文学的重要收获。"物语"是语说故事的意思，指以散文的形式对人物和事件进行描述的文学作品。它是在接受中国汉文传奇影响的基础上，吸取日本民间文学中的素材而形成的一种文学体裁，大约形成于公元9世纪末到10世纪之间，由传奇物语、和歌物语组成，前者以《竹取物语》为代表，后者以《伊氏物语》为代表，其中《竹取物语》被称为物语文学的开山之作。后来，物语文学开始摆脱短篇而向长篇发展，公元10世纪中期出现的《宇津保物语》是日本最早的长篇物语。成书于11世纪的《源氏物语》则是物语文学的集大成之作，代表了平安时期物语文学的最高成就。

10世纪初，纪贯之（约868—945）等人奉敕命编选的《古今和歌集》是继《万叶集》之后最著名的和歌集，也是第一部用假名文字写成的和歌集，不仅标志着和歌的全面成熟，也开敕撰和歌集的先例。

三、近世时期

近世文化也称幕府文化。从1192年起到明治维新前的1867年止，日本历史上共经历了三个幕府：镰仓（1192—1333）、室町（1336—1573）和江户（1603—1867）。在长达700年的时间里，幕府与天皇并存，但政治实权掌握在幕府的大将军手中，天皇实际上成为傀儡，这就使此时期的日本文化具有三个特点：第一，镰仓、室町时代文化主要以反映武士风尚为特色。第二，江户贵族文化与神佛儒融合成一种新文化，称作町人文化。第三，西方的蛮学与兰学开始在日本传播。

镰仓时期是日本文化的一个转折点，其明显标志是武士文化开始代替贵族文化。平安时代后期，朝廷内部因争权夺利而引发了一系列内乱，贵族只能借助武士的力量镇压，这为武士进入政坛打开了通道，尤其是以源氏、平氏为首领的武士集团迅速壮大。在武士集团冲突中大获全胜的源赖朝于 1192 年出任"征夷大将军"，将幕府的大将军所在地设在镰仓，镰仓时代由此拉开帷幕，政治中心也发生转移。随着武士力量的壮大，以反映武士生活为主要内容的武士文化适时而起，如以武士为主题、以历史上几次重大战争为内容的"战记物语"成为镰仓时代文学的主流，代表作有《平家物语》等。

镰仓文化的另一特色就是新兴佛教的创立，即佛教已开始日本化。从镰仓时代开始，佛教从贵族手中解放出来，成为广大民众所信仰的宗教。镰仓佛教信奉禅宗，这是一种派别众多但与旧日佛教迥然有别的新宗教，此后，禅宗开始受到推崇并占有独尊地位，是现代日本佛教的原型。

与新兴佛教发展密切相关的，一是大规模禅宗寺院的建立及其与传统迥异的建筑风格；二是佛像雕刻与佛画（水墨画）在题材和技法方面都有创新；三是隐逸文学大量出现，主要以鸭长明的《方丈记》和吉田兼好的《徒然草》为代表。

1205 年以藤原定家等五位著名歌人敕撰《新古今和歌集》，其审美意识集中体现了中世纪贵族文人以"幽玄""有心"为核心的审美理想，体现了他们力图超越世俗层面，追求唯美的出世倾向，标志着和歌这种艺术形式已达到烂熟和总结性阶段。自此以后，和歌成为贵族的家传技艺，只是一味保守地尊重传统，其间虽然出现了许多和歌集，但在本质上没有任何发展，意味着和歌已经开始衰落。

幕府时代开始恢复与宋代的文化交流，朱子学开始传入日本，经过300年的传播在江户时代盛行，17 世纪以后成为德川幕府的官学。

中国元朝建都北京后，曾两度出兵日本均遭惨败，但由此给幕府造成的巨大打击使天皇政府抓住机会策动倒幕运动，再加上抗御元军没有得到封赏的武士愤而倒幕，终于迫使延续一百多年的镰仓幕府宣告倒闭。

室町时代始于 1338 年足利尊氏在京都开室町幕府，止于 16 世纪中期幕府将军足利义昭被赶出京都。在幕府与天皇政府之间围绕权利争夺进入战乱时代后，以织田信长为首的武士集团凭借经济和军事优势进行兼并活动并占据京都，使室町幕府在 1573 年彻底灭亡。

室町时期的文化主要是北山文化，由五山文学、前期水墨画、歌舞剧"能""狂言"和"连歌"组成。其中，最引人注目的是五山文学。[①]

织田信长因家臣背叛而烧殿自焚，取代其地位的丰臣秀吉于 1590 年基本统一全国，为江户幕府的成立奠定了基础。这 200 多年被称为日本历史的"安土桃山"[②]时代。

江户时期始于 1603 年，止于 1867 年，世袭将军之职的德川家族将幕府设在江户，又称"德川时代"。这是日本封建社会的最后一个时代。整个江户时代，除发生两次持续时间很短的骚乱之外，日本国内长期处于歌舞升平状态；西方列强的魔爪首先伸向中国，使日本暂时获得了相对和平的国际环境。因此幕府统治空前稳定，社会经济迅速发展，从而带动了文化艺术的普及，促进了学术思想的探索。

町人文化是江户时代的文化主流。寄生于武士阶层的手工业者和商人随着海外贸易的发展逐渐形成独立的町人阶层，他们在政治上处于无权地位，故以追求财富和注重享乐为生活目标，如将庶民阶层作为创作主体，多以纳妓馆和戏场等娱乐消遣为题材的"浮世绘"，以及深受庶民阶层欢迎和喜爱的戏剧艺术人偶净琉璃和歌舞伎等。而以表现庶民生活情趣为主要内容的町人文学，成为这一时期占统治地位的文学，其主要代表有松尾芭蕉的俳句、近松门左卫门的"净琉璃"和井原西鹤的"浮世草子"。

俳句是从室町时代末期"俳谐连歌"的首句发展而来的，又称为"发句"，是"俳谐连歌"中最重要的一句，松永贞德将其加上与四季时节有关的词句内容而发展成一种新的诗歌样式。松尾芭蕉是日本古典俳句艺术的集大成者，有"俳圣"之称。

"净琉璃"是日本传统戏剧的主要样式之一，最初是指用三弦伴唱的一种曲子，后来与木偶戏结合形成一个新剧种。近松门左卫门在净琉璃发展史上起到了至关重要的作用。

"浮世草子"是指描写现实生活的市井小说，主要反映町人阶层的日常生活和思想感情以及他们发财致富的经商理念。代表作家为井原西鹤，其创作分为艳情小说和经济小说两类，前者有《好色一代男》《好色一代女》《好色五人女》等，作品以花街柳巷为背景，着重表现町人社会的生活风俗；后者有《日本致

---

① 五山文学主要指在五山禅林中兴起的大汉文学，在 14 世纪末 15 世纪初达到全盛，其开创者是一山一宁禅师。五山文学的作者大多来过中国，所以都精通汉文，对中国的成语典故运用自如，其诗歌多为七绝，内容多与禅宗有关。

② 主要得名于织田信长和丰臣秀吉分别居住过的安土城和桃山城。

富经》《处世费心思》等，作品主要表现町人的精打细算、勤奋致富的商业精神。井原西鹤的"浮世草子"是继《源氏物语》和《平家物语》之后，日本古典小说的最后一个高峰。

江户文化为日本迈入近代文明社会奠定了坚实的基础。

第十五章　日本传统文化与艺术

日本传统文化主要是指明治维新前的所谓"日本式的东西，在大部分外国人心目中，是樱花、艺妓、剖腹以及神风特攻队，在一部分外国人心目中，是浮世绘。在大部分日本人的心目中，所谓日本趣味，是日本庭院和房屋、和服、日本饭菜、日本画、和歌这些东西，在一部分日本人看来，则是歌舞伎、能乐、日本文学和美术的过去的遗产"①。概括地说，日本传统文化是包括茶道、花道、书道以及与文学艺术有关的歌道等，其传统艺术主要是指雅乐、能乐、人偶净琉璃和歌舞伎等四大古典民间艺术。樱花与武士道也是日本文化的体现。

第一节　日本传统文化

在古代时期，茶道等传统文化曾是日本艺妓必不可少的修身教养之一，后来逐渐作为衡量女性家庭教养的标准，甚至在某个时期成为日本男性择妻的必要条件，后来则成为日本人一般教养的一个组成部分。

一、茶道

茶道被称为日本文化中一株独放异彩的雅素之花，它是以沏茶、品茶为手段，用以联络感情、陶冶性格的一种艺术性、礼节性活动，大约兴起于 15 世纪。

茶叶最早由奈良时代到中国的日本僧人带回，但茶开始在日本广泛栽培是在公元 12 世纪。此后随着饮茶之风的盛行，茶道在镰仓时代初具雏形，其创始人是安土桃山时代被称为"茶圣"的千利休，他使茶道成为人们进行精神修养的一种养神之道。

---

① 加藤周一. 日本文化论[M]. 叶渭渠，等译. 北京：光明日报出版社，2000：36.

茶道的主要组成部分是茶会，有正式茶会和薄茶会之分。正式茶会中的浓茶是茶道中最隆重的一项仪式，主人必须穿黑色的带白色纹饰的和服。按照茶道的规矩，浓茶必须在吃过饭以后才能喝，这样茶才可能更加美味，而且由于浓茶必须轮流喝，因此必须郑重其事地进行，其间主人与客人之间几乎不进行对话；薄茶则作为一种弥补，人们喝茶时可以畅所欲言，使茶会充满快乐气氛。薄茶是茶道最基本的礼法，学习茶道一般先从普通茶和薄茶开始。相比薄茶会，日本人更习惯将正式茶会称为茶道。

日本的茶道不仅包括一种精神，即强调清、静、和、寂，同时也具备趣味性，具有游乐的性质。日本的茶道分几个流派，它们分别以各自的家元为中心，使自家的传统得以继承。现在日本茶道最大的流派是千利休的子孙继承其茶道而诞生的所谓三千家：表千家、里千家和武者小路千家。

二、花道

花道是日本特有的传统艺术，起源于佛教的供花，是随佛教由中国经朝鲜传入的。插花最初只在寺院内流传，莲花被作为供花的主要材料。其后供花习俗传入民间，逐渐摆脱宗教色彩，从佛前供花演变为供人欣赏的艺术。

15 世纪末的室町时代，开始出现专门从事插花的花道家。其最早的插花法有两种，一种是以矫正花枝形状为主的"立花"，一种是以装饰房间的柱子为主的"挂花"。江户时代又推出一种新的插花法称"投入花"，提倡尽量保持花的自然样式。随着花道的兴起，茶室内也开始讲究用鲜花装饰。由于投入花比较省工、省时、省钱，很快在中下层町民中间普及开来，并从茶道中分离出来，自成一体。此后日本在各个时代相继涌现出不少插花流派，15 世纪由立花名家专庆创造的池坊花是当今日本花道界最古老的流派，所以池坊又是花道的代名词。

三、书道

书道是与"茶道""花道"三足鼎立的日本传统艺术，但与后两者相比，日本书道受中国影响不仅早且历时长。日本人称中国式书道为"唐样"，称日本式书道为"和样"。

日本现存最早的书迹是飞鸟时代圣德太子写的《法华义疏》。到奈良时代，日本人学习书法蔚然成风，"二王"即王羲之父子的书法在当时日本书法艺术中起着主导作用；唐代的欧阳询、颜真卿、柳公权、虞世南等书法名家的墨迹也受到高度重视。

平安时代，并称为日本"三笔"的空海、桔逸势和嵯峨天皇把书法艺术推向一个高峰。留唐时的空海被誉为"五笔和尚"，能写篆、隶、楷书、行书、草书等五种笔体。他采用王羲之的风格，颜真卿的笔法，加上自己的独创，形成独特的书法笔法，被奉为日本入木道（书道）的开山祖。

10世纪中叶，日本假名的创立迎来书道的全盛期。在假名书道最先流行于女性之手近一个世纪的基础上，小野道风创造了和式书道，其匀称、稳健的特点与中国严谨、挺拔的书风形成鲜明对比。此后，和式书道一直持续到江户时代，成为日本书道的主流。

日本书道也有许多流派，其中享有最高权威的是书道先驱藤原行成创立的世尊寺派。日本式书道名家小野道风的真迹堪称日本式书法的典型。

四、歌道

歌道指以和歌创作为基础，以娱乐为目的的一种游戏，是平安时期贵族文人喜爱的一种诗歌样式，其中歌合是歌道的重要组成部分。

从平安末期至镰仓初期，出现了多人围坐一起共同吟咏和歌的长连歌游戏，即连歌的句式由多人联合吟咏，以咏满百句为止。室町时代末期，又出现了可由一人单独吟咏的俳谐连歌。江户时代，长连歌与俳谐连歌中的第一句（五、七、五）即"发句"发展成一种独立的诗歌样式而称作俳句，松尾芭蕉是古典俳句艺术成就最集中、最完美的体现者，有"俳圣"之称。

第二节　日本传统艺术

雅乐等日本传统艺术产生于不同时代，具有不同的特点。"从历史的沿革来看，能乐得到武家的支持，人偶净琉璃、歌舞伎得到町民的支持，雅乐得到贵族、官僚的支持。能乐具有幽玄、孤独、寂静的美。人偶净琉璃、歌舞伎具有热烈、激昂的美。雅乐则具有贵族文化、中国文化绚丽多彩的美。"[1]

---

[1] 范作申. 外国习俗丛书·日本[M]. 北京：世界知识出版社，1998：161.

一、雅乐

雅乐在飞鸟时代从中国、朝鲜传入日本。日本于 701 年仿唐设立了专门掌管音乐的机关雅乐寮，作为培养雅乐人才的基地，造就了一批技艺高超的舞人和乐师。"舞乐"是在奈良时代的宫廷中受唐乐影响而出现一种伴有舞蹈的雅乐，进入平安时代以后，其内容发生了很大变化，除唐乐外，还有高丽乐和印度乐，演奏者多为皇室近侍队，因而是流行于贵族中的一种艺术。雅乐大多伴有歌舞且不戴面具，特别讲究手、脚上的功夫，服装和道具也别具特色。由于是宫廷贵族艺术，因此雅乐的服装不仅雍容华贵而且色彩对比鲜明。

二、能乐

能乐是形成于 14—15 世纪的一种日本剧，奈良时代由中国传入的散乐与日本的猿乐融合发展而来。能乐演员穿着华丽，头戴面具，以舞蹈为中心，表演内容严肃、庄重，多以宣传佛教的因果报应、儒家的伦理道德及武士道精神为主，其格调伤感，注重技巧，带有悲剧色彩。

三、净琉璃与歌舞伎

净琉璃是一种用三弦琴伴唱的说唱艺术，是始于平安时代的民间艺术，兴盛于 15 世纪中叶，因当时最流行的恋爱故事中的女主角净琉璃而得名。人偶最初与宗教仪式有关，后来成为民间艺人的演出道具，人偶剧在平安时代发展为一种民间表演艺术，后来逐渐与净琉璃结合，形成木偶净琉璃这种崭新的表演艺术。在江户时代的元禄文化繁荣期，民间艺人竹本义太夫创造了一种别具一格的曲调，被著名剧作家近松门左卫门编写成许多脚本，两位艺术奇才的合作，使木偶净琉璃的艺术达到了很高的境界。

歌舞伎是最具有代表性的日本传统舞蹈戏剧，包括音乐、舞蹈和演技三种艺术要素，它与木偶净琉璃一样，属于面向大众的表演艺术，诞生于江户时代，是庶民文化日趋繁荣的产物。不仅在当时是最流行的娱乐消遣，至今仍然为日本民众所喜爱。

歌舞伎的创始人，相传是出云大社（神社）一位名叫阿国的女性，她在 17 世纪初到京都演出而受到人们喜爱。歌舞伎的表演者由早期扮男装的女性一度改为男性，内容也由最初单纯的舞蹈表演，增加了市井风俗的内容，同时又吸收了人偶剧等其他艺术形式的某些要素，逐渐复杂多样。

歌舞伎演出的幕布顺序必须是绿、茶、黑三种颜色，演员的服饰色彩鲜艳而华丽，采用勾画脸谱的化妆方法，不同的脸谱色彩代表不同的意义，如红色代表正义、勇武，蓝色代表邪恶、阴险，茶色代表化身、恶鬼等等。近松门左卫门既是人偶净琉璃也是歌舞伎脚本的代表作家。

第三节　赏花习俗与武士道

日本的赏花习俗最初通过中国的诗文传入。樱花是日本的国花，蜿蜒数千公里的日本列岛，几乎到处都可以找到樱树的足迹。日本民间流传的谚语为"花中有樱花，人中有武士"，其意是樱花为花中第一，武士则为四民（农工兵商）中之第一。樱花与武士几乎成为同一语。

一、赏花习俗

樱花作为日本的象征而被称为国花，因为它与日本民族的审美情趣和人生价值观相一致。樱花从开花到败落，时间非常短暂，但是在这短暂的生命历程中，它却能够积攒自己最大的能量，在瞬间开出妖艳的花朵，使短暂的生命呈现出意义。

古代时期，樱花除了供观赏，更多的则是为了占卜。古代日本人站在山上远眺开在山间的樱花来预估一年的收成：如果花瓣纷纷扬扬落下，就意味着结局不佳。因此人们迫切希望观花时，樱花不要落下。古代的农民始终对樱花抱有一种特殊心情，即又喜又忧：喜的是辛勤的劳动在樱花开放的春天充满希望，忧的是繁花似锦的樱花不知何时就要凋零。可见，樱花作为农业祭祀的重要组成部分，被农民用来占卜吉凶祸福。

现代日本人所说的赏花是指赏樱花，但该习俗的起源却是为了欣赏梅花。也就是说，梅花是日本人赏花习俗的起源。

大约在奈良时期，梅由中国传入日本。当时的上层阶级开始在梅花树下举办野宴。与樱花相比，梅花不仅气味甜美，而且要早开一个月，被古代日本人认为是"春天所盛开最重要的花"。梅花以白色为主，随着梅在民间逐渐普及，珍品由白梅变成红梅。中世纪的日本人对梅的兴趣趋向多元。到近代，鉴赏梅花已经完全大众化，一般人可在自家庭院内赏梅。后来，樱花的知名度超过梅花，夺走了梅花根深蒂固的地位，并重新定义了日本人的"赏花"观念。

樱花和菊花都是日本的象征。但樱花是日本大众崇尚的花儿，而菊花是日本皇室的家徽，代表日本皇室。

菊花原产于中国，平安朝的遣唐使将中国重阳节习俗带回日本，随同传入的菊花。因其吉祥、长寿的寓意而受到日本皇室的喜爱，一些宫廷仪式和传统节会都与菊花有关，如成为每年惯例的九月九宴会。这天，天皇在宫中设宴款待群臣，还召集博士们赋诗探韵，当时的宫廷贵族和文人墨客大力推崇菊花之美。10月份朝廷还设立残菊宴来观赏菊花，宫廷内大兴爱菊之风。日本各代天皇对菊花都崇尚有加，嵯峨天皇培育的"嵯峨菊"，是日本古典菊花的代表品种。

江户时代中期，赏菊开始在平民中流行，各种菊会的盛行，使菊花的造型艺术得以发展，创造出日本特有的"菊人形"。重阳节也是日本江户时代一年中重要的五大传统节日之一，很受皇室的重视。每逢节日，日本人会赏菊，饮寓意长寿的菊花酒，吃菊花形日式点心。

现代日本人虽然对重阳节的习俗已经淡薄，但是菊花文化却因受到日本皇室的崇尚流传至今，并发展成日本特有的文化风情。

据记载，镰仓时代的后鸟羽天皇因酷爱菊花，亲自铸刀并刻上了"十六瓣八重菊纹"，被称为"菊御作"。至此，"菊纹"正式成为皇室的家徽，"十六瓣八重菊纹"虽然不是法律意义上的国徽，但至今仍被用于各种与天皇以及皇室有关的场合。

美国人类文化学家鲁思·本尼迪克特用《菊与刀》来揭示日本人的矛盾性格亦即日本文化的双重性，其中的"菊"就是日本皇室家徽，"刀"则是武士道文化的象征。

二、武士道

武士在日语中是"侍"的意思，指以最大的努力来表达对主人最大的忠心。武士道是武士们严格遵守的规则，真正意义上的武士出现在平安后期。第一个武士政权是随着贵族庄园的形成以及围绕政权之争在不断引发的战乱中建立的镰仓幕府，武士作为幕府时期的一个重要阶层，具有独特的历史地位，并逐渐形成了一定的文化道德规范而被称为"武士道"。

江户时代的德川幕府引入中国的儒家思想，从道德上加强对武士秩序的再建，最终形成了武士道。

武士道重视"忠诚"，强调武士对主君单方面的忠诚乃至绝对的服从，所以

"忠诚"是作为武士的首要准则，牺牲生命是表达忠诚的最高境界。因此，武士需要坦然面对死亡并要极其重视名誉，关键时刻要以死来捍卫主人或自己的荣誉，通常采用的方式是剖腹自杀。以尚武、廉耻、刚健为思想体系的武士道，也成为封建道德的精神支柱。

武士身份在明治维新后被废除，武士阶层发生分化。知识层次较高的武士转化为社会精英，随着社会地位的提高，不少成为明治政府高级领导阶层的一员，中下级武士在明治初期的倒幕运动中依然被大量任用并发挥了重要作用。武士的道德思想受到明治政府的提倡，故武士道精神一直被延续下来。

第十六章　日本文化的近代转型

日本近代开始于 1868 年的明治维新，结束于 1926 年大正时代的末期。这是资本主义在日本开始确立、形成和发展的时期。日本现代是指两次世界大战期间，当代是指二战结束一直到目前的阶段，其文化与文学呈现出多元复杂的状况，其中，日本传统与西方现代融合是其主导倾向。

第一节　西学东渐与文明开化

明治维新是日本近代化的开端，也是日本近代历史的重要转折点。西学东渐和文明开化奠定了明治维新的基础。

一、西学东渐

江户末年，以荷兰为先导的西方国家陆续东来，特别是 1853 年美国人用铁舰利炮撞开了日本的大门，"黑船事件"迫使日本放弃闭关锁国的政策。尤其是作为东方大国的中国自古代以来一直是日本文化的输入来源，却在连续两次的鸦片战争中败给了西方，这使日本的知识界和众多思想家们不同程度地意识到民族危机的临近。他们寄希望于社会的变革，因而纷纷不遗余力地从各自视角开列救世良方，其中有关医学、兵学、天文、地理、历史等方面的近代自然科学和社会科学知识最先经荷兰人之手传入日本，因而以"兰学"为代表的西学受到特别的重视。

面对异彩纷呈的西方文明，闭关锁国近 300 年的日本表现出大规模输入的热情。从政府到一般国民都"相信否定过去丢掉传统，模仿外国，那就是文明开化。因而便无条件地、无批判地模仿西洋的东西"①。"脱亚入欧"成为日本学习西方的指导方针。

二、文明开化

1867 年 11 月，德川幕府的第 50 代将军德川庆喜主动宣布将政权奉还给刚继位不久的天皇，掌握实权的明治天皇在 1868 年 7 月迁都江户（东京），开始颁布一系列改革举措，提出了殖产兴业、文明开化、富国强兵三大政策。日本政府派考察团赴欧美，破除旧的教育体制，引进西方近代国民教育制度，向欧美派遣大批留学生，高薪聘请外国专家和工程技术人员，还大量翻译、介绍西方的文学作品，为日本在经济、科学、文化等方面迅速赶上西方先进国家打下了基础。传统的佛儒思想被视为"虚学"受到轻视，近代西方的物理、化学、经济、哲学等则被视为"实学"得到重视。在当政者的支持下，"文明开化"成为以西方国家为榜样、实现日本资本主义近代化的重大政策和动员民众学习西方科学和文化、实行社会变革的口号。

"文明开化"的核心是强调学习西方。在经济方面，按照西方国家的模式，大力发展作为工业生产基础的煤铁工业和利于国家资本积累的纺织工业，改变传统的生产和经营方式，力求实现经济独立。在政体建设方面，仿效德国宪法，确立起以天皇为核心的立宪君主制。在教育方面，1871 年设立文部省，1872年发布《学制令》，改革旧的教育制度和教学内容，移植西方学制和近代科技知识，广派留学生，普及初等教育，重视实业教育，发展高等教育。日本政府还从 1914 年起创办传染病研究所，并逐年兴办各种科研机构，使科研事业不断发展起来。

明治维新以后，日本一改过去的闭关锁国政策，"脱亚入欧"，以西方先进国家为榜样，掀起了学习外国先进科学文化知识的热潮，以实现日本各方面的近代化。

但是，日本的改革很不彻底，封建势力仍然很强大。19 世纪 70 年代中期，日本出现了自由民权运动，80 年代波及全国。福泽谕吉等人受西方启蒙思想影响，他们著书翻译，大力宣扬天赋、人权、自由、民主等主张，旨在反对专制政治、争取资产阶级民主自由的权利。这一运动推动了政府的政治改革。19 世纪末 20 世纪初，早期社会主义思潮和工人运动开始萌芽，虽然遭受镇压，但到第一次世界大战前后，工人运动和革命、进步的政治力量仍然得到进一步发展壮大。

---

① 吉田精一. 现代日本文学史[M]. 齐干，译. 上海：上海人民出版社，1976：5.

第二节　理论先行与创作滞后

日本是东方第一个自觉、大规模引进西方文化并走上资本主义道路的国家。明治维新成为日本走向近代的契机，资本主义经济虽然发展迅速，但并未驱动其文学车轮的同步运转。直到 19 世纪的最后 10 多年，坪内逍遥以文论著作《小说神髓》开启了日本近代文学之门，他提出的写实主义小说观念，成为明治文坛振聋发聩的新声；他从非功利主义和写实主义小说观方面对传统戏作小说观念进行的反思和超越，实现了日本小说观念的近代转型，并对日本近代文学产生了重大影响。

一、理论先行

《小说神髓》之所以能够成为开启日本近代文学大门的一把钥匙，是基于坪内逍遥对明治初年文坛现状的清醒认识和对传统戏作小说观念的深刻反思。

（一）近代小说地位的确立

文明开化初期，日本为满足"富国强兵"的需要，大量引进西方的科学、医学等实学，而文学被视作"无用之学"受到冷落，因此占据明治初期文坛主流的依然是自江户以来的封建戏作文学。尽管受到近代风潮的影响，某些明治作家如假名垣鲁文等对戏作文学进行了某些内容革新，但没有完全摆脱戏作文学的窠臼，因而被称作"江户游戏文学的残余"①。伴随自由民权运动出现的一批翻译作品和政治小说，流行时间非常短暂，其帷幕随自由民权运动的失败而自然下落。当创作缺少生命力的文坛再也翻不出新的花样时，江户戏作文学开始回潮。这使自幼酷爱戏作小说且熟知其历史的坪内逍遥敏锐地意识到，此次回潮的只不过是江户后期戏作文学的变种，其质量之低劣已无法同戏作家曲亭马琴等的作品相提并论。

可见，日本近代文学由于缺少外来因素的参照，长期处于一种自发阶段，这不仅使文学的发展落后于社会和时代，也使日本近代文学已远远落在了西方

---

① 西乡信纲. 日本文学史[M]. 佩珊，译. 北京：人民文学出版社 1978：228.

文学的后面，这种情况是不符合文明开化要求的。因此，要扭转文坛局面，首要的工作便是清除戏作文学的影响，树立全新的文学观念。为了给自己的立论找到突破口，坪内逍遥首先选择的武器是当时相当流行的进化论。

进化论是明治初期为迅速接受西方近代思想的需要，与功利主义、实证主义以及自然法等思想一起被介绍到日本的西方近代思想之一，主要以达尔文的"物竞天择"和斯宾塞的"优者生存"为主导。斯宾塞将达尔文生物学中的"生存竞争"学说应用于社会领域，认为社会进化过程与生物进化过程一样，也要通过生存竞争，使适者生存，不适者被淘汰。这一理论对急切希望从西方列强控制下摆脱出来的日本，产生了深远而广泛的影响。

曾任东京大学第一位代理校长的加藤弘之是最早选择进化论并有目的的引入者，他不仅系统引入和介绍进化论，而且提出"优胜劣败是天理矣"的主张，认为优者为了生存发展的需要而淘汰劣者，是一条永世不易的自然规律。在此后十几年的时间里，东京大学成为进化论思想者的主要集中地，也成为吸收消化和宣扬进化论的中心。当时正在东京大学读书的坪内逍遥不仅接触过斯宾塞有关进化论的讲义，还听过进化论的积极信奉者哲学教授外山正一和特聘教授Ernest Francisco Fenollosa 的课。特别是在 1882 年，哲学系学生井上哲次郎首先将当时流行的进化论应用于诗歌改良，通过引入西方诗歌突破了日本俳句、短歌的传统，为近代新体诗的确立开辟了道路。这一改革对坪内逍遥来说，无疑带来了可资借鉴的启发，因此，进化论成为他改良小说所首选的立论之本。

坪内逍遥以"所谓进化的自然法则，是不可抗拒的趋势"①为依据，一方面从"适者生存"的角度，具体生动地描述了从神话开始的每一种文学样式，其兴起和衰落，都与当时社会发展的状况以及文明开化的程度相符合，即"文运的发展，不可能永远停留在一处"；另一方面又以"优胜劣汰"为准则，通过对文学历史发展过程中各种体裁之间的流变和更替的分析，指出文明气运的进展与人类智力日进的事实是密切相连的，即社会的发展和文学的进化都遵循着由简单到复杂的共同规律。文学样式由神话、诗歌、传奇、寓言故事、寓意小说、戏剧到小说的发展，其过程所遵循的进化规律是，人类的文明程度越高，神秘荒诞的东西越少。为了阐明这一观点，他详细分析了神话或神代记中正史如何取代野史、传奇如何取代神话、寓意小说如何取代寓言故事、小说如何取代戏剧的过程及其原因，指出戏作小说的作者之所以与出令人感到可笑的作品，是因为他们不了解此种小说在文学样式进化过程中所处的位置，对小说衍变的

---

① 坪内逍遥. 小说神髓[M]. 刘振瀛，译. 北京：人民文学出版社 1991：38. 文中以下引文均出自该著，如无特殊情况，不再注明。

情况根本不了解。对文学历史发展基本知识的欠缺，既说明他们视野狭窄，目光短浅，是"缺少见识的作者"，也说明他们落后于时代的保守性。当戏作文学已经丧失生命力，属于被淘汰之列的时候，戏作者们还以此为乐事，岂不十分可笑？

坪内逍遥在进化论的理论指导下，依据"优胜劣汰"的原则，通过对文学发展过程的反思，指出小说是文学样式进化所达到的最优结果：小说是在戏剧衰微的时候出现的，戏剧固然有它自身的优点，但同小说相比则又逊色许多，甚至其优势在某些方面也成了弱势。为了进一步证明自己的观点，他又从"观者"的进化角度论述了小说优于戏剧的原因。在文明尚浅、蒙昧未开的社会，人们总是喜好表面的新奇，人的喜怒哀乐、七情六欲也都流于举动与脸色当中，可以一览无余。这时，出色的梨园弟子若进行宛如其物的逼真表演，"观者"在不知不觉中便会进入忘我的境地，因此，这时的传奇很难优于戏剧。然而，随着时代的发展，到了文明开化之时，人们开始抑制自己的情欲，使自己的心态不流于表面，这时，仅把人的性情诉于"观者"眼睛和耳朵的戏剧已不合时宜，而把人之性情诉于心灵的小说的生存空间变得十分广阔，因此小说取代戏剧是进化过程中理所当然的规律。"经过这样一个演进过程，小说自然而然地在社会上盛行起来，并受到重视。这是优胜劣败、自然淘汰的规律使然，是大势所趋，无法抗拒的"。

可见，坪内逍遥为给自己的小说改良理论寻找立足之本，借助当时颇为流行的西方进化论，将生物的进化与淘汰应用到文学样式的更迭与优选上，确立了近代小说在文学上的最高地位，初步实现了对戏作文学观念的超越。

（二）非功利主义的审美观

坪内逍遥以进化论思想为理论基础，通过对文学发展过程优胜劣汰结果的分析，将小说确立为文学中的最高样式。这表明他希望通过小说改良，达到使小说成为艺术的目标。为此，他从文学的审美角度出发，强调小说本身所具有的文学价值，提出了"小说是艺术，不能提供实用"，"小说的目的在于给人以娱乐"的非功利主义小说观，批判了以实用为目的的戏作小说和政治小说的功利主义文学观，进一步实现了对戏作小说观念的超越。

首先，坪内逍遥从艺术的定义出发，论述了小说属于艺术的理由。"艺术是以娱人心目、尽量做到其妙入神为目的的"，世上被称作艺术的东西有多种，其最终目的都是使人赏心悦目，为达到这个目的，各种艺术都采取最适合自身的艺术手法作为表现手段。如为了悦目，造型艺术专以色彩和形态为眼目来考虑其构思；为了悦耳，作为无形艺术的音乐，专以声音为主进行苦心的设计；同样属于无形艺术的诗歌、戏剧和小说等为了赏心，则以描写人的感情为主脑：

"它能描绘出画上难以画出的东西，表现出诗中难以曲尽的东西，描写出戏剧中无法表演的隐微之处。因为小说不但不像诗歌那样受字数的限制，而且也没有韵律这类的桎梏；同时它与演剧、绘画相反，是以直接诉之于读者的心灵为其特质的，所以作者可进行艺术构思的天地是十分广阔的。"

其次，坪内逍遥又从艺术的作用出发，阐明小说之目的在于"娱乐人们的'文心'并使人气品高尚。所谓'文心'就是美妙的情绪。一般来讲，美妙情绪的产生往往基于某些美好事物对其情感的触发，而作为艺术家的小说家所希望的，就是小说能给人以美妙的感觉"。为此，小说家的首要责任是描绘出那些能够激发人们情感的各种事物，其次是充分发挥小说的本分，"使用新奇的构思这条线巧妙地织出人的情感，并根据无穷无尽、隐妙不可思议的原因，十分巧妙地编织出千姿百态的结果，描绘出恍如洞见这人世奥妙的画面，使那些隐微难见的事物显示出来"。只有这样，才能"使观者于不知不觉中感得幽趣佳境，达到神魂飞越的地步"。由此可见，读者的感情与作品内容发生共鸣时得到的精神愉悦，正是艺术的本来目的，也是小说所具有的直接裨益。这样，坪内逍遥从艺术的审美角度确立了他的非功利主义小说观。

坪内逍遥非功利主义小说观的确立，有赖于他的天才和学识。"当逍遥作此书时，可以依赖的西洋参考书很少，据他自说，……只有几种《英国文学史》和其他几种杂志以及其他几种修辞学"，尽管他声称"美学的书一册也未用，'文学概论'的讲义也没有听过"①，但西方美学和文艺理论的介绍，是打开他的思路和眼界，并为其提供方法论的重要原因。在《小说神髓》中他提到"菊池大麓先生译有一册题为《修辞及美文》的书"，菊池大麓在该书中将艺术定义为"装饰"，它"以娱人心目，导人气品趋于高尚为目的"，正与坪内的上述观点相吻合。

但在关于"艺术是否实用"的问题上，坪内逍遥提出了与菊池大麓等截然相反的观点。他认为："所谓艺术，原本就不是实用的技能，而是以娱人心目，尽量做到其妙入神为'目的'的。由于其妙入神，自然会感动观者，使之忘掉贪吝的欲念，脱却刻薄之情，并且也可能会使之产生另外的高尚思想，……"对这一观点，他又在"小说的裨益"部分进行了强调和发挥："小说是艺术，不能提供实用，所以议论它的实际效益是很不对头的。"他以非功利主义文学观为标准，将小说的裨益分为直接和间接两种，其直接利益为"愉悦人心"，其间接裨益则有四个方面。他指出作为艺术的小说，首先提供给读者的是精神愉悦，其次是提高思想认识，然后才对他人和社会产生影响。

---

① 谢六逸. 日本文学史[M]. 上海：北新书局，1929：62.

坪内的非功利主义文学观既以西方美学思想作理论支撑，又不囿于前人之见，敢于超越精神提出自己的独特见解，其勇气本身就是对世俗之见的一种挑战。

以非功利主义小说观作为参照，坪内逍遥批判了戏作小说的功利主义文学观。戏作者将文学视为开启妇女童蒙道德的玩物，或是有闲者消郁解闷的工具。为吸引读者，他们在构思情节时，一味采取过去的陈旧手段，要么专门描写野鄙猥陋的情节或以杀伐为主的故事，要么专以奖诫为眼目来虚构人物。这种以荒唐无稽、怪事连篇的情节来训诫读者的戏作，违背了真正小说的大忌，它与作为人生批评的泰西小说相比，缺少高雅的风格，故不能满足世上高雅的"文心"。可见，具有功利主义目的的戏作小说自产生之日起，就不是真正的小说，它取悦于一时一地之人心容易，而要广泛震撼人心却很难，所以戏作小说非艺术，其作者也非艺术家。

为了进一步区别戏作小说与模拟小说，他又在模拟小说后面加上"Artistic Novel"一词作为强调，即模拟小说是艺术性的小说，"它的宗旨只在于描写世态，因此无论在虚构人物还是安排情节上，都体现上述眼目，极力使虚拟的人物活跃在虚构的世界里，使之尽量逼真"。只有这样，才能"使读者于不知不觉中翱翔于他所虚构的世界之中，并使之体察出这个人生隐微诡异的巨大机构"。

同样，政治小说的作者一般也是根据自己的主观意图定出美丑标准，通过善或恶的人物形象塑造，使之成为体现自己政治思想的傀儡。如政治小说的代表作家矢野龙溪就受到坪内逍遥的批评："最近矢野文雄先生编译的《经国美谈》这部作品，据一位博识之士评论说，是将'智慧''德性'和'情绪'通过三杰加以拟人化的……""这种把历史上的人物，根据作者的武断专行，使用所谓先天的方法，随心所欲地来进行人物创造，是完全错误的。不，首先应该说这是作者忘掉了构成时代小说最重要的神髓。"可见，坪内不仅反对创作者根据自己主观意图去塑造人物的政治小说，也批判它所代表的功利主义文学观念。也正因如此，缺少艺术构思的政治小说也不是真正的小说（novel）。

坪内逍遥虽然反对将实用作为小说的目的，但也承认小说的用处，如可以使人的品位趋于高尚，使人得到劝奖惩戒，"具有对人们暗默中加以教化的力量"。然而，他所说的品位高尚，是指作为艺术的小说是一种温柔的艺术，能够唤起人的美妙感觉，使其气韵自然变得高尚；他所说的训诫，是一个范畴更为广泛的概念，它不是按照仁义道德来评论人们言行的曲直是非，而是指艺术性小说具有促进读者深思并改善其内外面貌的力量。可见，在小说之"用"的问题上，坪内的出发点也是审美的而非实用的。

（三）写实主义小说观

坪内逍遥的非功利主义文学观，初步实现了日本小说观念的近代转型。但这一转型的真正完成，则是他从作品内容、情节构思及形象塑造等方面，提出以"真"为唯一文学理念的写实主义小说观。

坪内逍遥写实主义小说观的确立，首先是受到西方小说的启发。据说在东京大学读书期间，他的一篇分析莎士比亚悲剧《哈姆雷特》的作业被英籍老师判分很低，原因是他从封建伦理道德的角度大发议论。受到很大刺激的他才猛然醒悟到，原来在对待文学上还有另一种新的分析方法。于是，他开始逐渐扬弃从小培养起来的江户戏作文学观，广泛关注西方文学，通过译介司各特和莎士比亚等英国名家的著作，认识到西方小说大都是以写人情世态为主的。

其次，日本文学传统对其写实主义小说观的深刻影响也是不可否认的。写实的真实意识，早在古代文学的萌芽状态就已出现，其后，萌发于《古事记》延续于《万叶集》。最突出的是平安时代的散文创作，如紫式部创作《源氏物语》的初衷，就是不满于那些描写远离人间生活的作品，主张凡人间真人真事，都必须传告后世之人。对此，坪内逍遥也认为《源氏物语》的女作者紫式部是现实派作者"，其作品中的光源氏"是以现实中的人为主人公"。他还引用近世著名美学家本居宣长的评论来印证，《源氏物语》正是作者写实的"真实"文学观的体现。

正是在接受外来与传统两方面写实文学影响的基础上，坪内明确提出了"小说的主脑是写人情，其次是世态风俗"，即主张文学要以追求真实描写现实生活为主要内容，从而确立了以"真实"为唯一文学理念的写实主义文学观。

坪内逍遥认为，小说的主旨是描写人情世态。所谓世态，就是指现实生活。所谓"人情乃人之情欲，所谓百八烦恼是也"，小说家的职责就是描写出这些千姿百态的人情，"不但揭示那些贤人君子的人情，而且巨细无遗地刻画出男女老幼的善恶邪正的内心世界，做到周密精细，使人情灼然可见"。所以，真正的小说，应该是根据时代风尚，通过描写人物心理来揭示人情的奥秘。以此为立足点，他选取江户戏作文学中自己最熟悉的曲亭马琴的《八犬士》作靶子，因为作品中的八个主人公"从来没有产生过卑劣的杂念，……从未在内心产生过与理智的冲突"。这说明他没有按照"真实"的理念描写现实生活中的人情，完全凭自己的主观好恶，把人物性格绝对化，因而违反了小说创作的主旨。这样，坪内以是否真实描写现实为标准，指出了真正的小说与戏作小说之间的区别。

为进一步强调创作主体与客体之间的关系，他还以操纵木偶之艺人与牵线木偶的关系，来说明小说作者"必须抱着客观地如实地进行模写的态度"，否则，读者"如果在人物的举动中经常看到作者明显地在那里牵丝扯线的情景，就会立刻对之失掉兴趣"。因此，真正的小说在塑造人物的时候，作者必须将自己的思想感情尽量掩盖起来，应该像造化的主宰者摆弄众生一样，"使森罗万象跃然纸上。要使文章中的雷隆隆作响，书中的激浪怒涛宛如在撼天动地，还要写出春莺的百啭，梅花的暗香浮动"。由此可见，小说与其他一般写作不同，是"难中最难之业"。

以这种客观写实的小说观为立足点，坪内逍遥通过对戏作小说流行现象的分析，进一步透视其内在本质。从表面上看，似乎是读者对"那种杀伐残忍、或非常猥亵的物语"的一味欣赏，使得作者为迎合读者的低级趣味，竞相取媚于时尚，"编著残忍的稗史或刻画鄙陋卑猥的情史以相迎合"，但从更深的层次来看，潜藏着的却是根深蒂固的劝善惩恶文学观。在这种文学观念的支配下，戏作者已经失去了自我的主体性而成为"世情的奴隶，流行的追随者"，尽管他们努力编造一些生硬的情节，甚至加进一些劝善的主旨，但由于曲解了人情世态，把作为小说中心的人情写得十分疏漏，其作品只能成为千人一面、万部一腔的转相模拟，因失去创新性而远远落后于时代，所以戏作小说"从产生之日起，就不是真正的小说"。

《小说神髓》对小说艺术地位的确立、小说主旨以及审美目的等方面的论述如一声惊雷，在日本文学史上起到巨大作用，它首开日本写实主义文学理论之先河，激活了当时的文学批评界。如依田学海等不赞成完全抛弃"劝善惩恶"口号的人，也开始把写人情的小说看成了小说的一派。以内田鲁庵为代表的一批青年批评家都以《小说神髓》中的论点为依据，纷纷发表各自的见解。德富苏峰在《评新近流行的政治小说》一文中，将"不具备足以称作小说的体裁"作为政治小说的首要缺陷，也是以坪内的小说观作为评价标准的。这正如与他同时代的评论家高山樗牛所说："逍遥既出，著《小说神髓》与《当世书生气质》，痛斥劝善主义之谬误，开写实主义之开端，风靡当世，小说界的旗帜为之一变，……"①《小说神髓》"在日本文学史上占最高地位，为新文学的晓钟，是一部提倡写实主义的杰作，他打破了从前对于小说的旧观念，而树立新观念……于是大家都动笔描写实际人情，力呼留意现实人生"②。

二、创作滞后

日本文学近代化历程以坪内逍遥、二叶亭四迷和森欧外三位作家登上文坛

---

① 转引自王晓平. 近代中日文学交流史稿[M]. 长沙：湖南文艺出版社，1987：253.
② 谢六逸. 日本文学史[M]. 上海：北新书局，1929：62.

为标志。坪内逍遥发表理论是为了扭转当时文坛因戏作文学流行而引起的社会上对小说的偏见和对小说家的歧视，他还依据自己提出的新小说理论进行创作上的实践，试图通过自己的创作来提高小说和小说家的社会地位，其长篇小说《当代书生气质》的发表就是对世俗成见的挑战，其行为所蕴含的惊世骇俗的力量在当时引起了巨大反响。这位当时年仅 26 岁的年轻人也因此被他同代的评论家称为"识见非凡"之人，著名文学评论家内田鲁庵在《回忆中的人们》一书中高度评价了这部作品问世带来的社会影响："这是新文艺的第一声，天下青年翕然景从，一齐开始了文学的冒险。"二叶亭四迷就是由此开始文学冒险的青年中的一个，也是日本近代作家中受坪内逍遥影响最大也最为直接的一名文学爱好者。

（一）现实主义

二叶亭四迷因读《小说神髓》产生共鸣，为解决存在的疑问拜逍遥为师，又因才华出众受到逍遥的赏识和鼓励，从而促成了他以文学为事业的决心。尽管在他决心从事文学创作的时候，作家不仅社会地位很低，而且依然被看作不务正业，甚至是对社会的妨碍。当父亲听说儿子放弃当外交官的打算而准备从文时，感到十分绝望，并愤怒地以近乎诅咒的话语斥责他："该死的，见鬼去吧。"但这些都没有使他放弃自己的打算。

坪内逍遥虽然在理论上提倡小说塑造人物形象时应注意心理描写，但并没有提出具体的方法；他虽然也注意文体改革，提出小说应该使用雅俗折衷体并将其落实于《当代书生气质》的创作中，但在语言方面没有提出任何革新的主张。二叶亭四迷在继承坪内逍遥写实主义精神的基础上，以俄国现实主义文学理论为参照，在总结《小说神髓》《当代书生气质》理论与实践的经验教训的基础上，于 1886 年发表了文学理论著作《小说总论》。他通过论述"形"与"意"的关系，具体阐明了文学的本质与现象、内容与形式等根本性的问题，突破了《小说神髓》朴素的写实主义局限，深化了日本近代的写实主义理论，为进一步建构写实主义理论体系做出了自己的历史性贡献。另外，他还进一步将此理论运用于实践，在创作长篇小说《浮云》时，不仅注重描写人物的心理活动，而且首次将书面语和口头语结合起来，创造了以近代口语为基础的言文一致体，为表现新思想、创造新文学提供了有利条件。《浮云》揭露日本官僚机构的黑暗腐败，批判趋炎附势的社会风气，被称作日本近代现实主义文学的开山之作，二叶亭四迷也因此成为日本近代现实主义文学的奠基人。

可见，《小说神髓》不仅开日本写实主义文学理论之先河，"奠定了近代小说论的基础"，而且对日本近代写实主义文学的发展起到了催生作用，"揭开了近代文学的序幕"。①受到西方近代文学重大影响的日本近代文学并没有完全遵循西方文学发展的路径，它不是以浪漫主义而是以写实主义为开端，这自然与坪内逍遥的功绩有关。

二叶亭四迷走上专业作家的创作道路，并以《浮云》开日本近代现实主义文学的先河，是受到坪内逍遥的鼓励和提携。其后森欧外（1869—1992）的短篇小说《舞姬》（1890）以感伤、抒情的笔调反映了知识分子个性解放的追求与社会现实的矛盾，砚友社名作家幸田露伴和山田美妙开始其文学生涯也都是受到写实主义小说观的感召："自有《小说神髓》问世，明治小说始脱离'戏作'的范围，不负'近代小说'之名。把那些模仿江户小说家的作品……政治小说等推翻。"②可以说，《小说神髓》催生了日本近代文学的诞生，并以"真实"为唯一文学理念的写实主义文学观，打开了日本近代文学之门。

但是，任何问题都有正反两个方面，坪内逍遥及其《小说神髓》也不例外。正如日本著名的文学史家小田切秀雄所指出的："他统一地提出写实主义的追求真实和文学作为社会机能的'小说之裨益'，这基本上是卓越优秀的，但是在逍遥来说，这种统一往往被功利的道德的效用以卑俗的形式所引诱……正是这种倾向，在逍遥自身其后的生涯中，成为其重要的特质。"③

综观日本近代文学史，可以发现，《浮云》所开创的现实主义传统并没有形成日本近代文坛上的大潮，相反却如细细的潜流，通过其他文学流派的创作时隐时现地表现出来。当近代著名的文学社团砚友社及其代表作家尾崎红叶等人提出以赢得读者眼泪为创作宗旨时，其肤浅的写实主义创作已初露端倪。而在此文学土壤上发展起来的自然主义文学理论，则更为明显地呈现出与坪内逍遥的写实主义理论的内在联系。这正如日本当代著名学者加藤周一所说："接受（坪内）逍遥的影响而起家的小说家们，把逍遥如实描写人情的口号，解释为如实描写作者所经验的事实，并以此——至少是他们当中的一部分人是如此——自称为创造了'自然主义'的文学。"④

（二）自然主义

自然主义是日本近代文学史上影响最大、流传最广、持续时间最长的文学流派，除了众多作家的参与外，其理论建树也是非常重要的。自然主义对理论工作的重视，是日本近代文学史上任何一个流派——无论此前出现的写实主义、浪漫主义，还是此后产生的唯美主义、白桦派和新感觉派——都无法与之相比，

① 叶渭渠、唐月梅. 日本文学史·近代卷[M]. 北京：经济日报出版社，2000：66.

② 谢六逸. 日本文学史[M]. 上海：北新书局，1929：62.

③ 谢六逸. 日本文学史[M]. 上海：北新书局，1929：65.

④ 加藤周一. 日本文学史序说[M]. 叶渭渠、唐月梅，译，北京：开明出版社，1995：85.

主要是因为他们拥有坪内倡导的本土理论与左拉倡导的外来理论这两股巨大的理论潜流做根基。

坪内逍遥提出的写实主义理论对日本近代文学的影响，一方面表现在催生了以二叶亭四迷为代表的现实主义文学的诞生，另一方面表现在为长谷川天溪等代表的自然主义理论提供了某些方法论的基础，从而引起人们对写实主义与自然主义在概念理解上的分歧。写实主义理论之所以会有这样的发展与变异，是因为日本近代的写实主义与左拉的自然主义都与实证主义哲学有着或明或暗的关系。

日本的自然主义理论及文学创作是在以左拉为代表的西方自然主义的影响下发展起来的。那么，坪内逍遥的写实主义理论与左拉的自然主义理论之间有何关联？它又是如何对日本的自然主义理论产生影响的？

西方自然主义早在 19 世纪 70 年代的法国就已出现，但是，到坪内逍遥动手写作《小说神髓》的 1883 年，自然主义还没有被介绍到日本。自然主义文学的鼻祖左拉的名字第一次传入日本是在 1888 年，当时尾崎萼堂只是在以《法国的小说》为题的评论中对其做了一般性的介绍，根本没有涉及自然主义文学理论，而自然主义文学理论正式以及大量被翻译介绍到日本则是 1902 年以后的事情。可见，坪内逍遥提倡的写实主义与左拉的自然主义是没有联系的。尽管如此，作为自然主义哲学前提的实证主义却早在 1875 年就由启蒙思想家西周译介到日本，此后，西周又在《百一新论》中进一步传播了实证主义思想。当实证主义作为一种启蒙主义思想在明治初期的社会上广为传播的时候，处于当时知识阶层和文化中心的坪内逍遥（东京大学学生）不可能不受其影响。实证主义的创始人孔德强调，经验现象与经验事实只有经过"实证"才能证明是"确实"的。他还认为自然科学家对待各种自然现象是不管他们价值高低的，只是单纯地观察它们；同样，对于社会现象、政治事件，也不应该用价值高低的观点去加以赞成或否定，而至少应"承认"它。实证主义的集大成者斯宾塞，坚持了孔德的实证主义观点，而坪内逍遥对斯宾塞的哲学思想相当熟悉，他不仅巧妙地利用其进化论谈文学的发展与变更，而且也将实证主义运用于写实主义理论的阐发上。他在谈到人物形象塑造时提出："我认为作为小说的作者，首先应把它的注意力集中在心理刻画上……在描述人物的感情时，不应根据自己的想法来刻画善恶邪正的感情，必须抱着客观地如实进行模写的态度。"他还以象棋布局中观棋者的身份与态度来做比方，进一步阐发创作者应该持有的态度："所以在写作小说时，如欲穷尽人情的奥秘，获得事态的真实，就应当像观看旁人着棋，向人们讲述棋局的形势一样。"在这里，坪内逍遥对创作者提出了两个方面的要求：一要注意对人物心理的刻画，二要持旁观的"客观地如实进行模写的态度"，不能加入主观感情。对于如何刻画人物心理，他在《小说神髓》的其他章节及其后理论论述中很少提及，但对后一个要求即客观写实的态度不仅用大段文字加以说明，而且在以后的章节和文章中做了进一步的发挥。

1891 年 10 月，为了突破《小说神髓》写实主义理论的肤浅，坪内逍遥在《莎士比亚剧本评释》一文的序言中提出了"没理想"的新写实主义理论。他认为："随着读者的情绪变化，对莎士比亚的作品可以做出任何解释，其杰作也是容纳'万般的理想'，而其自身是没理想的。"意思是说，作家描写的真实等同于生活现实，无需加进自己的主观，由读者去理解并做出解释即可。这一观点暴露出坪内逍遥自《小说神髓》以来写实主义理论的不足之处。他因为排斥江户文学的封建主义功利性而主张彻底写实，认为"只应当旁观地如实模写"；他虽然强调了文学的特殊性，但将作者的创作理想也一并加以排斥，这显然是错误的。而且按照他的意思，不仅文学作品不需要写理想，文学批评也可以运用单纯客观的方法："批评家应该如植物学家评植物，动物学家评动物，离开理想而评其物。"可见，坪内逍遥所谓的写实主义的深化或补充，是由原来创作主体的"无理想"发展到评论主体的"无理想"。

尽管《小说神髓》的写作与西方自然主义没有发生过任何联系，但我们却清楚地看到了坪内逍遥关于创作主体的客观写实态度，与左拉所说的一个艺术家应该是"单纯事实记录者"，不应该在作品中掺杂作者的理想，更不应该进行是非美丑的价值判断的主张有着相通之处。他们的理论之所以都对日本自然主义产生过影响，是因为日本的写实主义与左拉的自然主义都与实证主义哲学思想有着或明或暗的关系。

长谷川天溪和岛村抱月都是为日本自然主义理论体系的建立做出重大贡献的核心人物，他们都先后曾在东京专门学校（今早稻田大学）文学系学习，师从坪内逍遥并受到悉心指导，尤其是岛村抱月特别受老师的器重。毕业后，他被逍遥举荐当了《早稻田文学》的编辑，后转到母校文学系当讲师，然后被保送赴英、德两国留学后，攻读美学、心理学和艺术史，对戏剧产生浓厚兴趣。1905 年学成归国，曾协助坪内逍遥致力于戏剧的改良。第二年又受坪内逍遥的邀请，协助复刊《早稻田文学》，并在复刊号卷首发表了长篇论文《被囚禁的文艺》，认为由于 19 世纪最显著的现象是自然主义与道德问题，故其后半叶可称为自然主义、写实主义的时代。其论点对自然主义走向日本化产生了重大的理论指导作用。岛村抱月在此后发表的《文艺上的自然主义》一文中，强调日本自然主义者的基本态度和最终目的，就是求"真"，以及用心理学、生理学、进化论的观点来观察自然和人生，解释社会的现象。由此我们可以清楚地看到它与坪内逍遥倡导的以"真"为唯一理念的写实主义具有相通之处。

"破理显实"是日本自然主义的纲领性口号，它的提出者长谷川天溪主张，"不要对任何理想下判断，不要做任何解决，如实地凝视现实就够了……自然主义应始终在艺术上运用，如果要对现实问题做什么解决的话，那就应该说已经超出艺术的领域了"①。也就是说，文学如果达到批判现实的境界，就不是艺术了。因而他抽象地反对艺术上的功利主义，强调"无解决就是艺术家的态度"。

　　对于以"破理显实"为口号的日本自然主义文学运动及其理论家所提倡的种种纯客观主义的主张，坪内逍遥虽然并未给予支持，但作为文学改良主义者，他片面地从艺术技巧上来看待写实，提出创作主体的"无理想"，又的确为日本近代自然主义文学的发展提供了立论的理论前提。正是受到坪内逍遥写实主义理论的某些影响，自然主义在对待现实时的态度就带有写实主义的成分，也往往把写实主义与自然主义的概念混合使用，甚至将写实主义等同于自然主义，其中最有代表性的是长谷川天溪。他为确立日本自然主义理论做出过巨大努力，但在发表的一系列文章中却没有分清自然主义与写实主义的差别。他认为所谓写实主义就是只表现表面的真实（《幻灭时代的游戏》），同时又认定自然主义是杂有主观的现实主义（《自然与不自然》；他还认为自觉的现实主义在哲学界显示的最新形式是实际主义，而在文艺界表现的就是自然主义（《暴露现实的悲哀》）。

　　由于受到长谷川天溪理论的影响，"日本文学史中经常碰到这样一个现象：一方面称某些作家如岛崎藤村等为自然主义作家，一方面又说他们的作品是现实主义的作品，这种概念上的混乱，给我们的研究工作带来了许多麻烦与困难。"②如有的日本文学评论家就认为："所谓的'自然主义'，简单地说，就是彻底的近代写实主义的文学思想。"③同样，日本自然主义作家在创作上所呈现出的复杂性特征，也与这种具有指导意义的理论在概念上的模糊有着或多或少的关系。如岛崎藤村在发表了写实主义小说《破戒》之后，并没有继续坚持现实主义道路，而是采用了自然主义的创作方法，写出了《春》《家》等纯自然主义小说；田山花袋在发表了纯自然主义作品《棉被》，决定了日本自然主义文学的发展方向之后，并没有按照这条路走下去，而是写出了《一个士兵》《乡村教师》等优秀的现实主义之作。可见，坪内逍遥的写实主义理论对日本近代文学的直接影响是从两个方面表现出来的：一个是以二叶亭四迷为代表的现实主义文学及其理论的发展，一个是以长谷川天溪和岛村抱月为中心的自然主义理论以及文学的发展。

---

① 转引自叶渭渠. 日本文学思潮史[M]. 北京：经济日报出版社 1997：361.

② 刘振瀛. 日本近代文学中的自然主义与现实主义[J]. 北京大学学报，1981（6）.

③ 中村新太郎. 日本近代文学史话[M]. 卞立强、俊子，译. 北京：北京大学出版社，1986：85.

（三）文坛创作

由坪内逍遥和二叶亭四迷等开创的日本近代文学直到 19 世纪末才初步呈现繁荣局面，并在短短几十年内完成了欧洲文学几百年的发展历程，造成了其文学流派众多、变化迅速、情况复杂的特点。

首先是文学社团的出现，一个是提倡写实主义的以尾崎红叶（1867—1903）为代表的"砚友社"，一个是提倡浪漫主义的以北村透谷（1868—1894）为首的"文学界"。其次是 20 世纪初占据主要地位的自然主义文学运动，真正在文学理论和文学创作上完成了日本古典文学向新文学的过渡，在文学观念、创作手法、文学体裁诸方面摆脱了传统文学束缚，从模仿西方文学走向民族化，形成以写身边琐事见长的私小说的主体形式，田山花袋（1871—1930）的中篇小说《棉被》（1907）和岛崎藤村（1872—1943）长篇小说《破戒》（1906）是自然主义文学的代表。再次是文坛相继出现三个反自然主义的文学思潮：以永井荷风（1879—1959）、谷崎润一郎（1886—1965）为代表的唯美主义，以武者小路实笃（1885—1976）、志贺直哉（1883—1971）、有岛武郎（1878—1923）为代表的"白桦派"，以介川龙之介（1892—1927）、菊池宽（1888—1948）为首的"新思潮派"。这些文学思潮在学习借鉴西方文学与文化的基础上，扎根于日本的现实土壤，表现了日本的近代精神。

代表这一时期日本近代文学成就的是夏目漱石（1876—1916）、岛崎藤村（1872—1943）、谷崎润一郎（1886—1965）和芥川龙之介（1892—1927）。夏目漱石创作中的批判性使其代表了日本近代文学的最高成就。岛崎藤村的代表作《破戒》（1905）描写了日本知识分子在近代人权观念的影响下自我意识的觉醒，以及对封建等级制度残余的反抗。谷崎润一郎是日本近现代具有国际声誉的作家之一，被认为是近代东方唯美主义的集大成者。他的创作受波德莱尔、王尔德、爱伦·坡的影响，追求超道德的官能美，著名的作品有《文身》（1910）、《春琴抄》（1933）、《细雪》（1948），充分体现了谷崎对日本传统审美理想的追求。

芥川龙之介的作品以独特的视角探讨人生和人性的主题，以超越对具体现象的评价而深入挖掘其中普遍的人性、贯穿一种彻底的理性精神而著称，成名作《罗生门》（1915）借古代京都罗生门下弱肉强食的一幕，表明为求生而损人利己是人的本能。《鼻子》（1916）揭示了自尊给近代市民阶层带来的内心痛苦，以及普遍存在于人类内心世界的自私、利己的卑劣心理。1926 年 7 月芥川龙之介在心理矛盾和身心衰竭的痛苦中结束了自己的一生，他的死成为日本近代文学结束的标志。

日本文学在走向近代化的过程中，尽管在文学的选择方面，西方近代文学是一种非常活跃的因素，但东方和日本文学的传统思想和形态仍然是其实现近代化的根基，它与传统文学不但没有明显的断裂，甚至表现出一脉相传的特点，这就使得它在广泛接受西方近代种种文学思潮之后，能够逐渐消化和吸收，并使其逐渐日本化。坪内逍遥的写实主义理论就是既注重吸收和借鉴西方文学观念，又注意对本民族文学的历史传统进行深刻反思，并力图将两者融合在一起。他在《小说神髓》中提出的以写人情世态为小说主旨的写实主义小说观，尽管由于各方面因素的限制存在着这样或那样的不足，甚至是严重的缺陷，但他作为先行者所具有的胆识和勇气，以及他开创的理论先行、创作滞后的模式，成为日本近代文坛上的一道独特景观。

第三节　现代文化与文学

教育在日本迈入现代化的过程中发挥了举足轻重的作用。在明治维新初期，教育被作为推行"文明开化"的首要工具和实行"富国强兵"的重要手段而受到明治政府的高度重视，全面学习西方先进的教育制度，传授欧美新技术，培养各类紧缺人才成为当务之急。为此，政府各部门大举办学，并以贫弱国家财政极不相称的高薪聘请外国教师，节约了当初西欧培养现代科学与技术人员的大量时间，而且在沟通东西文化、促进日本人思想观念转变方面发挥了重要作用。

一、教育改革及自立

结合本国国情，将教育自立作为现代化的内容，逐步制定并实施本国教师取代外国教师的计划，不仅使日本迅速走上教育现代化之路，而且实现了师资方面的自立，为教育的持续发展奠定了基础。

第二次世界大战后，日本进入美军占领军监督下的非军事化的政治、经济、文化等改革时期，教育是其中一项重要的改革内容。首先提出和平、民主、自由平等的教育思想，废除带有身份等级制的双轨学制，改革学制。1947年制定并颁布的《教育基本法》和《学校教育法》，标志着日本战后改革正式进入实施阶段。

如果说美国政府对教育的直接干预是促进日本教育的外在动力，那么，日本政府自身对教育的重视才是改革的内在动力。他们意识到唯有教育才是重建日本的原动力，因此培养人才是战后教育改革的重要课题之一。政府规定国民的义务教育从战前 6 年增加到 9 年，并大力发展高等教育。自 1886 年到 1945 年间，建立了以东京帝国大学为首的国立大学群，这九所帝大的学术成就囊括了亚洲半数以上的诺贝尔奖，在世界上具有相当的影响力。除了理工科研究，在医学、社会科学等领域也是日本的顶尖学校，并入选超级国际化大学的 A 类顶尖高校。此后日本 4 年制大学发展速度惊人，呈逐年增大的趋势。

另外，日本政府还不断调整高等教育中与当时经济发展不协调的学科门类，削减不适应经济发展的学科与专业，增设经济发展的急需专业，及时调整学科设置。这些举措既有利于促进社会经济和科学技术的发展，又减少了结构性失业和人才浪费现象。

为满足企业对各类人才的需要，政府还兴办各类中等专业学校和职业学校，日本的各大企业也都有成套的职业教育和培训中心，企业教育也成为日本教育体系中的重要组成部分。继续教育和终身教育的发展，提供了大量的优秀科技人才和高质量的劳动力，也培养出具有经营和管理才能的企业家，这都是经济高速增长的必要条件。日本在战后仅用 40 年时间就能比肩欧美，教育功不可没。

战后教育体制改革，实现了教育思想和体制由传统向现代的转变，为日本教育走上现代化开辟了道路。

进入 21 世纪，日本教育更加强调立足国际性和长远性，面向未来的国际交流、协作与全球性竞争；强调运用信息技术，加大科学技术知识的学习；强调发展个性，培养学生发现问题、解决问题的能力和独创精神；提出不仅培养具有适应能力的人，而且培养具有创造性和开创性的人才。

日本教育坚持为社会发展服务，推动了经济和社会的高速发展；反过来，经济和社会发展所带来的良好人才市场和投资环境，又促使教育的迅速发展，形成了教育与经济相互促进的良性循环。重视教育、掌握教育规律是日本现代化成功的重要经验之一。正如日本前首相吉田茂所说："教育在现代化中发挥了主要作用，这大概可以说是日本现代化的最大特点。"①

二、流派众多的文坛

日本现代文坛在东亚地区乃至整个东方，都是较早引进西方现代主义文学并较早形成现代主义文学的团体和流派。

日本现代文学的发展经历了战前和战中两个时期。战前文学主流是无产阶

---

① 吉田茂. 激荡的百年史[M]. 李杜，译. 西安：陕西师范大学出版社，2005：89.

级文学，以 1921 年《播种人》杂志创刊开始，无产阶级文学迅速发展，特别在 1928 年 "全日本无产阶级艺术联盟" 创立后，出现了小林多喜二、德永直、叶山嘉树等一些著名作家。《为党生活的人》之作者小林多喜二于 1933 年被政府杀害，标志着无产阶级文学转入低潮。与此相对的是资产阶级文学流派 "新感觉派" 和 "新兴艺术派" 的兴起，前者以川端康成和横光利一为代表，他们接受西方现代派文学的影响，强调通过变形的主观来反映客观世界，强调艺术至上；后者以现代派手法描写城市生活的奢侈和颓废，充满消极和虚无色彩，代表作家有井伏鳟二和崛辰雄。

第二次世界大战后的日本文坛，初期出现不同政治倾向和文学主张的现代主义流派，如以坂口安吾、太宰治等为代表的 "无赖派"、以舟桥圣一等为代表的 "风俗小说" 派、以尾崎一雄等为代表的 "私小说" 创作，还有以野间宏、安部公房等为代表的 "战后派" 等。其中 "战后派" 是日本当代文学史上影响最大的一个文学流派，代表作家野间宏（1915—1991）的短篇小说《红月亮》和长篇小说《真空地带》都以反映战争对人性的扭曲和摧残为主题，揭示战争给普通士兵和人民带来的不可愈合的精神创伤。

著名作家三岛由纪夫是 "战后派" 文学中的一个特异存在，其创作比一般 "战后派" 作家更为深刻复杂，他在长篇小说《假面的告白》《禁色》《金阁寺》中表现出的倒错、虐待、嗜血与趋亡等变态心理是日本传统武士道精神在当代社会中的畸变。①

如果说，三岛由纪夫代表了日本战后派作家中的右翼，那么，获得 1994 年诺贝尔文学奖的大江健三郎则是日本 "战后派" 作家的左翼，其创作以战败投降后的日本为背景，在《政治少年之死》《我们的时代》《个人的体验》等系列作品中，塑造了众多反社会、反秩序、性倒错等走火偏执、颓废放纵的人物，通过 "政治与性" 的奇妙结合表达对现实的不满。

1955 年以后，日本经济进入高速发展时期，民主自由的社会风尚，一方面使老一代作家萌发出创作的热情，如永井荷风、谷崎润一郎、广津和郎等都写出了优秀之作，另一方面也有一批战后成长起来的年轻作家步入文坛，如石原慎太郎、开高健、有吉佐和子等。井上靖（1907—1991）是日本当代文学中具有独特创作风格的作家，尤其是取材于中国历史的系列小说如《天平之甍》《楼兰》《苍狼》《敦煌》《孔子》等，将史实与虚构有机结合，渗透着对历史事件和人物的理性把握。

安部公房（1924—1993）是日本当代具有国际影响的作家，无论是处女作

---

① 王向远. 东方文学史通论[M]. 北京：高等教育出版社，2013：371.

《终点的道标》还是代表作《砂女》，其思想都表现出与西方存在主义的一脉相承，他以变形和隐喻的手法表现人的生存危机，富有抽象性和创造性。

20 世纪 70 年代以后，村上春树（1949— ）和吉本芭娜娜（1964— ）的"青春小说"创作，给日本当代文坛吹来了一股清风，不仅为读者带来了多方面的阅读体验，也对日本文学的发展起到了一定的推动作用。

第十七章　日本文学专题

第一节　紫式部

一、生平与创作

紫式部（约 978—约 1041 年）是平安时代的作家，也是众多才女作家中有代表性的一位。

平安朝才女辈出的现象有着深刻的社会根源。自桓武天皇迁都平安京至镰仓幕府成立前，贵族文化在近 400 年的时间里逐步兴盛起来。藤原家族因其始祖在大化革新中功劳显赫得到天皇的酬谢，开始世代左右朝政，采取最有力的措施就是推行"摄政关白"政策，即天皇的实际权力由外戚控制。藤原氏内部各个支派为争夺"摄政"大权，通过与皇室联姻进一步巩固地位，都竞相在培养女儿方面花费心机。他们在女孩年幼时就广招天下名门才女负责其家庭教育，为日后能竞选入宫为妃做准备。当女孩被招选进入皇宫后，那些才学兼备的家庭教师也随之入宫做侍从女官，因此，在平安朝的宫廷里，汇聚了许多中等贵族家庭出身的才华横溢的女性。而中层贵族也迎合这一需求，为将女儿培养成后宫女官不遗余力。这些才女们的碰撞，使当时后宫中涌现了许多文学和文化沙龙，为女性文学时代的到来奠定了基础。

平安初期假名的创立也为女性创作提供了书写契机，贵族女性成为假名文字的最早使用者，也成为平安时期文学的主创者。如《源氏物语》的作者紫式部，《枕草子》的作者清少纳言，《和泉式部日记》的作者和泉式部，《蜻蛉日记》的作者道纲母，《更级日记》的作者菅原孝标女等都是著名才女。

平安时代处在变革期的婚姻制度对女性的冲击巨大。古代延续的访妻婚或娶婿婚与开始出现的娶妇婚并存，但无论哪种形式，本质都是"一夫多妻"，即贵族男子除了有前妻之外，还可以娶后妻。再加上当时婚姻大多与政治有关，所以女性对婚后生活都感到失望，如《蜻蛉日记》的作者藤原道纲母出身名门，其夫藤原兼家是权倾朝野的重臣，后来其子道隆、道长先后担任摄政、关白等要职，又分别将女儿嫁入宫中为后，夫居高位，爱子在侧，坐拥荣华，自身又才貌双全，可谓那个时代的人生赢家。然而《蜻蛉日记》展现给读者的却是一个在婚姻中苦苦挣扎的怨妇形象。她以寿命短暂的"蜻蛉"即蜉蝣自喻，表达出对缥缈无依的人世的感慨，而令她如此不安的原因就是不如意的婚姻生活。

《枕草子》的作者清少纳言是著名歌人清原元辅的女儿，因学识渊博、性情机敏深得皇后宠爱和贵族公子们的推崇，成为宫内闻名的才媛。尽管世间万物和人生百态在其文中多呈现出奇妙和有趣，其笔下的定子后宫也充满开放、和谐的气氛，但清少纳言的实际生活并不像她笔下那么美好。她经历过两次离婚，所侍奉的皇后定子又遭遇家庭变故，24岁便香消玉殒。后世虽然附会了许多她老年穷困潦倒的故事，但她真正的结局已无人知晓。

紫式部出身于中等贵族家庭，从小就博闻强识，通晓汉文和佛律。21岁时嫁给比自己大20多岁的藤原宣孝做后妻子。一夫多妻的家庭虽然使她感到压抑，但丈夫对其才能的赏识令她感到了幸福，和谐的婚姻在两年后因丈夫去世而结束。紫式部带着年幼的女儿回到父亲身边，不久她应召入宫侍奉彰子皇后，其才华深受赏识。几年后因天皇移位离开宫廷，寡居生活持续到她去世。

与紫式部、清少纳言并称为"平安三才女"的和泉式部，也是一位才华横溢的奇女子。这位有过几次惊世骇俗的恋情并在甜蜜与痛苦中跌宕起伏的才女，似乎也是晚景凄凉。

平安时代的女性以出众的才华为后世留下众多垂名青史的篇章，但地位低下，通过名字也能体现出来。如紫式部并不是她的真实姓名，据考证她原姓藤原，其父兄曾担任过"式部丞"官职，因此名为藤原式部，后因她在《源氏物语》中塑造的紫姬形象给读者留下了深刻的印象，所以被人们称为"紫式部"。可见，古代日本女性社会地位低下，其名通常不为外人所知，今人也只能以为人女、为人母或为人妻的身份来称呼她们，因而女作家并没有真实姓名流传下来。

平安时代的贵族才女们无不饱览过宫廷的繁华，也饱尝过婚姻的艰辛，生活的历练让她们更加深刻地审视自己的内心世界，反思人生的意义。她们的作品既是个人生活经历的总结，也是对一个时代风貌的记录。

紫式部作为平安时代才女中的才女，一生诸多坎坷经历使她对宫廷内部的政治倾轧、权力斗争、皇家婚姻背后的政治图谋、一夫多妻制度下妇女的血泪，有着更为深刻的思考，也为她创作《源氏物语》做了生活认识上的准备。

除《源氏物语》外，她还写有《紫式部日记》《紫式部集》等。《紫式部集》

是作者从少女时代至晚年的一部自选和歌集。这些和歌是了解紫式部思想、和歌风格及生平的珍贵资料。《紫式部日记》记录了 1008 年到 1010 年秋间宫廷日常活动及紫式部的感受。宫廷妇女的服装、容貌、礼节及宫廷的各种礼仪活动等都有详尽记述，不但有很高的文学价值，还有很高的史料价值。

二、《源氏物语》

《源氏物语》是紫式部的代表作，大约创作于 1001—1014 年，是平安朝物语文学的集大成之作，也是世界文学史上第一部成熟的长篇写实小说。

《源氏物语》共 54 卷，近百万字。以日本平安时代为背景，以宫廷贵族生活为主要内容，时间跨度 70 余年，历经日本四代天皇，故事主角为光源氏，主要描写他的情场生活和官场升迁。

光源氏是深受桐壶天皇宠爱的更衣生下的小皇子，才貌双全，深得父皇宠爱，因此遭到右大臣的女儿弘徽殿女御的妒忌和排挤，更衣不久去世，桐壶天皇帝为保护小皇子将他降为臣籍，赐姓"源氏"。

光源氏十二岁与左大臣之女葵姬结婚，感情并不投合，他恋慕父皇新娶的年轻继母藤壶皇后，又到处寻花问柳，他把深山中发现的貌似藤壶的美貌少女紫姬抢到家中秘藏起来，作为自己未来的夫人悉心教养。这期间，又私通了末摘花、花散里等不少女子，甚至染指桐壶天皇的嫂嫂六条妃子。源氏在妻子葵姬产后身亡两个月左右即与紫姬成婚。品貌兼优的紫姬始终是光源氏最钟爱之人。

桐壶天皇让位给弘徽殿所生的皇子朱雀帝后，藤壶皇后与源氏私生的儿子冷泉被立为皇太子。此时光源氏与弘徽殿的妹妹胧月夜私通被发觉，他自请离开京城远赴须磨隐居。其皇族身份被地方贵族明石上看中，遂将女儿明石姬嫁给光源氏。不久，冷泉天皇登位，光源氏受到优厚待遇，位居太政大臣，直达荣华富贵的顶峰。他修建六条院，将一生结识的诸多女子都接来同住。

但是危机也伴随而至。晚年的光源氏以盛大的仪式迎娶朱雀天皇年仅十四的三公主女三宫为正妻，使紫姬担心自己年老色衰正妻地位受到威胁，心情抑郁生病。在源氏照看生病的紫姬期间，三公主与源氏前妻的侄子柏木私通生下男孩熏君。三公主出家为尼，柏木亦忧郁死去。不久，紫姬也病逝。心灰意冷的光源氏终于看破红尘，遁入空门。

《源氏物语》成功塑造了一系列贵族男子形象。而主人公光源氏是作者精心刻画的艺术形象，其中融入了作家的诸多理想，赋予其许多美好的品质。光源氏不仅容貌出众，而且天资聪慧，才华横溢，琴棋书画样样精通。他风流倜傥，多情多义，虽然沉迷异性美色，但在交往中用情专一且体贴入微，凡是与他有过关系的女性，他都念念不忘，善始善终。他还有经国济世之才，不重权位，体察下情，关心民间疾苦，在变幻不定的政治生涯中能够进退自如，审时度势，因而是一个心地善良、博爱多情、重义且情操高尚之人。

渔色猎艳是流行于平安朝贵族男子中的社会风尚，尤其是"访妻婚"即婚后女方住在娘家，等候丈夫上门的婚姻形式，客观上为男子寻花问柳提供了条件，因此当时社会对私通和始乱终弃也持宽容态度。"一夫多妻"也为贵族男性提供了更多与女性交往的机会和空间。所以，光源氏沉迷于与女性交往，其交往范围上至宫廷贵妇下至民间女子，渔猎对象既有天皇宠妃也有落难女子，有乱伦的情爱，也有真心的伴侣，这是紫式部对当时贵族男子行为的真实描写，但却无意对其进行伦理道德层面的谴责。因为光源氏在与女性交往过程中表现出来的多情、温存、真挚和情感上的有始有终，又是一般贵族男子难以做到的，因此，作者在刻画光源氏这一形象时，既有自己的理想倾向，也有现实主义的描写。尽管紫式部努力想塑造出平安时代一个贵族的优秀代表，但是社会现实和历史发展的趋势，又使她敏锐观察到表面繁荣富贵之下掩藏的种种堕落和罪恶，看不到贵族的光明前景。因而光源氏始终是被笼罩在浓重的悲剧阴影之下的人物，他的出生就与宫廷权位紧密相连，他的自我贬谪是无可奈何的选择，他的荣华绝顶是私生子的拱手相送，他的离家出走遁入空门则是悲剧命运的必然。光源氏的悲剧色彩，是平安贵族走向衰落的历史写照，虽然其间融入了"悲即美"的日本民族审美观。

《源氏物语》还塑造了一批栩栩如生的贵族妇女形象，其中有像藤壶、紫姬、三公主等上层贵族妇女，也有空蝉、夕颜、末摘花等中层贵族女性。这些不同阶层不同身份不同性格的妇女，如妩媚窈窕的藤壶女御、袅娜娉婷的夕颜、俊俏娇好的六条妃子、清秀美丽的紫姬，几乎都在一夫多妻制度下遭遇种种不幸和痛苦。藤壶与源氏发生"乱伦"关系后，表面上回避与源氏接近，暗中则常书信往来，后来因陷入重重矛盾难以解脱，乃削发为尼；紫姬是作者塑造的理想妇女的典型，她才貌出众，还具有"忍从"等美德，与源氏结婚后倍受宠爱，但她也有自己的痛苦和悲哀，她对源氏的放荡行为不满，表面上却表现出温和大方的姿态，最终郁郁死去；夕颜生性胆怯、纯洁而柔弱，红颜薄命；玉鬘自尊自爱、个性极强，面对源氏的纠缠不休机敏应付；六条妃子品貌兼优、德才兼备，但灵魂出窍时又凶残暴戾。

总之，作者通过对众多女性形象的塑造，深刻揭示出日本平安时期，一夫多妻制度下的女性无论出身高低、地位尊卑，前者如藤壶、三宫，后者如夕颜、末摘花等，都无一例外地面临悲剧命运。评论家加藤周一指出，这部作品"在男女关系上，女人心灵的波动及其微妙的阴翳，写得真是出神入化"。

江户时代著名学者本居宣长把《源氏物语》的美学特点概括为"物哀"，其大意是指由客观的外在环境出发而产生的一种凄楚、悲愁、低沉、伤感、缠绵悱恻的感情，具有"感物兴叹"之意。本居宣长认为，在所有的人情中，最令人刻骨铭心的就是男女恋情。而在恋情中，最能使人"物哀"和"知物哀"的是背德的不伦之恋。他为此举例，将污泥浊水储蓄起来，并不是要欣赏这些污泥浊水，而是为了栽种莲花。如要欣赏莲花的美丽，就不能没有污泥浊水。写背德的不伦之恋正如储蓄污泥浊水，是为了得到美丽的"物哀之花"。①从此意义上来说，紫式部之所以能够写出《源氏物语》这部物语文学的集大成之作，是与平安时代复杂的贵族生活密切相关的，正是由于作者对宫廷贵族生活的细致观察和个人婚姻生活的不幸经历，才能使她对一夫多妻制度下的贵族女性命运产生同情，并进而对产生和制造这些女性悲剧命运的平安社会与男性进行分析和追问。

可以说，《源氏物语》正是在平安时代贵族生活的池塘中开出的一朵莲花，它以出淤泥而不染的气质和精神，开启了日本"物哀"的时代，作为一种民族意识和审美情趣，随着一代又一代的诗人、散文家和物语作者流传下来，也使此后的日本小说中明显带有一种淡淡的悲伤。

第二节　夏目漱石

夏目漱石（1867—1916）是日本近代作家，日本近代文学的主要代表，其创作生涯虽然只有短短的 12 年，却创作了 12 部中长篇小说、两部文艺理论专著以及大量的散文、诗歌和评论等。其创作以现实主义的艺术笔力，尖锐批判和讽刺日本社会的某些本质，深刻展示出明治时期知识分子的精神世界，为日本近代文学做出了卓越的贡献，被公认为当时文坛的领袖。长篇小说《我是猫》既是其成名作，也是其代表作。

---

① 王向远. 东方文学史通论[M]. 北京：高等教育出版社，2013：137.

一、生平与创作

夏目漱石原名夏目金之助,于明治维新前一年出生于东京一个小官吏家庭。后因家庭衰落,出生不久就被送给他人抚养,后来又做过另一人家的养子,大约9岁才回到亲生父母身边。幼年离家且屡遭坎坷的童年生活没有留下多少欢乐,这与日后夏目漱石倔强、孤独性格的形成不无关系。

中学时代的夏目漱石因受明治维新大潮的冲击,由喜好汉诗汉文转向西学,其后,无论是进入中学预科还是升入本科,他就读的都是英文和与之有关的文学。其间曾结识著名诗人正冈子规,一起畅谈汉诗、和歌,切磋俳句,并结为终身挚友。1890年考入东京帝国大学文学院英文科学习英国文学。

1893年毕业后在几所学校任教,于1900年受日本文部省派遣公费留学英国,研究文学。在伦敦留学两年,由于生活不习惯且缺少人际交往而心情抑郁,又因生活拮据为金钱所恼,而对金钱弊端有了切身体会,使他在后来的创作中对金钱社会的批判异常深刻,《我是猫》中的资本家金田与铃木形象的刻画便是典型一例。

1902年底夏目漱石归国,先后任教于第一高等中学和东京帝国大学,讲授英语、文艺理论和英国文学。1904年底开始小说创作。

夏目漱石开始创作已进入中年,属大器晚成的作家,但他一开始崭露文坛即显示出过人的才华。其才华初显于为俳文杂志《杜鹃》写俳句和杂文,随后于1905年发表在《子规》杂志上的连载小说《我是猫》引起轰动,1906年发表的长篇小说《哥儿》又大受欢迎。

夏目漱石在从事繁重教学活动的同时进行小说创作,沉重的压力和对文学的执着热爱使他中止业余创作,于1907年辞去教职,成为《朝日新闻》的特约专栏作家,走上了以专业作家身份进行创作的道路,在此后不到10年的时间里,连续创作出十多部长篇小说。但笔耕不辍使夏目漱石积劳成疾,健康水平每况愈下。1916年12月,年仅49岁的他因病去世。

夏目漱石早期是以业余作家的身份进行创作的,在《我是猫》之后,作品集中发表于1906年,主要有《哥儿》(又译《少爷》)、《草枕》(又译《旅宿》)、《一百二十天》和短篇小说集《漾虚集》(包括7个短篇)。这些作品按其不同倾向可分为两类:一类表现出强烈的社会批评意识,如《我是猫》《哥儿》《一百二十天》等,主要揭露抨击教育界的黑暗;另一类是超脱现实、追求梦幻般的美,如《草枕》和短篇《幻影之盾》《一夜》等。日本近代社会剧变引发的教育界的人事纷繁与纠葛只是当时社会侧面的一个反映,面对现实,夏目漱石又表现出东方式的隐逸和逍遥。这两种看似矛盾的创作态度，其实也是他强烈的干预意识与独善其身的清高之间的矛盾，正如日本学者所指出的："这是一场伦理同现实的斗争，一场自我同社会的抗争。"①这种矛盾贯穿于他的整个创作过程。

夏目漱石走上专业作家之路发表的第一部小说是长篇《虞美人草》（1907）。在随后 3 年多的时间里，接连创作出《疾风》（1907）、《矿工》（1908）和"恋爱三部曲"《三四郎》（1909）、《从此以后》（1909）、《门》（1910）等多部长篇，表现了他作为成熟作家持续的创作热情。除《矿工》是唯一一部取材于工人生活的作品，其余作品大都转向对知识分子内心道德伦理问题的探索，以男女爱情为基本题材，着重表现自我与社会的冲突、个人道德与世俗伦理的矛盾，在对知识分子苦闷、烦恼的描绘中，显示出作者对现实的批判精神。

《从此以后》描写富家青年代助三年前曾与好友平冈同时爱上姑娘三千代，出于侠义，代助把自己眷爱的三千代让给好朋友平冈，成全了他们的婚姻。但后来发现他们的结合并不幸福，而自己仍然深爱着三千代。他决心为了自己的爱情和幸福，冲破社会和家庭的压力，和身患重病的三千代开始新的生活。小说没有写明他们的将来，但是在追求幸福和奋斗的过程中，代助认识到整个社会到处都是黑暗，"连一寸见方的光明之处都看不到"。这种迟到的觉醒和无理的反抗，表明日本近代封建势力的强大和资产阶级知识分子追求自我和个性解放的软弱。

夏目漱石在社会的高压专制和个人的生死悲苦状态下进入了创作后期。1910 年日本政府制造"大逆事件"，给追求自我的夏目漱石以很大的震动。由于疾病，他身体日趋衰弱，甚至曾一度辍笔。1910 年他经历了一场九死一生的大病，接着是爱女暴亡，报社的工作也不顺心。在克服这些不幸之后，夏目漱石写出的第一部长篇小说是《过了春分时节》（1912），与其后发表的《行人》（1912）和《心》（1914）一起合称"后期三部曲"，小说采用内容相互联系的几个短篇组成长篇的结构形式，通过主人公和其他人物的关系，塑造出沉浸于内心思索、徘徊于利己与利他之间的矛盾痛苦而无法自拔的知识分子形象。

夏目漱石最后完成的一部长篇小说是《道草》（1915）。留学归国的主人公健三发表作品不成功，但仍想走学者之路。养父常来要钱，哥哥姐姐境遇不好，夫妻同床异梦，这一切让他焦头烂额。这部带有自传色彩的作品表现了作者的真实苦恼。1916 年夏目漱石开始写未完成之作《明暗》，这仍然是一部描写爱情纠葛的长篇小说，作品虽因作者的早逝而未能完成，但从已写出的部分看，结构和人物都比较圆熟，显示出从家庭走向世界的新势头。

---

① 西乡信纲. 日本文学史[M]. 佩珊，译. 北京：人民文学出版社，1978：307.

夏目漱石在晚年提出"则天去私"的信条，意思是依据最高法则"天"而舍弃自我，这是他长期观察人生，批判利己主义的思想结晶。其晚年作品体现出贯彻这一理想的努力。

二、《我是猫》

《我是猫》是夏目漱石的早期代表作，也是日本近代文学史上一部视野开阔、揭示深刻的讽刺小说，作品对明治时期知识分子形象的刻画和命运描写成为贯穿他一生创作的主题。

"我"是中学英语教师苦沙弥饲养的一只猫，小说以猫眼作为观察者，描写了其主人的家庭生活及其与周围邻家的关系。经常出入主人家的是一群名为"知识分子"的人，有主人的同学、朋友和学生，其中有美学家迷亭、诗人月智东风、理学家水岛寒月和哲学家八木独仙等，他们常常齐聚客厅，高谈阔论。说东道西、吟诗弄文，但更多的时候则是斥责世事、菲薄人情，时常牢骚满腹，大有生不逢时之叹。这些作为小说主要内容的部分与一般意义上的小说情节不同，不是描写一个事件的始末，而是通过一只猫的眼睛观察世界的独特角度来组织全篇的内容。正如作者所说："是既无情节又无结构，像海参一样无头无尾的文章"。

小说中具有情节性的描写是苦沙弥和富有的邻居金田家的冲突。一天，金田太太成为苦沙弥家的罕见来客，她是来打听苦沙弥的学生水岛寒月的情况，有想让他成为将来女婿的打算，却遭到苦沙弥的冷待，被惹恼的金田一家蓄意报复，他们凭手中金钱指使家仆嘲骂，收买小人前去恫吓，诱哄少年学生三番五次骚扰，被搅得难以安宁的苦沙弥气恼非常却又不知该如何还击。后来风波慢慢平息，苦沙弥的生活依旧。甚觉无聊的猫在一次偷喝啤酒之后，不小心掉进水缸淹死了。

小说集中描写了生活在明治时期"文明开化"社会中的知识分子群像。他们对现实不满，但又无可奈何，只好借古喻今嘲讽世俗，发泄内心悲愤。苦沙弥是作品的中心人物，他秉性善良，不求荣迁，安贫乐道，鄙视金钱，厌恶和憎恨金田老爷的权势和淫威，对势利小人铃木也表现出极大的蔑视和义愤，但他又心胸狭窄，没有明确的生活理想，也缺乏积极的进取精神，对社会的不满也只是满足于发发牢骚。尽管内心空虚，但外表假装很有学问，教了几十年英语，写起文章来却错误百出。尽管嘲讽时弊时语言尖刻，但徒有虚张声势的外表，在高谈阔论中表现出虚荣和迂腐。恶劣的生存环境使他常常为一些小事大动肝火，焦躁苦闷。苦沙弥形象带有某些自传成分，是明治时期知识分子苦闷情绪的普遍反映。

经常出入苦沙弥客厅的知识分子迷亭、寒月、东风、独仙等，都具有愤世嫉俗却又软弱无力的共同特点。他们不愿与世俗同流合污，却又无法改变个人的处境。他们集聚在一起只为宣泄心中郁闷，通过显示学识与聪明来确认自我的价值。美学家迷亭尖刻机敏，说谎从容而不脸红，常以小聪明搞恶作剧，以哄骗别人为乐。理学士寒月平庸木讷而又轻狂，从事毫无价值的研究，花精力研究远离现实的课题，但他不慕金钱权势，不做资本家的乘龙快婿。诗人东风常以自己的诗孤芳自赏，其实不过是附庸风雅之作，内容肤浅无聊。哲学家独仙淡泊寡欲，以宣扬"心的修养"等彻悟思想来麻痹众人。他们性格中的复杂性正是明治时期生存空间狭小的广大知识分子的真实写照。

资本家金田是明治时期靠高利贷起家的暴发户。他声势显赫，身兼三个公司的董事，拥有大量财产，将"缺义理、缺人情、缺廉耻"作为发财的秘诀，拼命赚钱并发挥金钱的威力是其本质，"把鼻子眼睛都盯在钞票上"，因而被称为"活动钞票"。小说没有描写他飞黄腾达的事业，而是通过正面描写他对苦沙弥的卑劣报复来展示其阴险与卑鄙。面对没有顺从其意愿的苦沙弥，他依仗金钱，恣意妄为，用各种卑鄙手段和各种压力迫使对方就范。这一形象是明治年间有钱有势的资产者形象的代表，也表达出作者对金钱势力左右社会现象的强烈憎恨。

总之，苦沙弥的客厅是观照日本明治社会的窗口，透过这个窗口，猫以其双眼观看到当代社会生活的各种场景和各色人物，经过夏目漱石人道、人性的剪辑，编合成一部大型的讽刺喜剧。其中心内容是知识分子的精神面貌。但它涉及面之广、社会批判之激烈，在明治文坛是首屈一指的。①

第三节　川端康成

川端康成（1899—1972）是具有世界影响的日本现代作家，"新感觉派"的代表人物，他努力把西方现代派文学手法和日本古典文学传统相结合，并有所创新而成为世界闻名的作家。1968 年成为首位获诺贝尔文学奖的日本作家，也是继罗宾德拉纳特·泰戈尔与萨缪尔·约瑟夫·阿格农之后第 3 位获奖的亚洲

---

① 孟昭毅，黎跃进编著. 简明东方文学史[M]. 北京：北京大学出版社，2012：115.

作家，其获奖原因是"为架设东方与西方之间的精神桥梁做出了贡献"。

一、生平与创作

川端康成生于大阪府大阪市北区，祖辈为地方有名的富贵，据说其家族是镰仓第三代执政官北条泰时的后代，但家道自祖父一代中落后迁到东京，父亲是个开业医生，爱好汉诗文，但在他两岁时患肺结核病故，母亲在照料父亲时感染，也于一年后病故。川端是家中长子，被祖父带回大阪府扶养，寄养在亲戚家中唯一的姐姐在他三岁时病逝，川端康成与风烛残年、双目失明的祖父过着惨淡的生活。由于他身体孱弱，幼年生活几乎是在封闭中度过的。尽量减少与外界接触是祖父对他采取的过分保护，但这并没有改善他的健康，反而造就了其忧郁、扭曲的性格。然而相依为命的祖父在他 16 岁时也撒手人寰，只留下川端康成孤独一人在世。

川端康成被亲戚收养后，也经常参加各种葬礼，这种对死亡的体验给他留下的恐惧和影响是一生的。"孤儿的悲哀"使川端康成将现实中的体验转化成文字世界的描绘，这些在《十六岁的日记》和《参加葬礼的名人》中都有记录和体现。

川端康成从小爱好文学，小学时因体弱多病经常缺课，但学业成绩非常优秀，尤其在作文方面显示出过人的才华。升入中学后，他博览各种文艺杂志，经常出入学校附近的书店。从白桦派到谷崎润一郎、德田秋声、《源氏物语》《枕草子》等，还尝试写新体诗、短歌、俳句等。

1917 年，川端康成考入东京第一高等学校英文科，开始大量阅读陀思妥耶夫斯基、契诃夫、泰戈尔等外国作家以及芥川龙之介、志贺直哉等日本近现代作家的作品。1920 年升入东京帝国大学文学系，更加积极投身于文学，与几位好友筹办第六次《新思潮》杂志并在第二期上发表作品《招魂节一景》，获得老作家菊池宽及各方面的好评，后经菊池介绍认识了芥川龙之介、久米正雄和横光利一。

川端康成的文学才能得到文坛认可。大学毕业后，虽然没有稳定的职业和收入，但在艰苦的生活条件下依然从事专职写作，并与当时的新进作家片冈铁兵、横光利一等筹备创刊同人杂志《文艺时代》，以此为阵地发起新感觉运动，由此宣告了日本第一个现代主义文学流派——"新感觉派"的诞生。他在 1925 发表的《新进作家的新倾向》中阐明了新感觉派的文学主张，强调以自我感觉方式呈现作家所认识的世界,以主观性的表现手法代替传统叙事文学的客观性。为此他举例说，如果过去的文学家表现"我的眼睛看见了红蔷薇"，新时代的作家应表述为"我的眼睛成了红蔷薇"。1926 年发表的《感情装饰》是他在这一运动中的代表作。尽管新感觉运动在日本文坛和川端创作生涯中持续的时间不长,但其表现手法却一直潜存于川端的创作中。

川端早期作品擅长表达人物内心深处的感受,《十六岁日记》(1925)、《致父母的信》(1923)和《参加葬礼的名人》(1923)表达的是失去亲人的孤独感受;1924 年发表的三部作品《篝火》《南方之火》和《脆性的器皿》表达的是失去恋人的苦恼感受;《禽兽》(1923)、《雪国》(1935—1948)表达的是人生虚无的感受。

1926 年发表的《伊豆的舞女》是川端早期创作中风格独特的一部作品,是他 8 年前初次去伊豆旅行的情感结晶。男主人公是东京一高的青年学生,在旅行中与一伙巡回艺人邂逅,在结伴而行的过程中,萍水相逢的下层民众,以淳朴热情温暖着他的心,尤其是天真美丽的舞女熏子更是牵动了他的情怀,她单纯而坦率的评价"是个好人"使青年学生心里"快活得甜滋滋",得到洗礼的灵魂不由自主地留下泪水。作品被少男少女情窦初开时的朦胧恋情、离别时心照不宣的依恋等纯洁气息所笼罩。这种明朗的风格在川端的小说中并不多见,作为处女作也是成名作,对川端康成的影响是巨大的,据说此后大约十年间,他几乎每年都到伊豆汤岛去旅行。

从 1935 年开始,川端进入了《雪国》的创作,但是面对当时被狂热战争逐渐席卷的日本,川端以创作和阅读的方式,对战争基本采取回避的态度。他一边构思创作发表短篇,一边阅读《源氏物语》,沉浸在古典文学的世界里。直至战争结束,川端才进入创作的另一个阶段,正如他所言:"以战败为分水岭,我从此仿佛只有脚离现实,遨游于天空了。"

进入后期创作的川端,作品呈现出两类,一类是充满强烈官能色彩的《千羽鹤》(1952)、《湖》(1954)、《山音》(1954)、《睡美人》(1960)、《一只胳膊》(1964),这些作品的共同主题是对女性肉体美的极端追逐,充满着颓废的气息。人物在生命衰竭中尽力抓住美的幻影,以此抓住生命的力量,这种对生的探寻又因随时降临的死亡阴影而格外触目惊心。这些超越伦理的作品表现的是作者对人生的另一种观望,解开道德、社会对欲望压抑的外壳,展现最深层次的欲望的本来面目,实则不是表现人的肉欲,而是基于肉欲的人的精神活动。道德在这里反倒成了促成审美的催化剂,因为如果道德的栏杆不存在,也就无所谓性的压抑和苦闷,没有在性的幻想中所产生的美感,也就没有从对性的追求中焕发的生命力。

另一类是赞美自然与人情之美的《古都》(1962)。该作品与川端战后的其他作品迥然相异。古都是指京都,那是日本美最集中和最杰出之地,也是日本文化的策盛之地，被称为"真正的日本"，是"日本人精神的象征"。以此为创作背景，川端笔下的孪生姐妹千重子和苗子也体现出古典美的特质：在优越环境中长大的千重子温柔美丽，内心却充满弃儿的心酸苦楚；质朴善良的苗子虽然没有被遗弃却因双亲过早离世靠做苦力养活自己。身份悬殊的两姐妹相认后最终分离。《古都》充斥着浓郁的日本传统文化气息，作者通过对古都的名胜古迹、传统节日风俗及温和感伤人情的描写，表现了作者对日本传统文化之美的欣赏与眷恋。

除了中长篇小说，贯穿川端一生创作的还有大量形式精巧的掌小说，如《殉情》（1926）、《石榴》（1943）、《拾骨骨》（1949）等，此外还有多篇散文随笔、评论杂感等，如《我在美丽的日本》《美的存在与发现》等系列阐明其美学主张以及传达艺术与人生关系的《临终的眼》《文学自传》等文章。

除自身文学创作外，川端在战后致力于国内外的文学交流。1948年起长期担任日本笔会会长，1957年被推举为国际笔会会长，为日本文学与国际交流做出了重大贡献。他在1961年获日本文化勋章，1968年凭借《雪国》《古都》《千羽鹤》获得诺贝尔文学奖。

1970年11月25日，三岛由纪夫切腹自杀，川端受到很大刺激，1972年4月16日，川端在家中口含煤气自杀身亡，时年73岁。他未留下只字遗书，留给后人无数的疑问。

二、《雪国》

《雪国》是川端最重要的作品之一，创作自1934年底，最初分章发表在不同杂志上，1937年出版单行本时第一次使用《雪国》的篇名。三年后，他补写的《雪中火场》和《银河》两章也刊发在杂志上。战时川端曾一度搁笔，直到1948年，经过几次重大修改后《雪国》才最终定稿。这部历时14年的小说一经发表便引起轰动，但随之而来的评价毁誉参半，有人说是"近代文学史上抒情文学的顶峰"，但也有人评价它为"颓废和死亡的文学"。主要原因是《雪国》的主题非常隐晦，加上川端本人在文学创作上极为复杂，造成了褒贬不一的论调。

应该说，《雪国》的成功不是靠结构的严谨和情节的引人入胜，而是通过展现男主人公岛村的内心感受。小说运用虚实交错、真幻夹杂的手法，将西方现代主义文学的表现手法和日本民族传统的审美情趣巧妙地融合在一起。

家在东京的已婚中年男子岛村，虽然没有固定职业，但生活阔绰，靠祖上遗产为生，衣食无忧。有时出于兴趣，写一点舞蹈评论作为消遣。他玩世不恭，认为一切都是徒劳，对人生持虚无态度。说是致力于西洋舞蹈研究，但更多仅仅是沉溺于文字和照片所虚幻出的舞蹈，并不注重现实中的舞蹈表演。自从第一次在初春季节去过"雪国"，因一个偶然的机会结识了当地舞蹈师傅家一位年轻美丽的姑娘驹子，内心泛起波澜，听驹子诉说自己的遭遇后他心生同情，而驹子也对岛村心怀敬意。小说主要内容就是描写岛村前后三次去雪国，与驹子、叶子之间的情感纠葛。

为了跟驹子相会，岛村在初雪过后的冬季第二次来到雪国，途中被同车照顾病人的叶子散发出的美所吸引。此时，为生活所迫也为挣钱给师傅的儿子行男治病沦为艺伎，面对已与行男订婚的传言，她矢口否认，与岛村的接触却日益频繁，甚至主动委身于他。驹子在车站送岛村回东京时，一直照顾行男并前来告诉驹子行男病危消息的叶子，令岛村产生了一种怜爱之情，对驹子的感情变得微妙和复杂，甚至产生了一丝莫名的厌恶。

岛村第三次去雪国是在秋天。面对成熟且愈加痴情的驹子和既美且悲的叶子，岛村内心纠结不已。当他决定带着叶子离开雪国的时候，叶子却在一场意外火灾中丧生。

川端本人曾说过，驹子是小说的中心，岛村和叶子是陪衬，所以驹子是作者着墨最多的人物。虽然沦落风尘，处境艰难，但她并没有因此消沉和堕落，而是表现出对生活的热爱和对情感生活的执着。肤色洁白娇嫩，喜爱干净、勤快细致、纯真热情是驹子给岛村留下的印象，而善待人生、信念坚定、毫不气馁则是驹子积极进取的人生态度，她坚持记日记，喜欢看小说做笔记，刻苦练习三弦琴，不仅是为了提高自己的修养，也是在努力寻求人生的意义和理想。她渴望真挚的爱情，爱上岛村后的痴情甚至有时让她忘记自己的尊严，其内心深处也明白身份的悬殊注定她与岛村之间是一场没有结果的爱情，由此引起的自暴自弃有时不免流露出风尘女子不拘形迹的样子，实际是她无力改变命运时无可奈何的麻痹心态，也流露出她难以抑制的悲哀和说不出的孤独感。对岛村徒劳的爱和对行男感情的纠结，使驹子十分令人同情。

和驹子相比，叶子的形象有些虚无缥缈，但又不可或缺。小说以叶子在火车车窗中映出的凄美形象开场，又以叶子突然葬身于大火中收场，整个故事的收尾看似十分仓促，而这恰恰是川端所追求的人生无常，从死中追求美的人生哲学的表露。叶子所代表的朦胧的美，她对于岛村和行男的徒劳的爱，就像"飞在向晚的波浪之间的萤火虫一般仓促，像车窗外寒山上的野火一般一闪即逝"。

《雪国》中的驹子和叶子，分别是"肉"与"灵"的代表：前者是"官能美"的体现，后者是"虚幻美"的化身。她们明知徒劳，却偏要追求生命的价值，希冀可望而不可即的爱情，追求超尘脱俗的境界，所以岛村感到她们的存在是那么纯真，却又是那么徒劳。可以说，《雪国》的基本主题就是"徒劳"。岛村对待驹子，也像对待西洋舞蹈那样缺少真情实意，他根本无法理解驹子对生活的憧憬和对爱情的追求。在他看来，一切都归于徒劳。他否定生活的价值，所追求的仅仅是驹子映在镜中的美和叶子映在火车玻璃窗中的美，都是虚无缥缈的非现实的美。最后当葬身火海的叶子在岛村眼里呈现为一幅绝美画面的时候，岛村感觉到的是"叶子并没有死。她内在的生命在变形，变成另一种东西"。也就是说，死亡不是叶子的归宿，而是她生命的延续和升华。死是生的起点，又是一种美的姿态。当岛村力图欣赏的美化为徒劳的时候，他本身也陷入徒劳之中而无法自拔。人世的无常和人生的虚无蕴含了人物的种种悲哀，这在一定程度上表现了川端退避社会、厌倦尘世的人生态度，也表现了他通过描写人生的感伤求得超脱的文学姿态。

后　记

从 1986 年 7 月大学毕业至今已 33 年，除去毕业后留在行政办公室的一年锻炼和其他的兼职，我真正登上讲台讲课也有大约 30 年的时间了。在这 30 余年里，我先是给中文本科生讲授"东方文学"，为硕士研究生开设选修课"东方文学学科史"，后来因与天津中医药大学合作培养本硕连读学生而开设"东方文化"，在此基础上又为中文本科生开设专业选修课"东方文化与文学专题"。因为教学需要，我也给不同层次的本科生（自考、夜大、全日制等）讲授过"比较文学"和以欧美文学为主要内容的"外国文学史"。总体而言，自己主讲的课多与东方有关。

对东方文学产生兴趣始于在曲阜师范大学中文系读本科二年级时。那时，1979 级的诸葛卫东于 1983 年考入华中师范大学彭端智教授门下攻读硕士，1980 级的王向远于 1984 年考入北京师范大学陶德臻教授门下攻读硕士，这两位学兄和同乡的成功，在当时地处偏僻的曲师大校园被传为佳话，他们无疑也成为我学习的榜样。

但是，当时的外国文学课只讲欧美文学，也就是所谓的西方文学，而对亚非文学即所谓的东方文学只字不提，因此我只能靠课余时间自学。当时能看到的东方文学教材极为有限，手里只有《简明东方文学史》（陶德臻主编）、《亚非文学史话》（彭端智主编）和《东方文学简史》（张效之主编）等几本教材。除此之外，还有在图书馆借到的《梵语文学史》《日本文学史》等国别史教材以及能借到和买到的一些文学作品。从这些教材和资料中我了解到《摩诃婆罗多》《罗摩衍那》《一千零一夜》和《源氏物语》等东方文学名著，也由此喜欢上迦梨陀娑、泰戈尔和川端康成等作家的作品，感受到一种与此前接触的西方文学名著及作家如莎士比亚、歌德、巴尔扎克、狄更斯、普希金、果戈理、陀思妥耶夫斯基、托尔斯泰等截然不同的风格与特点。

考研的岁月是艰苦而充实的。由于寒假未开学就要考试，很多同学都是在学校里度过了 1986 年的春节。参加北京师范大学东方文学专业考试的我，因一道大题"谈谈对肖洛霍夫《静静的顿河》的理解"而跌倒在"西方文学"的考试上。虽然我的外国文学老师李永庄、缪文华夫妇是中国第一届俄罗斯文学研究生班（北京师范大学）的毕业生，且与陶德臻、陈惇、何乃英等教授都是师兄妹，但因为俄罗斯文学尤其是肖洛霍夫刚刚解禁，所以他们在课堂上从未提到过这个作家和这部作品，翻阅教材也只能找到"肖洛霍夫是俄罗斯著名作家，其代表作是长篇小说《静静的顿河》"这一句话，至于《一个人的命运》，作家获诺贝尔文学奖的情况等则只字未提。不过，因为"东方文学"成绩突出，陶德臻老师就建议他的师妹李永庄老师将我作为后备师资培养，于是留校任教的我因此而成为曲阜师范大学中文系第一个讲授"东方文学"课的老师。

此后，我参加了北京师范大学承办的东方文学暑期讲习班，后去北京师范大学做了一年的访问学者，又参加了北京大学举办的暑期东方文学讲座以及与东方文学有关的各种形式的学术会议，参与撰写各种层次和类型的东方文学教材，以及攻读东方文学专业的硕士与博士学位，独立主持天津市社科基金项目和国家社科基金项目……自2001年9月从曲阜师范大学调入天津师范大学，一直都在做与东方文化和文学有关的教学与科研工作。

也许，这部教材不具有广博的知识和深刻的思考，但其中凝聚的是自己对东方文化和文学的热爱和些许感悟。当然，不足之处肯定有之，诚待读者善意的批评与建议和自己日后的补充与完善。

甘丽娟

2019 年 12 月